◆知识的系统性
◆案例的详实性
◆说理的透彻性

# 专利实务解析

一本能让您系统掌握专利实务知识的书

■李中奎 著

知识产权出版社
全国百佳图书出版单位

**内容提要**

本书在专利的价值这一主线下，对专利战略的制定、专利申请的准备、专利申请文件的撰写、审查意见的答复、专利无效与诉讼、专利检索与分析、企业专利管理团队和制度建设以及企业专利资产的管理和运营等相关问题进行了系统化的介绍，对其中所涉及的实务工作以详实的案例、从不同的视角进行深入浅出的解析，并结合相关法规和政策环境的变化等因素，对多年专利工作中所总结的实务经验和注意事项进行了提示。

本书对专利实务工作具有很强的指导性。通过阅读本书，对专利的本质和专利法规的重点条款有更深入的理解。适合专利代理机构和企业中已经掌握一定专利基础知识的专利从业人员阅读，也会对通过专利代理人考试有帮助。

**责任编辑**：范红延　　**责任校对**：韩秀天
**封面设计**：刘　伟　　**责任出版**：卢运霞

**图书在版编目（CIP）数据**

专利实务解析／李中奎著．—北京：知识产权出版社，2012.8
ISBN 978－7－5130－1405－2

Ⅰ.①专…　Ⅱ.①李…　Ⅲ.①专利权法－研究－中国　Ⅳ.①D923.424

中国版本图书馆 CIP 数据核字（2012）第 160227 号

**专利实务解析**
李中奎　著

出版发行：知识产权出版社
社　　址：北京市海淀区马甸南村 1 号　　邮　　编：100088
网　　址：http://www.ipph.cn　　邮　　箱：bjb@cnipr.com
发行电话：010－82000860 转 8101/8102　　传　　真：010－82005070/82000893
责编电话：010－82000860 转 8026
印　　刷：北京富生印刷厂　　经　　销：新华书店及相关销售网点
开　　本：787mm×1092mm　1/16　　印　　张：13
版　　次：2012 年 8 月第 1 版　　印　　次：2012 年 8 月第 1 次印刷
字　　数：284 千字　　定　　价：48.00 元
**ISBN 978－7－5130－1405－2/D·1535（4287）**

# 序

当今社会，知识产权在经济发展中的地位越来越重要，未来的市场竞争就是知识产权的竞争。企业在经营活动中，如何更好地把握和应用好知识产权，就显得尤为重要了。

与已有的专利相关书籍大多关注于专利工作的某一点或某一阶段的工作不同，本书以专利的价值为主线，对专利战略的制定、专利申请的准备、专利申请文件的撰写、审查意见的答复、专利无效与诉讼、专利检索与分析、企业专利管理团队和制度建设，以及企业专利资产的管理和运营等相关问题进行了系统化的介绍。为读者系统地了解专利工作各个环节的知识，进而更好地实现各个工作环节的相互衔接与配合，提供了一本不错的参考资料。使得专利从业人员能够站在整体的角度去看待、审视和处理自己手头的专利工作，从而提升作业质量；使得企业开展专利工作不再只是成本支出，而是能够从中获得收益；不再只是为了申请专利而申请专利，而是能够有组织、有规划、有预谋地进行专利申请工作。

本书结合中国当前专利工作的现实情况，以详实的案例对专利实务工作进行了深入浅出的解析，使得读者能更容易地理解和掌握相关法规的深层内涵以及实务策略的运用技巧。本书中，作者对其多年专利工作中所总结的实务经验和注意事项进行了提示，使读者能够有效地避免因为实务操作的失误而导致权益损失情况的发生。本书对专利工作者更好地完成专利实务工作具有很高的参考价值。

由于专利工作的个体性和个案性很强，又涉及单位之间以及单位内部各部门之间的协调与配合，使得几乎不可能找到一个能够适用于所有企业、所有案件的作业标准。本书不仅描述了不同案件之间以及不同单位专利工作之间的共性，对专利实务工作具有广泛指导意义，而且，其内容与实务操作手册的标准比较接近，使得专利工作人员只需要向前再走一小步，就可以将本书所介绍的内容应用于实务工作中、解决实务工作的问题。本书是专利工作人员在专利实务工作中不可多得的一本工具书。

中国政法大学教授

2012 年 6 月 26 日

# 前　言

随着全球经济一体化程度的加深，企业面临的市场竞争越来越激烈，知识产权在市场竞争中的地位也越来越重要，对技术和市场的垄断带来的市场利益也越来越大，涉及亿元以上市场份额的专利侵权纠纷屡见不鲜。我国在2006年就提出了建设创新型国家的口号，《中华人民共和国国民经济和社会发展第十二个五年规划纲要》中更是提出了，到2015年要实现每万人口发明专利拥有量3.3件的目标。我国企业申请专利的数量在以每年20%以上的增速快速增长。在当今的市场竞争形势下，需要大力发展专利工作已经成为政府和企业的共识。

但是，我国的专利工作整体上仍然处于初级阶段。鉴于专利工作的复杂性，很多公司虽然已经从思想上开始逐渐重视专利工作，但对如何灵活地利用专利规则，对专利进行有效地创造、保护、管理和运用，包括如何将专利申请与技术创新更好结合以进一步保持这种增长势头，如何提高专利申请质量以提高专利保护的质量，如何通过专利申请策略实现对企业技术创新成果的更全面和更长期保护，如何在专利密布的技术丛林中谋求到企业的发展空间，如何对企业的知识产权进行有效管理，如何有效借助外部力量来做好企业的专利工作，如何提高对专利文献的利用效率，如何制定和实施与企业实际情况相适应的专利战略，如何通过专利运营来实现知识产权收益，如何对企业经营过程中的知识产权风险进行有效预防和避免等问题，仍然存在着很多困扰或误区。虽然近年来我国的代理机构发展迅速，我国的专利代理人队伍也不断成长壮大，但是，代理机构提供的服务只是企业专利申请工作中的一个环节，并不能代替企业自身的专利管理和运用；并且，代理机构本身的服务质量，也需要企业有相当业务能力的专利人员进行监督、保障。另外，由于我国当前专利从业人员的数量仍明显不足，地域分布严重不均衡，业务水平参差不齐，相当一部分专利从业人员对专利工作相关知识和技能的了解和掌握不够全面、系统，无法与技术研发人员进行有效沟通，无法实现对专利文献的有效利用，无法利用各种制度规定来优化自己的专利申请工作，无法从专利无效和诉讼的角度去审视专利申请文件的撰写和审查意见的答复行为，无法用市场的思维方式去审视专利的商品属性，甚至可能会对某些基本的专利知识存在误解等，导致无法满足企业对专利高端业务的需求，甚至影响到最基本的专利申请工作的质量提升，严重制约了我国创新型国家建设的步伐。

要解决这些制约企业专利工作开展和创新型国家建设的问题，关键在于培养和造就一大批能够系统掌握专利的产出、运营、管理和筹划技能的人才。当前分工明确、各管一摊的业务格局下，已有的图书资料也大多只是针对专利工作的某一个具体方面进行介绍，使得专利从业人员要系统学习和掌握专利相关知识，存在一定的困难，尤其是在各个环节的衔接与配合方面。本书作者通过对专利申请流程、专利申请文件撰写、审查意见答复、专利文件翻译、专利权无效宣告、专利侵权诉讼、专利分析、专利培训以及知识产权司法鉴定等专利相关工作的多年实践，积累了一些专利实务工作的经验，并对专利法规的解读与完善以及专利行业的发展有了一些自己的思考。试图通过本书，在专利的价值这一主线下，对专利战略的制定、专利申请的准备、专利申请文件的撰写、审查意见的答复、专利无效与诉讼、专利检索与分析、企业专利管理团队和制度建设以及企业专利资产的管理和运营等相关问题进行系统化的介绍，对其中所涉及的实务工作以翔实的案例进行深入浅出的解析，并对多年专利工作中所总结的实务经验和注意事项进行提示，以期能为读者系统学习和掌握专利相关知识和技能提供帮助；使得专利从业人员能够站在整体的角度去看待、审视和处理自己手头的专利工作，从而提升作业质量；使得企业开展专利工作不再只是成本支出，而是能够从中获得收益；不再只是为了申请专利而申请专利，而是能够有组织、有规划、有预谋地进行专利申请工作。也就是说，本书的读者群将会以专利代理机构和企业中已经掌握一定专利基础知识的专利从业人员为主。

由于专利工作的个体性和个案性很强，又涉及单位之间以及单位内部各部门之间的协调与配合，因此，几乎不可能找到一个能够适用于所有企业、所有案件的作业标准。专利工作者只有将所掌握的知识与工作的实际情况（案件的实际情况、企业专利工作的发展阶段以及所在行业的整体情况等）相结合，才能更好地实现专利工作的预期目的。虽然本书试图在寻找不同案件之间以及不同单位专利工作之间的共性，以提供具有广泛指导意义的规律的同时，也努力将本书的内容与实务操作手册的标准更加接近，以便读者能更容易地将其应用于实际工作中，但毕竟不是针对具体单位和具体案件而写，因此，读者要想将其应用于实际工作中，还需要向前再走一小步，结合实际工作的情况具体问题具体分析才好。

鉴于内容篇幅、个人能力以及时间和精力等方面的限制，疏漏和错误之处在所难免，部分论题也未能展开论述。希望通过本书，在对行业新人提供一些帮助的同时，也能得到业内前辈和同行的批评指正，以期能够跟随行业的发展，获得进一步地成长。

本书成稿过程中，得到宁光律师、海信集团法务部的郭永红女士以及金风科技的时良艳女士和公司同事的大力支持，得到了中国政法大学张楚教授的指导，在此一并表示感谢！

# 目 录

# 第一章 概　述

## 本章应掌握的重点

1. 专利一词的不同内涵
2. 专利权的三种类型和保护客体的类型
3. 职务发明创造
4. 合作开发和委托开发项目的专利权归属
5. 专利的特点
6. 专利申请的目的
7. 专利新颖性的概念
8. 专利创造性的概念
9. 拥有专利与实施专利的关系
10. 优先权和分案申请的异同点
11. 到国外申请专利的重要性
12. 正确的专利标识标注方法

## 本章思考题

### 思考题 1

A 公司和 B 公司合作研发一款新型汽车，A 公司因为其负责的自动控制部分的研发能力不足，又将其委托给了具备研发能力的 C 公司进行研发。

请问：在 A、B、C 三家公司之间均没有对研发成果的专利权归属进行约定的情况下，对该款新型汽车的研发过程中获得的技术成果，申请专利的权利应该如何分配？

### 思考题 2

目前，产品的销售市场仅限于中国大陆地区的企业，是否有必要到国外申请专利？

# 第一节　专利的基本概念

## 一、专利一词的多重内涵

随着专利制度的发展，在不同的语境中，专利一词被赋予了不同的内涵。例如：在“我在看专利”一句话中，“专利”一般是指专利文献；在“我公司拥有3项专利”一句话中，“专利”一般是指专利权；在“我在写专利”一句话中，“专利”一般是指专利申请文件；在“我的产品用到了3项专利”一句话中，“专利”一般是指专利技术。

当专利作为专利权之意进行解释时，其基本内涵是：专利申请人就一项发明创造，即发明、实用新型或外观设计，向国务院专利行政部门提交专利申请，经依法审查，没有发现驳回理由的，由国务院专利行政部门向专利申请人授予的，在规定的时间内对该项发明创造享有的专有权。**该专有权，即专有利益之意，具体是指专利申请人通过专利申请程序获得专利权后，可以在一定时间内，对该发明创造拥有实施和获取收益的垄断权利。**发明和实用新型专利权被授予后，除专利法另有规定的以外，任何单位或者个人未经专利权人许可，都不得实施其专利，即不得为生产经营目的制造、使用、许诺销售、销售、进口其专利产品，或者使用其专利方法以及使用、许诺销售、销售、进口依照该专利方法直接获得的产品。外观设计专利权被授予后，任何单位或者个人未经专利权人许可，都不得实施其专利，即不得为生产经营目的制造、许诺销售、销售、进口其外观设计专利产品。**该专有利益的获取，一般需要以获得对该技术的实质和全面的专利保护为前提。**

## 二、专利相关法规

当前，我国与专利保护相关的法律法规主要有：《中华人民共和国专利法》（以下简称《专利法》）、《中华人民共和国专利法实施细则》（以下简称《专利法实施细则》）、《最高人民法院关于审理侵犯专利权纠纷案件应用法律若干问题的解释》，以及《专利审查指南》（属于部门规章）和我国加入的相关国际条约，例如：《与贸易有关的知识产权（包括假冒商品贸易）协议》（Agreement On Trade-related Aspects of Intellectual Property Right，TRIPS协议）、《专利合作条约》（Patent Cooperation Treaty，PCT）、《保护工业产权巴黎公约》（Paris Convention on the Protection of Industrial Property）等。

其他的法律法规中也有若干与专利保护相关的规定。例如：《中华人民共和国民法通则》中规定，合同对专利申请权没有约定的，完成发明创造的当事人享有申请权；《中华人民共和国刑法》规定了假冒专利行为的刑事责任；《中华人民共和国担保法》规定专利权可以质押；《中华人民共和国行政诉讼法》规定专利行政诉讼案件由中级人民法院管辖等。

此处值得注意的是，对于专利法及其实施细则修订后的适用问题，并非简单地适用法不溯及既往原则，而是通过法规过渡办法等形式来具体规范的。

## 三、专利的三种类型与保护客体

根据《专利法》第2条的规定，我国的专利权包括发明、实用新型和外观设计专利权3种类型。发明，是指对产品、方法或者其改进所提出的新的技术方案。实用新型，是指对产品的形状、构造或者其结合所提出的适于实用的新的技术方案。外观设计，是指对产品的形状、图案或者其结合以及色彩与形状、图案的结合所作出的富有美感并适于工业应用的新设计。

对于不同的专利类型，专利法及其实施细则规定了不同的授权标准、保护范围和审查程序。其中，大家比较关心的有：

实用新型和外观设计专利的保护期限是10年，发明专利的保护期限是20年，都是自专利申请日起开始计算。

发明和实用新型专利保护的是，禁止他人为生产经营目的制造、使用、许诺销售、销售、进口其专利产品，或者使用其专利方法以及使用、许诺销售、销售、进口依照该专利方法直接获得的产品；而外观设计专利保护的是，禁止为生产经营目的制造、许诺销售、销售、进口其外观设计专利产品。也就是说，外观设计专利相对于发明和实用新型专利而言，其保护范围中缺少了对专利产品的使用行为的保护。这也是外观设计专利被认为比发明和实用新型专利级别低的重要原因之一。

实用新型和外观设计专利申请经过初步审查，没有发现不符合专利法规要求的缺陷，就会授予专利权。而发明专利申请则需要经过实质审查，没有发现不符合专利法规要求的缺陷，才会授予专利权。

发明专利申请的实质审查程序实行“先公开，后审查”的制度。也就是说，在发明专利申请初步审查合格后，自申请日起满18个月即行公布，或者依专利申请人的请求，提前公布其专利申请。只有在发明专利申请公布之后，国家专利局才会基于专利申请人的请求，或者主动对其进行实质审查。而实用新型和外观设计专利申请只有在获得专利授权之后，国家专利局才会将其公告。也就是说，实用新型和外观设计专利申请不能获得专利授权，则不会被公开，而发明专利申请即使在实质审查程序中被驳回，专利申请人虽然没有获得专利权，但其专利申请文件所记载的技术信息也是已经被公开了的。

发明专利和实用新型专利的保护客体是技术方案，而外观设计专利的保护客体是新设计。技术方案又分为产品和方法两类。产品，既可以是全新的产品也可以是在别人产品的基础上改进的产品，既可以是结构构造发生改变的产品也可以是材料发生改变的产品，还可以是已有产品组合而成的产品；方法，既可以是新产品的生产制备方法，也可以是已有产品的新生产方法。用途专利，作为方法专利的一种特殊形式，是指新发现的一种产品的，原来未被发现的新用途。当然，从广义上讲，对新产品的某一用途要求专利保护的，也应当属于用途专利。发明专利既可以保护产品，又可以保护方法，而实用新型的保护客体则仅限于有形产品的形状、构造或者其结合。

## 四、申请专利的人

向国家知识产权局专利局提出专利申请的人，称为专利申请人。专利申请被授予专利权之后，专利申请转变为专利权，专利申请人自然就转变为这个专利的专利权人。

用于申请专利的发明创造必然是由人做出的。对发明创造的实质性特点作出创造性贡献的人，称为发明人或者设计人。发明人或者设计人应当是个人，而不能是单位或者集体。一般来讲，既然发明创造是由发明人或者设计人做出来的，发明人或者设计人就应当是专利申请人。

当发明创造是由发明人或者设计人执行本单位的任务或者主要是利用本单位的物质技术条件所完成时，该发明创造称为职务发明创造。对于职务发明创造，如果仍然由发明人或设计人作为专利申请人，明显不利于调动单位支持员工进行发明创造的积极性。为此，《专利法》第 6 条规定：职务发明创造申请专利的权利属于该单位；申请被批准后，该单位为专利权人；利用本单位的物质技术条件所完成的发明创造，单位与发明人或者设计人订有合同，对申请专利的权利和专利权的归属作出约定的，从其约定。在规定职务发明创造申请专利的权利属于该单位之后，为了调动发明人或者设计人进行发明创造的积极性，《专利法》第 16 条又规定，被授予专利权的单位应当对职务发明创造的发明人或者设计人给予奖励；发明创造专利实施后，根据其推广应用的范围和取得的经济效益，对发明人或者设计人给予合理的报酬。

由于诸多方面的原因，我国有相当比例的企业经营者都一直在回避对发明人的奖励和报酬问题。但是，不得不说的是，根据专利法规的规定来看，**一味地回避对发明人的奖励和报酬问题，可能会导致极大的经营风险，适当的正视比回避要安全得多。**

根据《专利法实施细则》的规定，如果被授予专利权的单位没有与发明人、设计人约定或者在其依法制定的规章制度中规定《专利法》第 16 条规定的奖励、报酬的方式和数额，就需要按照《专利法实施细则》第 77 和 78 条中具体规定的标准给予发明人或设计人奖励和报酬。

由以上规定可以看出，通过合同约定的方式，可依合法的方式将这部分支出控制在一定限度内，从而有效防止经营成本突然上升的风险。如果没有合同约定，一旦发生纠纷，就需要按照法规规定的标准来支付。而且，合理的奖励制度，无疑是保证企业专利战略得以顺利实施的重要条件。毕竟专利申请的源泉就在发明人，如果没有发明人对专利挖掘和技术交底说明工作的配合，专利申请工作将会困难重重。**一个没有专利奖励制度的企业却要去谈专利战略，那绝对是天方夜谭。**一份运行良好的专利奖励制度，应结合专利申请及运营的规律和过程制定。例如，基于专利申请对发明人的奖励，既不应该多到影响其完成本职工作的积极性，又不能少到让发明人感觉无所谓。将企业用于激励提交专利申请的专利奖励金的总额控制在研发人员整体薪酬的1/5左右，是值得推荐的。专利申请奖励金的发放应分为专利申请提交和专利授权两阶段进行，而不应在提交申请时或授权后一次性发放。除了物质奖励外，专利奖励还可以包括如评选先进、宣传表扬等精神奖励，或者通过将专利作为职称评定和职务升迁等的考核指标之一的方式进行激励。

按照民法的一般原则，在委托合同关系中，受托方根据委托方的委托办理委托事务，其办理委托事务的风险应当由委托人承担；同时，其办理委托事务取得的成果，也应当归于委托人。委托人则应按合同的约定向受托人支付费用和报酬。因此，不少国家的法律都规定，接受委托所完成的发明创造，申请专利的权利及取得的专利权属于委托方。**而我国法律法规对此行为的规定则正相反。**我国《专利法》第8条规定，两个以上单位或者个人合作完成的发明创造、一个单位或者个人接受其他单位或者个人委托所完成的发明创造，除另有协议的以外，申请专利的权利属于完成或者共同完成的单位或者个人；申请被批准后，申请的单位或者个人为专利权人。我国《合同法》规定，“委托开发完成的发明创造，除当事人另有约定的以外，申请专利的权利属于研究开发人。研究开发人取得专利权的，委托人可以免费实施该专利”，“研究开发人转让专利申请权的，委托人享有以同等条件优先受让的权利”。当然，通过合同约定，申请专利的权利也是可以转让的。

## 第二节　专利的特点

世间万物，都有其特点，专利也不例外。专利的特点主要表现为以下几个方面：

### 一、权利的行政审批性

与著作权和商业秘密等权利不同，专利权是由相关行政机构依据法律规定对专利申请人授予的一种权利，而非在发明创造做出来之后就自动产生的权利。

### 二、权利的专有性

专利权是由相关行政机构依据法律规定对专利申请人授予的一种垄断实施权。这种**垄断的实施权并不等于必然的实施权。也就是说，国家授予专利申请人专利权，只是授予了专利权人禁止他人实施其专利技术的权利，而并非授予了专利权人实施其专利技术的权利。**专利权人在获得专利授权之后，实施其专利技术的行为仍然可能会因为侵犯他人的专利权而被禁止。其实，绝大部分的专利技术在实施的时候，都是会用到其他专利的技术的。所以，作为专利权人，在实施其专利技术的时候，就有必要对是否侵犯他人的专利权进行一下预先的分析和评估。

### 三、权利的地域性

专利权，是依赖于法律授权而产生的。依据其赋权法律的效力范围不同，其权利范围也不同。司法独立是一个国家独立的重要组成部分，用中国专利的专利权到其他国家或地区去主张权利，其他国家或地区的司法机关当然不会认可和支持。也就是说，如果一项技术仅在中国大陆获得了专利权，则意味着，在中国大陆之外的其他国家和地区，包括中国的香港、澳门和台湾地区都是可以自由地实施该技术而不会受到中国大陆专利权的制约的。所以，对于重要的发明创造，在多个国家分别获得专利权就显得十分必要。

### 四、权利的时间性

专利制度的宗旨还是为了促进科技创新，对专利权的保护只是为了实现这一宗旨而采取的手段。如果对专利提供的保护是无期限的保护，无疑是与设置专利制度的初衷背道而驰的。因此，对于专利权而言，虽然在不同国家，其保护期限有所不同，但是，几乎所有的国家都对专利权的保护设定了保护期限。我国专利法规定，发明专利的保护期限为20年，实用新型和外观设计专利的保护期限为10年，都是自申请日开始计算。此处需要注意的是，虽然专利法规定的专利保护期限是自专利申请日开始计算，但并不意味着自申请日开始就能获得保护，而是从获得专利授权之日才能获得专利保护的。当然，对于发明专利而言，还存在有关临时保护的规定，但相对于专利保护而言，有关临时保护的具体操作是比较困难的。

此处需要注意的是，由于一些国家和地区存在与专利权保护期限延长相关的规定，其专利权的实际保护期限可能会是变动的。在确定某项专利权是否已经不在保护期限内的时候，不可简单地进行加法运算，而应以相关法律文书为准。

### 五、权利的公开性

首先，专利制度的本质并非是为了保护专利权，而是通过为发明创造所有人在一定期限内提供专利保护的方式，换取其所作出的发明创造对社会公众的公开，从而推动发明创造的应用，提高创新能力，以最终实现促进科学技术进步和经济社会发展的最终目的。所以，发明创造所有人要想获得专利权，就需要在专利说明书中将其发明创造充分公开，以使得本领域技术人员能够实现其发明创造，也就是常说的“以公开换保护”。

其次，根据社会契约论的基本原则，专利权是专利权人与社会公众之间签署的一份社会契约。在这份社会契约中，专利权人与社会公众之间，对权利内容进行了明确和具体的约定。专利权人只能在该约定范围内主张其独占权，社会公众未经专利权人许可则不得实施该约定范围内的发明创造。毫无疑问，社会公众要实现不对专利权人的专利权造成侵害的前提条件就是社会公众预先能够得知其权利范围。也就是说，专利权人必须事先向社会公众公开其权利范围，才能主张其权利。

## 六、专利的技术性

**专利的技术性是针对发明和实用新型专利而言的，是指，发明和实用新型专利所保护的是专利权利要求的文字基于本专利说明书的技术内涵，而不是权利要求的文字所能涵盖的任何技术。在判断专利权利要求所要求保护的范围时，应以其技术特征基于本专利说明书的技术内涵为准，而不是技术特征的文字所能涵盖的任何技术为准，其更不能以其技术特征所采用的文字为准。**在不同的专利中，相同的文字描述所表达的技术内容可能是不同的，而不同的文字描述所表达的技术内容却可能是相同的。在专利审查、专利无效和专利诉讼程序中，都应当对技术特征进行实质对比，也就是对其所表达的技术内容进行对比，而不应受文字表述的限制。例如，在专利审查和无效程序中，如果本专利的某一技术特征与对比文件的相应技术特征的名称不同，在判断创造性时需要考虑本专利的该项技术特征与对比文件的相应技术特征在各自的技术方案中的手段、功能、效果和目的，从而进一步判断该技术特征是否被对比文件所公开和本领域技术人员是否可以从对比文件中得到技术启示。此时，如果专利的技术特征与对比文件的相应技术特征只是名称不同，但在各自的技术方案中的手段、功能、效果和目的均相同或无实质性差异，则一般认为专利的技术特征“相当于”对比文件的相应技术特征。

## 七、权利的交叉性

一个人对一项技术获得了专利权，并不能阻止他人对该项技术进行改进，从而获得新的专利权。这就在同一技术发展方向上产生了不同的专利权。其中，最典型的就是基础专利与从属专利之间的关系。

一项专利技术的技术方案包括了前一有效专利，即前一有效专利的必要技术特征，它的实施必然会落入前一有效专利的保护范围或者覆盖前一有效专利的技术特征，它的实施也必然有赖于前一专利技术的实施，则该在后专利称为在前专利的从属专利，该在前专利称为在后专利的基础专利。由此可见，**基础专利和从属专利是一对相对而生的概念，一件基础专利的从属专利，同时也可以是其他专利的基础专利。**这也就使得专利经常会呈现出你中有我，我中有你的态势，呈现出明显的交叉性特点。对于从属专利所保护的技术方案而言，一般来讲，如果双方不能达成专利许可或转让协议，则基础专利的专利权人和从属专利的专利权人都是不能实施的。这也正是利用“从属专利战略”，通过从属专利实现围堵基础专利效果的法律依据之所在。

## 八、权利的组合性

专利权是针对某项具体的技术或者设计而言的权利，但其往往是需要以具体的产品作为载体。对于某一产品而言，一般会涉及若干项技术。每项技术又可能会同时受到多项专利的保护。产品不只是可以从技术角度获得专利权，还可以从外观设计角度获得专利权。因此，对于某一产品而言，就可能会出现同时实施了若干项专利的情况。例如现在的手机、打印机等电子产品中，大多都涉及成千上万项专利。因此，专利权在具体产品上是具有组合性的。

## 九、权利的无形性及财产性

与有形财产权不同，专利权是一种无形财产权。专利权的客体是智力劳动成果，而智力劳动成果是一种没有形体的知识形态的产品。智力劳动是智力劳动成果产生的源泉，智力劳动成果是智力劳动的结晶。不同于生产资料和生活资料等实物产品占有一定的空间并能为人们所直接感知，各种各样的智力劳动成果一般要用物质性的载体表现或显示出来，才能被人们了解、把握和应用。例如，专利需要记载于专利文件中。但载体本身不是智力劳动成果，而只是固定或表现智力劳动成果的物体。智力劳动成果虽然是无形的，但其具有使用价值和价值，因此具有明显的财产性。人们可以了解它、把握它、使用它。在商品经济条件下，可以作为商品进行生产和交换。在 2004 年，全球药品市场，辉瑞公司的降血脂专利药物立普妥（lipitor）创下年销售额 109 亿美元的历史记录，占辉瑞公司年营业收入的 21%，也成为历史上第一个全年营业收入超过百亿美元的畅销药物。虽然表面看，这些营业收入是由这些药品产生的，但是，如果没有其背后无形专利权的支撑，这样的营业收入却是不可想象的。未来几年，因为主要的专利将陆续到期，一些大型制药企业销售额和利润将会一落千丈。有人估算，辉瑞公司和礼来公司因为重磅专利的陆续到期，将可能会导致其营业收入在未来几年内下降 30% 以上，而进入“专利悬崖”（Patent Cliff）时期[1]。专利，不仅可以通过技术应用，以相应的专利产品来实现其价值，还可以通过无形资产增值，甚至是直接的交易形式来体现其财产性。例如，1997 年，美国安进公司（Amgen）将神经免疫因子配体 FKBP 的专利权转让给吉尔福德公司（Guilford），获得高达 3.92 亿美元的专利权转让费。

## 十、权利的不可分割性

专利权本身，作为一种无形财产权，一般情况下，无法通过分割的方式，实现按份共有或按份分配。也就是说，**当几个人共同拥有一项专利权的时候，每个共有人都是占有该专利权的百分之百，而不是几分之一。**当然，对于许可费等收益，可以在共有人之间实现按比例分配。共有专利权的共有人实施该专利，或者以普通许可方式许可他人实施该专利，都是完整地实施该专利技术，而不只是实施该专利技术的一部分。

[1] Wordspy 网站对“Patent Cliff”的解释是：“A sharp drop in revenue that a company experiences when a lucrative patent expires”（当一项利润丰厚的专利到期后，企业的收入就会锐减）。

# 第三节 专利申请的目的

当今世界，专利，已经成为企业在市场竞争中的利器。那么，人们都是基于什么样的目的在申请专利呢？根据我国当前的国情来看，申请专利的目的主要有如下几种。

## 一、技术垄断目的

专利制度的目的之一就是保护专利权，所以，通过专利制度，实现对自己做出的发明创造的垄断实施，是专利申请行为的基本目的之一。在这一目的的实现过程中，专利申请人通常会围绕同一产品，申请几项、几十项，甚至上百项专利，以专利簇的形式对其产品进行保护。

## 二、赚取专利许可费

因为拥有了专利权就意味着对专利技术的垄断实施，其他人要想实施其专利技术，就必须向专利权人缴纳许可费，以获得专利权人的许可。在诺基亚公司的2011年第二财季报告中，有一笔高达4.3亿欧元的专利许可费收入，主要来源是与苹果公司的专利战中获得的收益。爱立信公司在通信领域已拥有2.7万项专利，专利许可费收入也从2006年的20亿瑞典克朗攀升至2010年的46亿瑞典克朗。当今，手中掌握大量专利权，以赚取专利许可费为主要目的的Patent Troll❶对实体经济的影响力越来越大，也已经越来越引起各个国家的重视。美国加州圣地亚哥高通总部，在管理层专用大楼一层走廊两侧，密密麻麻镶嵌着3000多个方形奖章，每一个都代表着一项高通公司的核心专利。对于全世界众多的企业来说，这几乎成为一堵难以跨越的高墙。据高通2011年第4季度财报，其专利许可收入高达14.44亿美元，约占财季总营业收入的35%，而此前其专利收入占比曾一度高达2/3。

## 三、产品和企业宣传目的

一种产品可以有很多家企业同时生产，自己的产品在表观上不易与其他厂家的产品相区别的时候，就可以通过声称其产品是“专利产品”来提升自己产品的可信度，以实现从同质竞争到差异化竞争的转变。而且，一个企业拥有的专利数量多少，也是与企业的形象密切相关的。

---

❶ 中文翻译有专利蟑螂、专利臭虫、专利流氓、专利海盗等多种译法。主要是指那些本身并不制造专利产品或者提供专利服务，而是自己研发或者从其他公司、研究机构或个人发明者手上购买专利的所有权或使用权，然后专门通过专利诉讼赚取巨额利润的专业公司或团体。目前，全球最大的Patent Troll为Intellectual Ventures（IV）（高智发明），成立于2000年，由微软前高管纳森－梅尔沃德所创立，谷歌也是高智发明的投资者之一。

## 四、技术公开目的

一个人并不想对自己做出的发明创造进行垄断，是不是就可以不用申请专利了呢？这在大多数情况下是没问题的。但是，你可以是无私的，其他人未必会像你一般无私，一旦他人将与你的研发成果相同或相似的技术申请了专利，你就可能会面临“使用自己研发的技术却被诉侵犯专利权”的危险。所以，专利申请就被赋予了另一种目的，那就是通过专利申请文件对所研发的技术进行公开，从而使得别人也无法就与你的研发成果相同或相似的技术申请到专利权，自然也就不会被诉侵权了。此行为常被称之“防御性公开”。

## 五、专利对抗和专利威胁

专利对抗，顾名思义，就是指，通过自己拥有专利权，从而实现与其他拥有专利权的企业进行对抗，以使得竞争对手不会轻易对自己发动专利侵权诉讼，或者在对方发动了专利侵权诉讼之后，以自己所拥有的专利权向对方发动反击，从而实现双方和解或者损失对冲。

专利威胁，顾名思义，就是指，利用自己手中所拥有的专利权，以起诉对方侵犯专利权，从而将对方排除出市场或者主张巨额赔偿金相威胁，迫使对方接受自己开出的谈判条件。

专利对抗和专利威胁是当今专利运营中最常见的运营手法。施耐德与正泰公司之间的专利纠纷过程中，对这两种运营手法就有明显的体现。

## 六、技术出售目的

发明人获得研发成果后，如果在没有将之权利化之前予以公开，无疑就被视为是允许社会公众免费使用了。但是，如果不予公开，当其以商业秘密形式存在的时候，又很难让大量的潜在购买者快速获知该技术成果的存在，而且还存在商业秘密被窃取的风险。通过将研发成果以专利的形式权利化，则会由于其可以大范围传播而且权利稳定等特点，而明显有助于研发成果以合理的价格快速出售。

## 七、干扰目的

起干扰目的的专利申请，有相当部分都是虚假申请，而非基于真实研发成果。一个企业正在进行的研发方向和研发进度，一旦让竞争对手获取到，是可能会对企业产生不利影响的。这些虚假申请，可能会使竞争对手作出错误的判断。例如，企业可以通过在其实并不重要甚至可能并不存在的技术方向上大量递交专利申请，来掩盖真正的重点研发方向及其研发进度。企业甚至可以通过在并不存在、甚至是已经证明行不通的技术方向上持续性地大量申请专利，从而迷惑竞争对手，以实现将竞争对手引导到错误的方向上去，以削弱竞争对手的实力的目的。企业大量的虚假专利申请还可能会实现有效隐藏重点研发方向上的核心技术人员信息的目的。

### 八、加入专利池组织或者参与标准制定的筹码

通过加入专利池组织或者使得自己的专利为产品技术标准所包含，无疑可以大大降低维权成本，甚至可以降低专利许可费的支出，增强企业在市场中的竞争优势。不管是通过对核心技术申请专利，还是通过申请大量的外围专利，对于加入专利池组织或者参与标准制定的筹码而言，无疑都是有所帮助的。

### 九、其他目的

专利是一种武器，不同的人，不同的环境下，可以有不同的使用方式，而非仅限于以上所列目的。例如，因为一些大型企业往往会要求其核心产品不存在被诉专利侵权的风险，从而要求在相关技术上不能有其他专利权人存在，所以，就出现了一些人针对一些大型企业的核心产品申请相关专利，以向这些大型企业定向出售专利权为目的的专利申请行为。作为当前的特殊情况，专利还被赋予了一种特殊用途，对科研工作者来讲，可以用于科研课题的申请和多种资助经费的获得，对企业来讲，也可以获得各种形式的资助。现在很多的科研课题都是要求有知识产权产出的，否则不予审批科研经费，不予结题。一旦申请了专利，还可以申请到各种各样的奖励资金，享受到被评定为高新技术企业，减免很大比例的赋税等优惠。对企业经营的核心技术是否拥有专利权，已成为是否能够获得风险投资的重要决定因素之一，专利权质押贷款制度也正在加速成熟之中，这都成为不少企业进行专利申请的重要动力。

**申请专利的不同目的之间并非绝对独立，而是相互共存，并且可以相互转换的。**虽然申请专利的目的有如此之多，但是，由于专利具有无形性的特点，在绝大多数情况下，都是以隐形盾牌或隐形炸弹的形式发挥作用，导致特别容易被认为是无用的，甚至被认为是只消耗企业的人力物力和财力，而没有产出的。使得部分企业平时不注意专利积累，**总是“专利到用时方恨少”，对于企业经营来讲，是非常危险的。**

## 第四节　专利授权的条件之新颖性

### 一、新颖性与抵触申请

新颖性，是指该发明或者实用新型不属于现有技术；也没有任何单位或者个人就同样的发明或者实用新型在申请日以前向专利局提出过申请，并记载在申请日以后（含申请日）公布的专利申请文件或者公告的专利文件中。

现有技术是指申请日以前在国内外为公众所知的技术。现有技术包括在申请日（有优先权的，指优先权日）以前在国内外出版物上公开发表、在国内外公开使用或者以其他方式为公众所知的技术。现有技术应当是在申请日以前公众能够得知的技术内容。换句话说，现有技术应当在申请日以前处于能够被公众获得的状态，并包含有能够使公众从中得知实质性技术知识的内容。应当注意，处于保密状态的技术内容不属于现有技术。所谓保密状态，不仅包括受保密规定或协议约束的情形，还包括社会观念或者商业习惯上被认为应当承担保密义务的情形，即默契保密的情形。然而，如果负有保密义务的人违反规定、协议或者默契而泄露秘密，导致技术内容公开，使公众能够得知这些技术，这些技术也就构成了现有技术的一部分。在此问题上，部分人认为非法公开的信息不属于现有技术❶，这是明显错误。

**现有技术的公开方式包括出版物公开、使用公开和以其他方式公开三种，均没有地域限制。**

专利法意义上的出版物是指记载有技术或设计内容的独立存在的传播载体，并且应当表明或者有其他证据证明其公开发表或出版的时间。

符合上述含义的出版物可以是各种印刷的、打字的纸件，例如专利文献、科技杂志、科技书籍、学术论文、专业文献、教科书、技术手册、正式公布的会议记录或者技术报告、报纸、产品样本、产品目录、广告宣传册等，也可以是用电、光、磁、照相等方法制成的视听资料，例如缩微胶片、影片、照相底片、录像带、磁带、唱片、光盘等，还可以是例如以互联网或其他在线数据库形式存在的文件等。

出版物不受地理位置、语言或者获得方式的限制，也不受年代的限制。出版物的出版发行量多少、是否有人阅读过、申请人是否知道是无关紧要的。

印有“内部资料”、“内部发行”等字样的出版物，确系在特定范围内发行并要求保密的，不属于公开出版物。

出版物的印刷日视为公开日，有其他证据证明其公开日的除外。印刷日只写明年月或者年份的，以所写月份的最后一日或者所写年份的12月31日为公开日。

对于没有正规出版号的出版物，例如宣传单和产品目录等，其公开日如何确定，可以通过如下两种方法来认定其公开日期：

(1) 对于没有正规出版号的出版物，可以看对外服务的图书馆有没有收藏，如果对外服务的图书馆进行了收藏并可公开借阅，可以通过公证的办法证明其收藏和可以公开借阅的日期，即为其公开日期。印有“内部资料”、“内部发行”等字样的出版物，并非就一定不可以认定为公开出版物。如果该出版物上有“征订启事”等能证明其事实上进行了公开发行的证据，同样可以采用公证图书馆的收藏和公开借阅时间来证明其

---

❶ 比较典型的是前国家食品与药品监督管理局局长郑筱萸与前药品注册司司长曹文庄在位时，非法将有关药厂上报的药品注册信息制作成光盘出售，导致部分药品相关专利的新颖性和创造性受到了质疑，由此引发部分人对该光盘所公开技术信息的合法性的质疑，并进一步认为其不属于现有技术。

公开日。上述出版物还可以用印刷合同和发票以及购买发票等凭证作为证据，根据其上记载的日期来证明其公开日期。当然，这还需要一个完整证据链的组织过程。

（2）对于没有正规书号和印刷日期的期刊、年刊、年鉴和汇编等定期出版物，还可以用民事诉讼实务中的“高度盖然性”原则结合《专利审查指南》中的有关规定来对其公开日进行认定。高度盖然性即是从事物发展的高度概率中推定案情、评定证据，它以确认的事实联系其他合理性考虑为前提，是我们在对证据和案件的认识达不到逻辑必然性条件下不得不使用的手续。根据上述原则，对于没有正规书号和印刷日期的期刊、年刊、年鉴和汇编等定期出版物，可以以其下一个“定期”结束的时间为其公开日。例如，对于《1987 年论文汇编》，在没有其他证据证明的情况下，其出版日期可以认定为 1988 年 12 月 31 日。认定过程为：首先，根据高度盖然性原则，因为汇编中的论文均为 1987 年发表的论文，而没有 1988 年发表的论文，按照常理可以推测，其应该在 1988 年出版；然后根据审查指南的规定，将其公开日期推定为 1988 年 12 月 31 日。

由于使用而导致技术方案的公开，或者导致技术方案处于公众可以得知的状态，这种公开方式称为使用公开。使用公开的方式包括能够使公众得知其技术内容的制造、使用、销售、进口、交换、馈赠、演示、展出等方式。**只要通过上述方式使有关技术内容处于公众想得知就能够得知的状态，就构成使用公开，而不取决于是否有公众得知。但是，未给出任何有关技术内容的说明，以致所属技术领域的技术人员无法得知其结构和功能或材料成分的产品展示，不属于使用公开。**例如，对于陶瓷产品而言，虽然其产品已经公开销售，但并不等于生产该陶瓷的配方及该陶瓷的烧制工艺已经被公开。因为本领域技术人员无法通过销售的陶瓷产品直接得出该信息，也无法通过反向工程等方式获得这些信息。

为公众所知的其他方式的公开，主要是指口头公开等。例如，口头交谈、报告、讨论会发言、广播、电视、电影等能够使公众得知技术内容的方式。口头交谈、报告、讨论会发言以其发生之日为公开日。公众可接收的广播、电视或电影的报道，以其播放日为公开日。

根据《专利法》第 22 条第 2 款的规定，在发明或者实用新型新颖性的判断中，由任何单位或者个人就同样的发明或者实用新型在申请日以前向专利局提出并且在申请日以后（含申请日）公布的专利申请文件或者公告的专利文件损害该申请日提出的专利申请的新颖性。这种损害新颖性的专利申请，称为抵触申请。另外，抵触申请还包括满足以下条件地进入了中国国家阶段的国际专利申请，即申请日以前由任何单位或者个人提出、并在申请日之后（含申请日）由专利局作出公布或公告的且为同样的发明或者实用新型的国际专利申请。抵触申请仅指在申请日以前提出的，不包含在申请日提出的同样的发明或者实用新型专利申请。

对于抵触申请，需要注意的是，申请人自己在先提交的专利申请也是可以作为其在后提交的专利申请的抵触申请的。另外，**对于是否属于抵触申请的判断，是以全文对比的方式进行的。《专利法》第 9 条所规定重复授权的判断标准则只是对比权利要求。要**

**注意两者的区别。**

## 二、发明或实用新型与外观设计专利申请之间是否能够互为抵触申请

抵触申请是专利领域的一个重要概念，目的在于与《专利法》第9条相配合，以实现防止重复授权的目的。但是，**在专利实务中，有关发明或实用新型与外观设计专利申请之间是否能够互为抵触申请的问题却一直存在争议**，主要是因为，按照当前的法规规定，任何操作方式都难以同时实现合法性和合理性的统一。

根据《专利法》第2条第1款的规定，专利法所称的发明创造是指发明、实用新型和外观设计。而根据《专利法》第22条第2款规定，发明或者实用新型的抵触申请是指，任何单位或者个人在申请日以前向国务院专利行政部门提出过申请，并记载在申请日以后公布的专利申请文件或者公告的专利文件中的同样的发明或者实用新型。根据《专利法》第23条第1款的规定，外观设计的抵触申请则是指，任何单位或者个人在申请日以前向国务院专利行政部门提出过申请，并记载在申请日以后公布的专利申请文件或者公告的专利文件中的同样的外观设计。也就是说，《专利法》第22条第2款明确将外观设计类型的发明创造排除在发明和实用新型专利申请的抵触申请之外，而《专利法》第23条第1款对应将发明和实用新型专利这两种类型的发明创造排除在外观设计申请的抵触申请之外。就是说，将发明或实用新型专利申请的内容作为外观设计专利申请的抵触申请，和将外观设计专利申请的内容作为发明或实用新型专利申请的抵触申请都是不合法的。

但是，发明、实用新型和外观设计三种专利类型的保护客体虽然不同，却是存在部分重叠的，那就是产品的形状。同样的形状，存在于不同类型的专利文件中，是否可以作为抵触申请的结论就不同，这是明显不合理的。例如，对于一份外观设计专利申请A和一份实用新型专利申请B而言，若记载了相同的产品形状，实用新型专利可以作为发明专利的抵触申请，外观设计专利却不能作为发明专利的抵触申请。在现有技术和现有设计中均不存在带把手的杯子的背景下，该外观设计专利申请A的照片显示的是一个有把手的杯子，该实用新型专利申请则请求保护一种带把手的杯子。此外观设计专利申请A所请求保护的杯子的设计要素明显就是由于增加一个把手而形成的杯子的整体形状，而杯子带把手的整体形状无疑也同时构成了该实用新型专利申请B所请求保护的技术方案。在此情况下，不管该实用新型专利申请和该外观设计专利申请哪个在先，都是应该被视为在后的另一专利申请的抵触申请的，对在后的另一专利申请授予专利权无疑都是不妥的，对于同样记载了某项技术方案的实用新型专利申请和外观设计专利申请而言，实用新型专利申请因为记载了某项技术方案而成为另一在后发明或实用新型专利申请的抵触申请，而同样记载了该项技术方案的外观设计专利申请却不能被认定为该在后发明或实用新型专利申请的抵触申请，更是明显不妥的。

# 第五节 专利授权的条件之创造性

## 一、创造性与所属技术领域的技术人员

创造性，是指与现有技术相比，该发明具有突出的实质性特点和显著的进步，该实用新型具有实质性特点和进步。

**抵触申请不属于现有技术，因此，在评价发明创造性时不予考虑。**

发明是否具备创造性，应当基于所属技术领域的技术人员的知识和能力进行评价。所属技术领域的技术人员，也可称为本领域的技术人员，是指一种假设的“人”，假定他知晓申请日或者优先权日之前发明所属技术领域所有的普通技术知识，能够获知该领域中所有的现有技术，并且具有应用该日期之前常规实验手段的能力，但他不具有创造能力。如果所要解决的技术问题能够促使本领域的技术人员在其他技术领域寻找技术手段，他也应具有从该其他技术领域中获知该申请日或优先权日之前的相关现有技术、普通技术知识和常规实验手段的能力。

发明有突出的实质性特点，是指对所属技术领域的技术人员来说，发明的技术方案相对于现有技术而言，是非显而易见的。如果发明的技术方案是所属技术领域的技术人员在现有技术的基础上仅仅通过合乎逻辑的分析、推理或者有限的试验可以得到的，则该发明是显而易见的，也就不具备突出的实质性特点。

发明有显著的进步，是指发明与现有技术相比能够产生有益的技术效果。例如，发明克服了现有技术中存在的缺点和不足，或者为解决某一技术问题提供了一种不同构思的技术方案，或者代表某种新的技术发展趋势。

## 二、创造性的审查

实质性特点和进步是分别从技术方案和技术效果两个方面，对创造性提出的要求。这两个方面的要求均是认定发明创造具备创造性的必要但不充分条件。只是在技术方案上具备（突出的）实质性特点而在技术效果上没有（显著的）进步，或者只是在技术效果上有（显著的）进步而在技术方案上不具备（突出的）实质性特点，均被认为是不具备创造性。例如，对于要素省略的发明创造而言，虽然说，由于现有技术中并没有公开将其要素从已有的技术方案中省略掉，从而使得本发明创造与已有技术方案存在技术特征上的差别的技术启示，使得本领域技术人员不容易联想到将该已有技术方案中的该要素省略从而获得本发明创造，但是，这并不意味着本发明创造就必然具备创造性。而是还要看本发明创造与已有技术方案在技术特征上的该差别是否产生了技术上的进步，也就是是否产生了有益的技术效果。只有那些与已有技术方案在技术特征上存在差

别，并且由于该差别，导致该发明创造产生了与现有技术相比的技术上的进步，该发明创造才会被认定为是具备创造性的。

在单独对发明是否具备突出的实质性特点进行判断时，往往会由于本发明的技术方案与现有技术的差别，是否达到了“突出的实质性差别”的标准难以把握，尤其对于那些与现有技术在技术特征上的差别很小的技术方案而言，会出现判断的失误。而将其与所实现的技术效果结合判断，则变得相对容易操作，并且所得出的主观结论与客观事实一致性较高。例如，本发明的工艺方法与现有技术的差别仅在于温度参数降低了1℃，但却取得了极大的技术进步；另一发明的工艺方法与现有技术的差别仅在于温度参数上升了10℃，所取得的技术效果与现有技术基本相同。此时，如果不结合技术效果来进行判断，则很容易导致仅仅以温度参数差别的大小为依据，而将与现有技术的温度参数差别只有1℃的发明判断为不具备突出的实质性特点，从而得出其不具备创造性的结论。此时，如果结合技术效果来进行实质性特点的判断，则比较容易得出该发明具备创造性这一与客观事实相一致的结论。

为此，《专利审查指南》规定，在对发明是否具备突出的实质性特点进行审查时，通常可按照以下三个步骤进行：（1）确定最接近的现有技术。在确定最接近的现有技术时，应首先考虑技术领域相同或相近的现有技术；（2）确定发明的区别特征和发明实际解决的技术问题。发明实际解决的技术问题，是指为获得更好的技术效果而需对最接近的现有技术进行改进的技术任务；（3）判断要求保护的发明对本领域的技术人员来说是否显而易见。如果要求保护的发明相对于现有技术是显而易见的，则不具备突出的实质性特点；反之，如果对比的结果表明要求保护的发明相对于现有技术是非显而易见的，则具有突出的实质性特点。

审查过程中，由于审查员所认定的最接近的现有技术可能不同于申请人在说明书中所描述的现有技术，因此，基于最接近的现有技术重新确定的该发明实际解决的技术问题，可能不同于说明书中所描述的技术问题；在这种情况下，应当根据审查员所认定的最接近的现有技术重新确定发明实际解决的技术问题。技术特征可以是构成发明或者实用新型技术方案的组成要素，也可以是要素之间的相互关系。因此，在对一项技术方案是否具备创造性进行判断时，要从技术方案的整体上考虑，只有当各个技术特征都是显而易见的情况下，才可以作出整个技术方案不具备创造性的结论。而且，即使每个技术特征都是显而易见的，未必整个技术方案就是显而易见的，尤其要注意由要素之间的相互关系所体现的技术特征的判断，不能遗漏。

由于《专利审查指南》直接将解决技术问题、取得有益效果的要求合并到了对发明是否具备突出的实质性特点进行审查的三步法中，导致了对突出的实质性特点和显著的进步两方面审查在事实上的合二为一。虽然该规定并没有导致发明创造是否具备创造性的判断结论上的差异，但却使得部分人认为，目前司法实践中在判断创造性时，“突出的实质性特点”被赋予越来越重要的地位，而“显著的进步”的作用被逐渐淡化，甚至有人认为，专利法对创造性的规定中，有关发明创造应该具有（显著的）进步的规定是多余的和没有必要的。

## 第六节　优先权与分案申请

**分案申请和主张优先权，是专利申请程序中的两种特殊操作，通常是为了克服原申请中存在的缺陷或不足而进行的。这两种操作的异同点主要有以下几点。**

### 一、两者对时间的要求不同

主张在先发明或实用新型专利申请的优先权的期限为，在先专利申请的申请日起12个月以内。主张在先外国外观设计专利申请的优先权的期限为，在先专利申请的申请日起6个月以内。对专利申请进行分案申请的时间要求为，原专利申请被最终授予专利权之前或导致原专利申请获得授权的机会丧失的官方通知（驳回、撤回或者视为撤回）最终生效前。

### 二、两者对在先申请的要求不同

首先，主张在先专利申请优先权或者提出分案申请的，其在先申请都应当是尚没有被授权专利的，这是由《专利法》第9条所规定的禁止重复授权原则所决定的。

其次，主张在先专利申请优先权时，在先申请可以是已经丧失获得授权的权利的，即通常说的“可以是死的”；而提出分案申请时，原申请必须是尚未丧失获得授权权利的，即通常所说的“必须是活的”。

再次，作为优先权基础的在先申请，必须是原始申请，既不能是分案申请，也不能是已经主张过其他专利申请优先权的申请；作为分案申请基础的专利申请，既可以是原始申请，也可以是分案申请，还可以是已经主张过优先权的申请。

最后，不能以中国外观设计专利申请为在先申请，在中国提交主张优先权的外观设计专利申请；而中国的发明、实用新型和外观设计都可以作为分案申请的母案。

### 三、两者对所提出专利申请类型的要求不同

分案申请的类别应当与原申请的类别一致。主张优先权的在后申请可以与在先申请的类别不一致，包括可以基于发明专利申请的优先权申请实用新型专利、基于实用新型专利申请的优先权申请发明专利以及基于实用新型专利申请的优先权申请外观设计专利❶。

---

❶《保护工业产权巴黎公约》第四条之E（1）规定：在依靠以实用新型申请为根据的优先权而在一个国家提出外观设计申请的情况，优先权的期间应与对外观设计规定的优先权期间一样。

### 四、两者对是否可以增加新内容的要求不同

主张优先权的申请，可以增加在先申请中未记载的内容，即“部分优先权申请”；分案申请，不能超出原申请记载的范围。因此，在提出分案申请的时候应特别注意，虽然从理论上讲，当分案申请不成立的时候，应当将其当做一个新申请来看待，但是，目前的《专利审查指南》中并没有如此规定，导致分案申请被驳回（不符合《专利法实施细则》第43条第1款的规定）的风险很高。

### 五、两者的专利权保护期限不同

主张优先权的专利申请，其专利权的保护期限自在后申请的申请日开始计算；分案申请在保留母案申请日的情况下，其专利权的保护期限是以母案的申请日开始计算。

### 六、原申请的命运不同

被主张优先权后，在先申请即被视为撤回且不得恢复；而分案申请提出后，其母案仍为有效的专利申请。

### 七、均无操作次数限制

一件专利申请被主张优先权和被作为分案申请基础，都是没有次数限制的。也就是说，一件专利申请可以作为若干件专利申请的优先权基础，也可以作为若干件分案申请的基础，还可以在作为若干件专利申请的优先权基础的同时作为若干件分案申请的基础。

### 八、现有技术的截止日相同

在分案申请保留母案申请的申请日的情况下，针对主张优先权的在后申请和分案申请而言的现有技术都是截止于原申请的申请日（优先权日）。

### 九、操作的内容基础相同

两者都是以在先申请权利要求书和说明书所记载的内容为基础的，而非仅限于权利要求书所记载的内容。有些人认为，主张优先权的申请和分案申请的权利要求都必须是在先申请的权利要求书中记载的权利要求，这是明显错误的。

**以上所说主张优先权的申请，是指主张优先权的中国专利申请。主张优先权到外国提交专利申请的，还应根据所提交国的专利法规进行相关处理。**

**由以上异同点可以看出，针对中国专利申请，在原申请存在需要弥补的缺陷或不足的时候，在优先权期限内，一般应优选采用优先权途径进行操作。不但可以实现“超范围”修改，还可以适当延长专利的实际保护期限以及修改申请类别等。负面的是，这需要多支付一份专利申请的费用。例如，原申请因为不具备单一性而被审查员要求分**

**案时，如果该申请仍然在优先权期限内，通过对不具备单一性的各技术方案分别主张优先权，从而提交数份主张了优先权的在后申请，可能比提交分案申请更利于维护专利申请人的权益。当然，在不需要对原申请案进行超范围修改，并且技术的生命周期不是太长的情况下，从成本支出方面考虑，也可以采用提交分案申请的操作方式。**

# 第七节 国外专利申请

## 一、到国外申请专利的必要性

**专利的地域性特点决定了，对于一项发明创造而言，要想在外国获得专利保护，就需要到外国去进行专利申请工作。**

在国外有市场的出口型企业到国外去申请专利，是比较容易理解的。对于那些市场仅限于中国大陆地区的企业来说，到国外去申请专利好像是没有意义的。其实，这是对“市场走到哪里，专利就走到哪里”这句话的误解。“市场走到哪里，专利就走到哪里”这句话是说，专利是为保护市场份额和提高市场竞争力服务的，所以，市场扩展到了哪里，就有必要到哪里去申请专利。但并不意味着，企业的市场没有开展到的国家，企业就一定不用去申请专利。而且，即使产品卖到了一个国家，也未必就值得在那里申请专利，例如，那些没有或基本没有专利保护制度的国家。

首先，**专利布局应有前瞻性**。产品的市场今天没扩展到某一个国家，不等于明天不会扩展到这个国家，但是，等到产品市场扩展到这个国家的时候，该项技术由于已经通过专利文献或者公开使用等方式成为公众所知的技术，再要申请专利已经成为不可能的事。

其次，**从专利对抗角度来看，在自己的产品市场未能扩展到的国家拥有专利权，尤其是在那些竞争对手拥有巨大市场利益的国家，并非是一无是处的**。虽然我们的产品还没有，甚至一直都不会进入到某个国家去，但是，如果竞争对手在这个国家有巨大的市场利益，我们为什么不可以到这个国家去申请专利，从而增加与竞争对手谈判的筹码呢？

## 二、到国外进行专利申请的途径

**中国公民到其他国家进行专利申请，主要有巴黎公约途径（即优先权途径）和PCT途径两条途径。**

在巴黎公约途径中，专利申请人可以基于在中国递交的专利申请，在12个月内向巴黎公约成员国递交发明和/或实用新型专利申请，6个月内向巴黎公约成员国递交外观设计专利申请。在这些在后的申请中，与其在中国的专利申请相同的部分，可以享有与其中国专利申请的申请日相同的申请日。也就是说，这些在后的专利申请中，除了与先前在中国提交的专利申请相同的内容之外，还可以包含其他的技术内容，该类专利申请被称为享有部分优先权的申请。由此可以看出，**通过提交部分优先权申请的方式，可以实现对专利申请文件进行“超范围修改”的目的。**

在 PCT 途径中，专利申请人是以 PCT 条约为依据，向国际局或其授权的受理局（包括中国国家知识产权局）提交专利的国际申请，由国际局或其授权的国家局进行检索和部分的审查工作，并提供检索报告和简单的审查结论（如果申请人提出了相应请求的话），在申请日（有优先权的指优先权日）起的 30 个月内（部分国家对此有特殊规定）办理进入国家阶段手续，也就是到想要获得专利授权的 PCT 成员国，按照该国对专利申请文件的要求，提交与国际申请相对应的国家阶段专利申请文件。此时，对该国家阶段专利申请文件而言，相当于是在所对应的国际申请被提交到国际局或其授权的受理局之日就提交到了该国。也就是说，PCT 途径分为两个阶段：国际阶段和国家阶段，国际阶段相当于一个所有 PCT 成员国统一化的专利申请程序，而国家阶段则是各个 PCT 成员国分别根据其国家的专利法规规定，对专利申请进行审查的过程。此处需要注意，**到目前为止，仍然只有专利的国际申请，而没有能够在所有国家都能获得保护的国际专利，专利国际申请的国际阶段绝不等于国际专利。**

PCT 途径相对于巴黎公约途径而言，具备以下优势：

（1）由于其申请程序的合并而显得程序简单；

（2）由于有 30 个月的时间考虑是否进入某个国家，使得专利申请人有了更充分的时间去验证其发明创造的市场价值，从而有助于正确地作出是否到某个国家进行专利申请的决策；

（3）由于国际局或其授权的国家局会在国际阶段对专利申请提供检索报告，使得专利申请人能够更加准确地对其发明创造在各个国家获得专利授权的前景进行预期，从而有助于正确地作出是否到某个国家进行专利申请的决策；

**（4）如果与抵触申请制度相结合，PCT 途径为防止由于抵触申请的存在导致专利申请无法授权情况的发生提供了机会，同时还为在特定国家制造抵触申请提供了更长的时间机会。**

对于一项发明创造而言，很可能会存在分别由不同国家的几个人几乎同时做出来的情况。由于在大多数国家中，专利申请一般会在自申请日起 18 个月时进行公开。此时，如果中国专利申请人只是在中国递交了专利申请，或者只是通过巴黎公约途径在其所希望获得专利权的几个国家递交了专利申请，由于此时，在这些国家中，在该专利申请的申请日前提交的很多专利申请都是尚未公开的，该专利申请人也就无法得知在其申请日之前是否已经有人向该国提交了同样的专利申请，在通过巴黎公约途径进入这些国家后，该专利申请就很可能会因为有抵触申请的存在而被驳回，从而造成人力、物力、财力的浪费。而且，还可能会由于在其未提交专利申请的国家中，有其他人提交了同样的专利申请并获得专利授权，而被排除在这些国家的市场之外。

相反，如果中国专利申请人通过PCT途径，递交了PCT专利国际申请，在其办理国家阶段的30个月期限内，是会对其专利申请在具体的国家是否存在抵触申请作出一个比较准确的评价的，这将有助于其对是否到一个国家进行专利申请作出正确的决策。另外，由于在这30个月的期限内，在一个国家中，在其专利申请日之后12个月内甚至更长时间内提交的专利申请也已经公开，对于那些本不想在其中获得专利授权的国家而言，专利申请人也就有机会通过到该国家办理PCT国际申请进入国家阶段手续的方式，使得该国的在后相应的专利申请因为存在抵触申请而无法获得授权，从而有效避免了被完全排除在该国市场之外的情况发生。

PCT途径相对于巴黎公约途径而言，缺点主要在于，在国际阶段，需要花费额外的费用。

当然，巴黎公约途径相对于PCT途径，也是存在有明显的优势的，主要体现在：

首先，通过巴黎公约途径，同样可以利用部分优先权制度，实现对申请文件的超范围修改，甚至可以在不同的国家，进行不同的修改。通过部分优先权制度，在保留与原申请内容相同部分的优先权日的同时，增加一些原申请中没有记载的内容，可以用于克服原申请存在的说明书公开不充分（没有提供实验数据）、权利要求得不到说明书支持（重新进行二次概括）和权利要求不具备创造性（增加对比例实现优选）等缺陷。

其次，通过巴黎公约途径，对同一发明创造，可以主张同一在先专利申请的优先权，在中国同日提交发明和实用新型专利申请，从而使用《专利法》第9条的例外规定，自发明授权之日起，放弃实用新型专利权。当然，这主要是对符合实用新型授权客体的发明创造而言。

再次，巴黎公约途径包括了外观设计优先权途径，而PCT途径只限于发明和实用新型专利。

## 第八节　专利标识标注

在产品上进行与专利相关的标注，以通过消费者对专利技术的认可来扩大销售，是一种常见的营销方式。但是，大多数人对专利标识的不当标注所导致的后果并不清楚，故在此单列一节进行介绍。

《专利标识标注办法》对专利标识的具体形式进行了规定。

标注专利标识的，应当标明下述内容：（1）采用中文标明专利权的类别，例如中国发明专利、中国实用新型专利、中国外观设计专利；（2）国家知识产权局授予专利权的专利号。在依照专利方法直接获得的产品、该产品的包装或者该产品的说明书等材料上标注专利标识的，应当采用中文标明该产品系依照专利方法所获得的产品。专利权被授予前在产品、该产品的包装或者该产品的说明书等材料上进行标注的，应当采用中文标明中国专利申请的类别、专利申请号，并标明“专利申请，尚未授权”字样。

《专利法实施细则》第84条规定，下列行为属于《专利法》第63条规定的假冒专利的行为：

（1）在未被授予专利权的产品或者其包装上标注专利标识，专利权被宣告无效后或者终止后继续在产品或者其包装上标注专利标识，或者未经许可在产品或者产品包装上标注他人的专利号；

（2）销售第（1）项所述产品；

（3）在产品说明书等材料中将未被授予专利权的技术或者设计称为专利技术或者专利设计，将专利申请称为专利，或者未经许可使用他人的专利号，使公众将所涉及的技术或者设计误认为是专利技术或者专利设计；

（4）伪造或者变造专利证书、专利文件或者专利申请文件；

（5）其他使公众混淆，将未被授予专利权的技术或者设计误认为是专利技术或者专利设计的行为。

专利权终止前依法在专利产品、依照专利方法直接获得的产品或者其包装上标注专利标识，在专利权终止后许诺销售、销售该产品的，不属于假冒专利行为。

《专利法》第63条规定：假冒专利的，除依法承担民事责任外，由管理专利工作的部门责令改正并予公告，没收违法所得，可以并处违法所得4倍以下的罚款；没有违法所得的，可以处20万元以下的罚款；构成犯罪的，依法追究刑事责任。

对于假冒专利行为人所应当承担的刑事责任，刑法中规定，假冒专利行为中，情节严重的，处3年以下有期徒刑或者拘役，并处或者单处罚金。

综合以上规定可以看出，**当前大量存在的，在专利申请获得专利授权前在产品或者其包装上标注专利标识，或者在专利权被宣告无效后或者终止后继续在产品或者其包装上标注专利标识的行为，都是存在违法风险的，都可能成为知识产权意识较强的竞争对手用于商业竞争的武器，应引起企业的重视。**

# 第二章 专利申请文件的撰写

## 本章应掌握的重点

1. 常规的专利申请文件撰写流程
2. 权利要求书的撰写要求
3. 权利要求书的撰写技巧
4. 说明书的撰写要求
5. 说明书的撰写技巧

## 本章思考题

**思考题 1**

软件领域的专利申请中，方法权利要求与配套的虚拟装置权利要求之间，哪个作为引用项、哪个作为被引项更有利，为什么？

**思考题 2**

如何通过说明书的记载，使得权利要求更容易被认为是具备创造性的？

## 第一节 概　　述

专利权的行政审批性特点决定了，专利申请人要想获得专利授权，需要以向国家知识产权局专利局提交自己的专利申请文件为前提。基于《专利法》第33条等法规条款的规定，专利申请文件一旦交到专利局，专利申请人就不得再超出原专利说明书和权利要求书所记载的范围去主张专利保护的范围。一旦专利申请获得授权，就意味着其可能的保护范围被最终确定，如果所确定的保护范围不能与专利发明人对科技进步的贡献相适应，则很可能会被宣告无效或者被竞争对手轻易绕开。也就是说，**一旦专利申请文件撰写不当或者失误，导致交到专利局的专利申请文件存在瑕疵，甚至是错误，对专利申请人的权益损害就极可能会是无法弥补的。在专利申请程序中，好的开始是成功的一半，坏的开始则是失败的全部。**所以，撰写一份质量上乘的专利申请文件，对于专利申请人而言，就是至关重要的了。

专利申请文件撰写是一项复杂的系统工程，其法规依据主要是专利法、专利法实施细则和专利审查指南。需要注意的是，专利审查指南是国家知识产权局制定和发布，用于规范专利审查员专利审查相关行为的部门规章。既然专利审查员会按照《专利审查指南》的规定对专利申请文件进行审查，那么，专利申请人为了使得自己的专利申请能够顺利通过专利审查并获得专利授权，自然也就需要以不违反专利审查指南有关规定所要求的标准为前提了。此外，《审查操作规程》和知识产权局内部的各种会议纪要等，作为国家知识产权局的内部执行标准，也是值得关注的。但因为其只是知识产权局的内部标准，对外没有约束力，而且，不应当与《专利审查指南》的规定之间存在冲突，也不能作为审查意见的依据。

在专利申请文件撰写的大致流程方面，经常会遇到先写权利要求书还是先写说明书的问题。笔者认为，权利要求书和说明书的撰写是同步，交替进行的，本质上没有先后之分。

**专利申请文件撰写的大致流程如下（图2－1）：**

（1）技术发明人提供技术交底书（技术说明书）。

（2）专利申请文件撰稿人在阅读该技术交底书后，进行现有技术的检索，并与技术发明人进行沟通，明确技术发明内容和发明点及各发明点之间的逻辑顺序。在这个过程中，还应对各发明点进行恰当的上位概括。

**认为专利申请文件撰稿人与发明人沟通是因为其看不懂其发明技术，所以，就不是一个好的专利申请文件撰稿人，不用跟发明人沟通就直接把专利申请文件撰写好的才是水平高的。这种观点在绝大多数情况，尤其是在技术交底书不规范的情况下，是严重错误的。**不与技术发明人进行技术交流，就直接撰写出专利申请文件的行为，是很容易给专利申请人带来无法挽回的损失的。例如，由于发明点的发掘不足，或者发明点的逻辑顺序把握不准确，而导致专利保护范围大幅缩小。相反，专利申请文件撰稿人在与技术发明人的技术交流过程中，通过技术研发思维与专利思维的碰撞与交汇，在有助于专利申请文件撰稿人对技术发明内容和发明点及各发明点之间的逻辑顺序进行更好把握的同时，更可能会使得技术发明获得更高层次的提升。**这也就是有人将专利代理人称之为“第二发明人”的原因所在。**

（3）专利申请文件撰稿人提出技术资料补充建议，由技术发明人根据实际情况进行补充。

这个阶段的工作，主要是为了满足专利法有关说明书应当对发明内容进行充分公开（《专利法》第26条第3款）和权利要求应当得到说明书支持（《专利法》第26条第4款）的要求的。在发明点及其逻辑顺序确定之后，权利要求书的内容也就基本确定了。那么，专利申请文件撰稿人就需要对说明书中需要公开一些什么样的内容，才能实现对这些权利要求的支持，什么样的公开方式，才能被认为是公开充分的等问题进行判断。并将判断的结果告诉技术发明人。由于技术交底书大多不能满足《专利法》第26条第3款和《专利法》第26条第4款的规定，所以，就需要技术发明人对相关资料进行补充。

（4）专利申请文件撰稿人根据技术发明人补充的资料，进一步调整专利说明书和权利要求书。

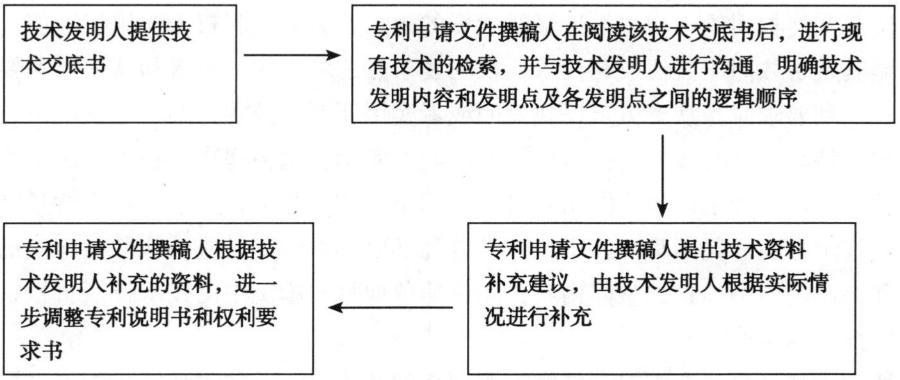


**图2－1　专利申请文件撰写流程图**

由于技术发明人并不一定能够提供所需要的全部技术资料，所以，专利申请文件撰稿人就需要根据实际情况，对权利要求书和说明书进行适当调整，对上位概括技术特征进行调整，甚至可能会需要对发明点及其逻辑顺序进行重新确定。

# 第二节 权利要求书的撰写

## 一、权利要求的类型

**按照保护客体划分，权利要求有两种基本类型：产品权利要求和方法权利要求。用途权利要求属于方法权利要求的一种。**

**从专利侵权纠纷处理的角度考虑，一般而言，对侵犯产品专利权利要求的行为举证比侵犯方法专利权利要求的行为举证要容易。**尤其对于使用方法和用使用方法限定的产品而言，更是难以举证。虽然专利法规定，在新产品的生产方法专利权发生侵权纠纷时，由被告提供其所使用方法不同于专利方法的证明，实际案例中，也经常会有法官根据举证责任合理分配的原则，责令被告对其所使用的方法进行举证。但是，由于被告提供的证明与原告提供的证明在可信度方面存在差异，还是建议在通过专利权对技术提供保护时，尽量优先从产品权利要求的角度考虑。此处需要注意的是用方法特征表征的产品权利要求，虽然其保护主题是产品，但由于其包括了方法限定的技术特征，同样会导致其举证困难。而且，由于权利要求的保护主题是产品，无法适用专利法有关新产品的制备方法专利侵权纠纷中有关举证责任倒置的规定，更为专利权人的维权增加了难度。

**按照其是否依附于其他权利要求，权利要求分为独立权利要求和从属权利要求。**

独立权利要求应当从整体上反映发明或者实用新型的技术方案，记载解决技术问题的必要技术特征。必要技术特征是指，发明或者实用新型为解决其技术问题所不可缺少的技术特征，其总和足以构成发明或者实用新型的技术方案，使之区别于背景技术中所述的其他技术方案。判断某一技术特征是否为必要技术特征，应当从所要解决的技术问题出发并考虑说明书描述的整体内容，不应简单地将实施例中的技术特征直接认定为必要技术特征。

**必要技术特征是一个相对于技术问题而言的概念，一个技术特征是否是必要技术特征，是随着所确定的技术问题的不同而不同的。**例如，当采用技术特征 A，所解决的技术问题是现有技术达不到 20% 的利用率，所取得的技术效果是达到了 20% 的利用率，而在采用技术特征 A 的基础上，进一步采用技术特征 B，则可以取得的技术效果是达到了 30% 的利用率。那么，相对于 20% 的利用率而言，技术特征 A 是必要技术特征，技术特征 B 则不是必要技术特征；而相对于 30% 的利用率而言，技术特征 B 则是必要技术特征。

如果一项权利要求包含了另一项同类型权利要求中的所有技术特征，且对该另一项权利要求的技术方案作了进一步的限定，则该权利要求为从属权利要求。由于从属权利要求用附加的技术特征对所引用的权利要求作了进一步的限定，所以其保护范围落在其所引用的权利要求的保护范围之内。从属权利要求的作用主要体现在，当独立权利要求不符合专利法法规的要求而无法获得授权或者在授权后被宣告无效之后，使得专利申请人/专利权人还能获得一个退而求其次的权利。当然，从属权利要求也可以直接作为发动专利侵权诉讼的权利依据，也就是所谓的“从属权利要求侵权”。

从属权利要求中的附加技术特征，可以是对所引用的权利要求的技术特征作进一步限定的技术特征，也可以是增加的技术特征。**对所引用权利要求的技术特征作进一步限定的从属权利要求，称为限定性从属权利要求，**例如，对所引用权利要求的数值范围技术特征进一步限定为具体的数值；**对所引用的权利要求增加技术特征的从属权利要求，称为附加性从属权利要求，**例如，在其所引用权利要求只限定所要求保护的凳子有三条腿的情况下，从属权利要求进一步限定所要求保护的凳子还设置有靠背。

## 二、权利要求应当以说明书为依据

权利要求书应当以说明书为依据，是指权利要求应当得到说明书的支持。权利要求书中的每一项权利要求所要求保护的技术方案应当是所属技术领域的技术人员能够从说明书充分公开的内容中得到或概括得出的技术方案，并且不得超出说明书公开的范围。**这一规定，是为了平衡专利权人与社会公众之间的利益，给予专利发明人一个与之所公开的发明内容相匹配的权利，而非与之发明本身相匹配的权利。**

**图 2-2 专利权人与社会公众之间的利益平衡**

权利要求通常由说明书记载的一个或者多个实施方式或实施例概括而成。权利要求的概括应当不超出说明书公开的范围。如果所属技术领域的技术人员可以合理预测说明书给出的实施方式的所有等同替代方式或明显变型方式都具备相同的性能或用途，则应当允许申请人将权利要求的保护范围概括至覆盖其所有的等同替代或明显变型的方式。**如果说明书实施例中采用的是下位概念，该发明创造技术效果的取得，依赖于该下位概念不同于其他概念的个性，则不允许在权利要求中对此下位概念进行上位概括。**

通常，概括的方式有以下两种：上位概括和并列概括。采用并列选择法概括时，被并列选择概括的具体内容应当是等效的，不得将上位概念概括的内容，用“或者”与其下位概念并列，例如“所述材料为金属或铁……”。

组合物权利要求应当用组合物的组分或者组分和含量等组成特征来表征。组合物权利要求有开放式和封闭式两种表达方式。开放式表示组合物中并不排除权利要求中未指出的组分；封闭式则表示组合物中仅包括所指出的组分而排除所有其他的组分。很明显，开放式权利要求的保护范围比封闭式权利要求要大得多。开放式和封闭式常用的措词如下：

（1）开放式，例如：“含有”、“包括”、“包含”、“基本含有”、“本质上含有”、“主要由…… 组成”、“主要组成为”、“基本上由……组成”、“基本组成为”等，这些都表示该组合物中还可以含有权利要求中所未指出的某些组分，即使其在含量上占较大的比例；

（2）封闭式，例如：“由……组成”、“组成为”、“余量为”等，这些都表示要求保护的组合物由所指出的组分组成，没有别的组分，但可以带有杂质，该杂质只允许以通常的含量存在。

使用开放式或者封闭式表达方式时，必须要得到说明书的支持。例如，权利要求的组合物 A + B + C，如果说明书中实际上没有描述除此之外的组分，则不能使用开放式权利要求。

如果发明的实质或者改进既在组分上，又与含量有关，其技术问题的解决不仅取决于组分的选择，而且还取决于该组分特定含量的确定，则在独立权利要求中必须同时限定组分和含量，否则该权利要求就不完整，缺少必要技术特征，当然也就得不到说明书的支持。

一个组合物中各组分含量百分数之和应当等于100%，几个组分的含量范围应当符合以下条件：

某一组分的上限值 + 其他组分的下限值≤100；

某一组分的下限值 + 其他组分的上限值≥100。

**权利要求是否得到了说明书的支持，主要有以下两个判断原则：**

（1）如果权利要求的概括包含申请人推测的内容，而其效果又难于预先确定和评价，应当认为这种概括超出了说明书公开的范围，即该权利要求没有得到说明书的支持；

（2）如果权利要求的概括使所属技术领域技术人员有理由怀疑该上位概念概括或并列选择方式概括所包含的一种或多种下位概念或选择方式不能解决发明所要解决的技术问题，并达到相同的技术效果，则应当认为该权利要求没有得到说明书的支持。

简言之，只要权利要求所覆盖的技术方案中，有至少一种方案被合理怀疑不能解决发明所要解决的技术问题，则认为权利要求没有得到说明书的支持。**此处，需要注意两点：一个是，此处只需要合理怀疑，而不需要举证证明其的确不能解决发明所要解决的技术问题；另一个是，通过举证证明，权利要求所覆盖的技术方案中，某一技术方案是已经被现有技术证明不能解决发明所要解决的技术问题，多数情况下，应当是不足以用于认定权利要求得不到说明书支持的。**

**【案例1】范围明显过大的权利要求**

对于“用高频电能影响物质的方法”这样一个概括较宽的权利要求，如果说明书中只给出一个“用高频电能从气体中除尘”的实施方式，对高频电能影响其他物质的方法未作说明，而且所属技术领域的技术人员也难以预先确定或评价高频电能影响其他物质的效果，则该权利要求被认为未得到说明书的支持。

**【案例2】范围明显过大的权利要求**

对于“控制冷冻时间和冷冻程度来处理植物种子的方法”这样一个概括较宽的权利要求，如果说明书中仅记载了适用于处理一种植物种子的方法，未涉及其他种类植物种子的处理方法，而且园艺技术人员也难以预先确定或评价处理其他种类植物种子的效果，则该权利要求也被认为未得到说明书的支持。除非说明书中还指出了这种植物种子和其他植物种子的一般关系，或者记载了足够多的实施例，使园艺技术人员能够明了如何使用这种方法处理植物种子，才可以认为该权利要求得到了说明书的支持。

**【案例3】范围明显过大的权利要求**

对于“一种处理合成树脂成型物来改变其性质的方法”的权利要求，如果说明书中只涉及热塑性树脂的实施例，而且申请人又不能证明该方法也适用于热固性树脂，那么申请人就应当把权利要求限制在热塑性树脂的范围内。

**【案例4】用途权利要求的支持**

**权利要求：**化合物A作为植物病毒抑制剂的应用。
**说明书：**只给出了该化合物抗植物TMV病毒的效果数据。
本领域技术人员常识：植物病毒包含了许多种类，其致病机理不完全相同。
**结论：**权利要求得不到说明书支持。

**【案例5】说明书对权利要求中数值范围的支持**

**权利要求：**……20～50℃……
**说明书：**只有30℃的实施例。
**结论：**权利要求中的数值范围的端点值在说明书中没有记载相应实施例，所以，权利要求得不到说明书的支持。为了使得权利要求中的数值范围得到说明书的支持，既要有20℃的实施例，又要有50℃的实施例，最好还有至少一个中间值的实施例。如果只有30℃的实施例，是不能支持20～50℃这个范围的。**在这个问题上，中国与欧美日等国的专利审查标准略有不同。**

**【案例6】化合物衍生物权利要求**

**权利要求：**某化合物及其盐。

**说明书：**化合物具有确定的用途和使用效果，化合物结构中存在酸性或碱性官能团。

**结论：**如果化合物结构中存在酸性或碱性官能团，则一般认为该化合物通过常规反应即可成盐，也可预测到化合物的盐与该化合物具有同样的用途和/或使用效果。因此，通常，只要化合物能够得到说明书的支持，其盐就能得到说明书的支持。

但是，当化合物难成盐或无法预测其是否能成盐时，化合物能够得到说明书的支持，其盐不一定就必然得到说明书的支持。

**【案例7】化合物衍生物权利要求**

**权利要求：**某化合物及其溶剂化物。

**说明书：**化合物具有确定的用途和使用效果。

**结论：**化合物能否形成溶剂化物以及能够形成何种溶剂化物具有偶然性和不可预测性。因此，化合物能够得到说明书的支持，不意味着其非特定的溶剂化物能够得到说明书的支持。

**【案例8】化合物衍生物权利要求**

**权利要求：**某化合物及其醚或酯。

**说明书：**化合物具有确定的用途和使用效果。

**结论：**当化合物中存在羟基或羧基时，如果权利要求中未对成醚或酯基团进行限定，则化合物的醚或酯的范围过宽，所包含的醚或酯化合物的数量甚至是无限的，并且所形成的醚或酯是否仍具有其母体化合物的活性也是难以预期的。因此，即使化合物能够得到说明书的支持，也不必然意味着其非特定的醚或酯能够得到说明书的支持。

**【案例9】化合物衍生物权利要求**

**权利要求：**某化合物及其前药和代谢物。

**说明书：**化合物具有确定的用途和使用效果。

**结论：**因为，化合物的前药或代谢物在体内可能会因为代谢等原因而导致失活或被活化，从而改变其生物活性。所以，化合物得到说明书的支持，其前药或其代谢物不一定能得到说明书的支持。

**【案例10】功能限定权利要求**

**权利要求：**一种机械玩具动物，由动力机构、传动机构及运动机构组成，其特征在于，该玩具包括一个能使玩具动物实现蹲下、坐立、趴下、站立、行走的控制机构。

**说明书：**说明书中只公开了控制机构的一个具体实施例。

**结论：**该权利要求特征部分的控制机构是用功能来限定的。因为说明书中仅给出了所述控制机构的一种具体实施方式，所属技术领域技术人员根据说明书的内容不能想到其他具有相同功能的控制机构，即不能明了此功能还可以采用说明书中未提及的其他替代方式来完成，因此，权利要求得不到说明书的支持。

**【案例11】效果限定权利要求**

**权利要求：**一种茶杯，其特征在于，所述茶杯能够保温。

**说明书：**说明书只公开了一种能够保温的茶杯。

**结论：**该权利要求中仅描述了发明所要达到的技术目的，是“纯功能性”表述或纯技术效果限定的权利要求，其覆盖了所有能够实现上述功能或实现上述效果的技术方案，而所属技术领域技术人员难以由说明书中公开的具体技术方案想到所有能够实现该功能、达到该效果的技术方案，因此，该权利要求得不到说明书的支持。

## 三、权利要求应当清楚

权利要求书是否清楚，对于确定发明或者实用新型要求保护的范围是极为重要的。

首先，每项权利要求的类型应当清楚。

一方面，权利要求的主题名称应当能够清楚地表明该权利要求的类型是产品权利要求还是方法权利要求。不允许采用模糊不清的主题名称，例如，“一种……技术”，或者在一项权利要求的主题名称中既包含有产品又包含有方法，例如，“一种……产品及其制造方法”。

另一方面，权利要求的主题名称还应当与权利要求的技术内容相适应。

产品权利要求适用于产品发明或者实用新型，通常应当用产品的结构特征来描述。特殊情况下，当产品权利要求中的一个或多个技术特征无法用结构特征予以清楚地表征时，允许借助物理或化学参数表征；当无法用结构特征并且也不能用参数特征予以清楚地表征时，允许借助于方法特征表征。使用参数表征时，所使用的参数必须是所属技术领域的技术人员根据说明书的教导或通过所属技术领域的惯用手段可以清楚而可靠地加以确定的。

方法权利要求适用于方法发明，通常应当用工艺过程、操作条件、步骤或者流程等技术特征来描述。

其次，每项权利要求所确定的保护范围应当清楚。

权利要求中不得使用含义不确定的用语，如“厚”、“薄”、“强”、“弱”、“高温”、

“高压”、“很宽范围”等，除非这种用语在特定技术领域中具有公认的确切含义，如放大器中的“高频”。对没有公认含义的用语，如果可能，应选择说明书中记载的更为精确的措词替换上述不确定的用语。

权利要求中不得出现“例如”、“最好是”、“尤其是”、“必要时”等类似用语。因为这类用语会在一项权利要求中限定出不同的保护范围，导致保护范围不清楚。当权利要求中出现某一上位概念后面跟一个由上述用语引出的下位概念时，审查员会要求申请人修改权利要求，允许其在该权利要求中保留其中之一，或将两者分别在两项权利要求中予以限定。

在一般情况下，权利要求中不得使用“约”、“接近”、“等”、“或类似物”等类似的用语，因为这类用语通常会使权利要求的范围不清楚。

权利要求中使用的科技术语应当与说明书中使用的科技术语一致，否则，将会导致权利要求不清楚。

根据《专利审查指南》的规定，一般情况下，权利要求中包含有数值范围的，“大于”、“小于”、“超过”等理解为不包括本数；“以上”、“以下”、“以内”等理解为包括本数。**对于《专利审查指南》中这些是否包括本数的特殊规定，一定要注意与日常理解相区别。**

从属权利要求只能引用在前的权利要求。引用两项以上权利要求的多项从属权利要求只能以择一方式引用在前的权利要求，并不得作为被另一项多项从属权利要求引用的基础，即在后的多项从属权利要求不得引用在前的多项从属权利要求。权利要求的多项引用，会导致权利要求书整体的不清楚。

## 四、独立权利要求的撰写

独立权利要求只需要由解决技术问题的必要技术特征构成即可，而不应写入非必要技术特征。相对于其从属权利要求而言，其保护范围是最大的。因为在实质审查过程中，一般是不允许扩大权利要求的保护范围的，所以，独立权利要求的撰写就显得尤为重要，这是有助于专利申请人**获得尽可能大的保护范围**的重要基础。

在一份专利权利要求书中，既可以有产品权利要求，也可以有方法权利要求，还可以既有产品权利要求又有方法权利要求。**从尽可能对发明创造实现全面保护的角度来看，一份权利要求书中，应尽量在产品、方法和应用三个角度都撰写有独立权利要求。**

基于前边所说，有关专利侵权纠纷举证难度方面的考虑，**在撰写过程中，产品、方法和应用权利要求之间，如果需要相互引用，应尽量以产品为被引项。**如果以方法权利要求为被引项来撰写产品权利要求，则由于该引用关系的存在，将导致方法权利要求中的方法特征被引入产品权利要求中，从而导致产品权利要求侵权举证的困难。

## 五、从属权利要求的撰写

首先，根据《审理侵犯专利权纠纷案件应用法律若干问题的解释》第 5 条的规定，对于仅在说明书或者附图中描述而在权利要求中未记载的技术方案，权利人在侵犯专利权纠纷案件中将其纳入专利权保护范围的，人民法院不予支持。根据审查指南的规定，在实质审查过程中，主动增加新的独立权利要求和从属权利要求又是很难被接受的。所以，申请人在撰写权利要求书的时候，应当尽可能地把说明书所记载的技术方案都以合适的方式列入权利要求书中。

其次，应根据需要，对从属权利要求的引用关系进行恰当处理。

**在专利申请文件撰写的实务中，属于同一权利要求组的从属权利要求存在两种基本的撰写方式：一种是权利要求 2 引用独立权利后，权利要求 3 再引用权利要求 2，权利要求 4 又引用权利要求 3 的递进式撰写方式，一种是所有从属权利要求均引用同一独立权利要求的并列式撰写方式。**

根据前面的介绍，从属权利要求分为限定性从属权利要求和附加性从属权利要求。这两种从属权利要求的撰写方式与两种从属权利要求类型之间是存在一定的对应关系的。

不管是限定性从属权利要求还是附加性从属权利要求，只要是通过递进式撰写方式撰写的，这些从属权利要求之间的保护范围就是存在包含与被包含关系的。因此，采用递进式撰写方式撰写的权利要求书，在无效宣告程序中遇到新颖性和创造性问题需要对权利要求书所要求保护的范围进行修改时，只要也只能进行权利要求或技术方案的删除，其修改后的保护范围只能是在公告授权的权利要求书所要求保护的若干个范围中进行缩小化选择。这种缩小化选择的修改方式受修改时机选择的限制较小，且一般不会超出公告授权的权利要求书和说明书记载的范围。

通过并列式撰写方式撰写的从属权利要求所要求保护的范围之间的关系，因所限定或附加的技术特征之间的关系不同而不同。采用并列式撰写方式撰写的限定性从属权利要求之间，对独立权利要求中的同一技术特征进行限定的从属权利要求所要求保护的范围之间的关系由这些从属权利要求中该技术特征所限定范围的关系决定，分为相互独立、相互交叉和包含与被包含 3 种情况；对独立权利要求中不同的技术特征分别进行限定的从属权利要求所要求保护的范围之间必然为相互交叉的关系。采用并列式撰写方式撰写的附加性从属权利要求所要求保护的范围之间必然是相互独立的。

要求保护的范围之间存在相互独立、相互交叉或包含与被包含的关系，且相互之间不存在引用关系的限定性从属权利要求的存在，势必会导致权利要求书中权利要求项数的无谓增加。相互之间不存在引用关系的限定性从属权利要求所要求保护的范围之间存在交叉或包含与被包含的关系，显然也是与《专利法实施细则》第 20 条第 1 款有关权利要求书应当简要的规定不相符的。相互之间不存在引用关系的限定性从属权利要求所要求保护的范围相互独立的情况下，这两项或几项从属权利要求也完全可以合并为一项包含若干并列技术方案的从属权利要求。

从无效宣告程序看，审查指南规定了对发明和实用新型专利权利要求书的 3 种修改方式：权利要求的删除、技术方案的删除和权利要求的合并。权利要求的合并仅限于两项或者两项以上相互无从属关系但在授权公告文本中从属于同一独立权利要求的权利要求的合并。也就是说，无效宣告程序中，权利要求的合并这一修改方式只有针对并列式撰写方式撰写的从属权利要求才能适用，而不适用于采用递进式撰写方式撰写的从属权利要求。在采用并列式撰写方式的情况下，专利权人可以根据实际情况，选取任意几项相互无从属关系但在授权公告文本中从属于同一独立权利要求的权利要求进行组合，得到原权利要求书中未记载的权利要求，以最大可能地实现其利益的最大化。针对递进式撰写方式撰写的权利要求书，专利权人只能采用删除的方式进行修改。很明显，在授权的权利要求书所包含的权利要求的项数相同的情况下，并列式撰写方式比递进式撰写方式撰写的权利要求书所可能修改出的保护范围要多得多，维持其专利权部分有效的可能性也就大得多。

但《专利审查指南》同时规定，仅在下列3种情形的答复期限内，专利权人可以以合并的方式修改权利要求书：（1）针对无效宣告请求书；（2）针对请求人增加的无效宣告理由或者补充的证据；（3）针对专利复审委员会引入的请求人未提及的无效宣告理由或者证据。因此，在权利要求书中附加技术特征数目合适的情况下，仍应采用递进式撰写方式进行撰写，以尽可能减小无效程序中错失进行合并式修改的时机导致的权利人利益丧失的可能。

需要注意的是，以上论述均为在所述权利要求书，包括无效程序中以合并方式修改后的权利要求书，均可以得到说明书支持的前提下进行的。虽然从理论上讲，并列式的权利要求书可以通过权利要求合并的修改方式进行修改，但是需要以修改后的权利要求能得到说明书的支持为前提。能在申请文件撰写阶段即为无效过程的权利要求合并式修改预备用于支持修改后的权利要求的实施例，这无疑是评价一份专利申请文件撰写质量的重要指标。但因为无效宣告请求之事实和理由的多样性和难以预见性，以及申请人所提供实施例的局限性，要实现这一目标难度较大。

**根据实际情况，在对实质审查和无效程序中存在的风险与申请人的经济负担进行综合考虑的基础上，灵活运用并列式和递进式两种撰写方式，是撰写合格的专利申请文件所必须具备的基本功。**

此处需要注意的是，如果要到允许权利要求多项引用的国家或地区去申请专利，还应尽量考虑使用多项引用的方式撰写权利要求书，而谨慎使用并列式权利要求书。不仅可以有效避免超权项费的缴纳，还有助于实现对目标国的一些特殊审查标准的应对。例如，并列式权利要求书在遇到日本的单一性审查时，可能就会比较被动[1]。

---

[1] 日本的专利审查指南在第1部分第2章第4节中规定，一项权利要求如果相对于一篇对比文件而言，不具备特定技术特征（对现有技术作出贡献的技术特征），则该权利要求不具备单一性。当一项权利要求被认为不具备单一性的时候，专利审查员只会再审查直接引用该项权利要求的从属权利要求中，权项序号最小且包括了所引用权利要求的全部技术特征的从属权利要求是否具备单一性，而不再对直接引用该项权利要求的其他从属权利要求进行审查。导致专利申请人对权利要求的修改，必须以专利审查员进行过单一性审查的最后一项权利要求（不管专利审查员是否认为其具备单一性）为基础进行，即新修改的权利要求必须包含该项权利要求的全部技术特征。

# 第三节　说明书的撰写

## 一、说明书的构成

根据《专利法实施细则》第 17 条的规定，发明或者实用新型专利申请的说明书应当写明发明或者实用新型的名称，该名称应当与请求书中的名称一致。说明书应当包括以下组成部分：

（1）技术领域：写明要求保护的技术方案所属的技术领域；

（2）背景技术：写明对发明或者实用新型的理解、检索、审查有用的背景技术；有可能的，并引证反映这些背景技术的文件；

（3）发明或者实用新型内容：写明发明或者实用新型所要解决的技术问题以及解决其技术问题采用的技术方案，并对照现有技术写明发明或者实用新型的有益效果；

（4）附图说明：说明书有附图的，对各幅附图作简略说明；

（5）具体实施方式：详细写明申请人认为实现发明或者实用新型的优选方式；必要时，举例说明；有附图的，对照附图说明。

发明专利申请包含一个或者多个核苷酸或者氨基酸序列的，说明书应当包括符合规定的序列表。涉及核苷酸或者氨基酸序列的申请，应当将该序列表作为说明书的一个单独部分，并单独编写页码。

实用新型专利申请的说明书必须有附图。

发明或者实用新型的说明书应当按照上述方式和顺序撰写，并在每一部分前面写明标题，除非其发明或者实用新型的性质用其他方式或者顺序撰写能够节约说明书的篇幅并使他人能够准确理解其发明或者实用新型。

发明或者实用新型说明书应当用词规范、语句清楚，且不得使用“如权利要求……所述的……”一类的引用语，也不得使用商业性宣传用语。

说明书应当使用发明或者实用新型所属技术领域的技术术语。对于自然科学名词，国家有规定的，应当采用统一的术语，国家没有规定的，可以采用所属技术领域约定俗成的术语，也可以采用鲜为人知或者最新出现的科技术语，或者直接使用外来语（中文音译或意译词），但是其含义对所属技术领域的技术人员来说必须是清楚的，不会造成理解错误；必要时可以采用自定义词，在这种情况下，应当给出明确的定义或者说明。**在所要表达的含义已经存在本领域的标准技术术语的情况下，仍然采用自定义词，是防止他人检索到该专利文件的一种常用策略。**

一般来说，不应当使用在所属技术领域中具有基本含义的词汇来表示其本意之外的其他含义，以免造成误解和语义混乱。**说明书中使用的技术术语与符号应当前后一致。**

**出于撰写方便，或者技术检索的回避等方面的考虑，对于一般性词汇而言，以其常见含义为基础，在说明书中，对其含义进行缩小或扩大化解释，也是一种常见的专利申请文件撰写策略。在此情况下，根据内部证据优于外部证据的原则，在专利（申请）文件中，技术术语的含义优先以说明书中记载的内容为准。**

说明书中无法避免使用商品名称时，其后应当注明其型号、规格、性能及制造单位，并避免使用注册商标来确定物质或者产品。

说明书文字部分写有附图说明的，说明书应当有附图。说明书有附图的，说明书文字部分应当有附图说明。说明书文字部分写有附图说明但说明书无附图或者缺少相应附图的，申请人可取消说明书文字部分的附图说明，或者在指定的期限内补交相应附图。申请人补交附图的，以向专利局提交或者邮寄补交附图之日为申请日。申请人取消相应附图说明的，保留原申请日。说明书中与附图中使用的相同的附图标记应当表示同一组成部分。说明书文字部分中未提及的附图标记不得在附图中出现，附图中未出现的附图标记也不得在说明书文字部分提及。

## 二、说明书应当清楚

说明书应当从现有技术出发，明确地反映出发明或者实用新型想要做什么和如何去做，使所属技术领域的技术人员能够确切地理解该发明或者实用新型要求保护的主题。换句话说，说明书应当写明发明或者实用新型所要解决的技术问题以及解决其技术问题采用的技术方案，并对照现有技术写明发明或者实用新型的有益效果。上述技术问题、技术方案和有益效果应当相互适应，不得出现相互矛盾或不相关联的情形。

说明书应当使用发明或者实用新型所属技术领域的技术术语。说明书的表述应当准确地表达发明或者实用新型的技术内容，不得含糊不清或者模棱两可，以致所属技术领域的技术人员不能清楚、正确地理解该发明或者实用新型。例如：“类似物”、“衍生物”、“大概”、“大约”之类的词，一般就会被认为是表述不准确的。

## 三、说明书应当完整

完整的说明书应当包括有关理解、实现发明或者实用新型所需的全部技术内容。

一份完整的说明书应当包含下列各项内容：

（1）帮助理解发明或者实用新型不可缺少的内容。例如，有关所属技术领域、背景技术状况的描述以及说明书有附图时的附图说明等。

（2）确定发明或者实用新型具有新颖性、创造性和实用性所需的内容。例如，发明或者实用新型所要解决的技术问题，解决其技术问题采用的技术方案和发明或者实用新型的有益效果。

（3）实现发明或者实用新型所需的内容。例如，为解决发明或者实用新型的技术问题而采用的技术方案的具体实施方式。

对于克服了技术偏见的发明或者实用新型，说明书中还应当解释为什么说该发明或者实用新型克服了技术偏见，新的技术方案与技术偏见之间的差别以及为克服技术偏见所采用的技术手段。

一般来说，凡是所属技术领域的技术人员不能从现有技术中直接、唯一地得出的有关内容，均应当在说明书中描述。

## 四、能够实现

《专利法》第26条第3款所称，所属技术领域的技术人员能够实现，是指所属技术领域的技术人员按照说明书记载的内容，就能够实现该发明或者实用新型的技术方案，解决其技术问题，并且产生预期的技术效果。说明书应当清楚地记载发明或者实用新型的技术方案，详细地描述实现发明或者实用新型的具体实施方式，完整地公开对于理解和实现发明或者实用新型必不可少的技术内容，达到所属技术领域的技术人员能够实现该发明或者实用新型的程度。

**以下各种情况由于缺乏解决技术问题的技术手段而被认为无法实现：**

(1) 说明书中只给出任务和/或设想，或者只表明一种愿望和/或结果，而未给出任何使所属技术领域的技术人员能够实施的技术手段；

(2) 说明书中给出了技术手段，但对所属技术领域的技术人员来说，该手段是含糊不清的，根据说明书记载的内容无法具体实施；

(3) 说明书中给出了技术手段，但所属技术领域的技术人员采用该手段并不能解决发明或者实用新型所要解决的技术问题；

(4) 申请的主题为由多个技术手段构成的技术方案，对于其中一个技术手段，所属技术领域的技术人员按照说明书记载的内容并不能实现；

(5) 说明书中给出了具体的技术方案，但未给出实验证据，而该方案又必须依赖实验结果加以证实才能成立。例如，对于已知化合物的新用途发明，通常情况下，需要在说明书中给出实验证据来证实其所述的用途以及效果，否则将无法达到能够实现的要求。

要求保护的发明为化学产品本身的，包括化合物、组合物以及用结构和/或组成不能够清楚描述的化学产品，说明书中应当记载化学产品的确认、化学产品的制备以及化学产品的用途。

化学产品发明的充分公开，首先需要能够对化学产品进行确认。如果根据说明书的描述，本领域技术人员无法确认本发明的化学产品，无法将其与其他化学产品进行区别和辨认，自然会被认为是公开不充分的。

对于化合物发明，说明书中应当说明该化合物的化学名称及结构式（包括各种官能基团、分子立体构型等）或者分子式，对化学结构的说明应当明确到使本领域的技术人员能确认该化合物的程度；并应当记载与发明要解决的技术问题相关的化学、物理性能参数（例如各种定性或者定量数据和谱图等），使要求保护的化合物能被清楚地确认。此外，对于高分子化合物，除了应当对其重复单元的名称、结构式或者分子式按照对上述化合物的相同要求进行记载之外，还应当对其分子量及分子量分布、重复单元排列状态（如均聚、共聚、嵌段、接枝等）等要素作适当的说明；如果这些结构要素未能完全确认该高分子化合物，则还应当记载其结晶度、密度、二次转变点等性能参数。

对于组合物发明，说明书中除了应当记载组合物的组分外，还应当记载各组分的化学和/或物理状态、各组分可选择的范围、各组分的含量范围及其对组合物性能的影响等。

对于仅用结构和/或组成不能够清楚描述的化学产品，说明书中应当进一步使用适当的化学、物理参数和/或制备方法对其进行说明，使要求保护的化学产品能被清楚地确认。

对于化学产品发明来说，说明书中还应当记载至少一种制备方法，说明实施所述方法所用的原料物质、工艺步骤和条件、专用设备等，使本领域的技术人员能够实施。对于化合物发明，通常需要有制备实施例。因为只是能够确认该化合物，本领域技术人员不能制备该化合物的话，还是没法实施本发明。

对于化学产品发明，还应当完整地公开该产品的用途和/或使用效果，即使是结构首创的化合物，也应当至少记载一种用途。

对于一种化学产品来说，如果不说明其用途，不描述其效果，本领域技术人员一般情况下是无法预期其用途和效果的，更无法对其创造性进行评价。对于新的药物化合物或者药物组合物，要求尤其严格，应当记载其具体医药用途或者药理作用，同时还应当记载其有效量及使用方法。一般还要求记载对于本领域技术人员来说，足以证明发明的技术方案可以解决预期要解决的技术问题或者达到预期的技术效果的实验室试验（包括动物试验）或者临床试验的定性或者定量数据。说明书对有效量和使用方法或者制剂方法等应当记载至所属技术领域的技术人员能够实施的程度。

对于表示发明效果的性能数据，如果现有技术中存在导致不同结果的多种测定方法，则应当说明测定它的方法，若为特殊方法，应当详细加以说明，使所属技术领域的技术人员能实施该方法。

## 五、具体实施方式的撰写

实现发明或者实用新型的优选的具体实施方式是说明书的重要组成部分，它对于充分公开、理解和实现发明或者实用新型，支持和解释权利要求都是极为重要的。因此，说明书应当详细描述申请人认为实现发明或者实用新型的优选的具体实施方式。在适当情况下，应当举例说明；有附图的，应当对照附图进行说明。

优选的具体实施方式应当体现申请中解决技术问题所采用的技术方案，并应当对权利要求的技术特征给予详细说明，以支持权利要求。

对优选的具体实施方式的描述应当详细，使发明或者实用新型所属技术领域的技术人员能够实现该发明或者实用新型。

实施例是对发明或者实用新型的优选的具体实施方式的举例说明。实施例的数量应当根据发明或者实用新型的性质、所属技术领域、现有技术状况以及要求保护的范围来确定。

说明书中实施例的数目，取决于权利要求中技术特征的概括程度❶、并列选择要素的概括程度❷和数据的取值范围❸。当一个实施例足以支持权利要求所概括的技术方案时，说明书中可以只给出一个实施例。当权利要求覆盖的保护范围较宽，其概括不能从一个实施例中找到依据时，应当给出至少两个不同实施例，以支持要求保护的范围。**《最高人民法院关于审理侵犯专利权纠纷案件应用法律若干问题的解释》第4条规定，对于权利要求中以功能或者效果表述的技术特征，人民法院应当结合说明书和附图描述的该功能或者效果的具体实施方式及其等同的实施方式，确定该技术特征的内容。所以，当权利要求采用了功能性限定技术特征时，说明书中应记载尽可能多的具体实施方式，这些具体实施方式之间还应尽可能不属于等同实施方式。**

**从突出本专利申请的创造性角度考虑，专利申请文件在记载用于支持权利要求的实施例的同时，还有必要提供对比例，也就是不能实现本发明或者实现效果较差的例子。**从不同角度，提供不同的对比例，将有助于对本专利（申请）创造性的确认。尤其是对于化合物而言，结构上与已知化合物接近的化合物，一般要有预料不到的用途或者效果，才可能会被认为是具备创造性的。此预料不到的用途或者效果可以是与该已知化合物的已知用途不同的用途；或者是对已知化合物的某一已知效果有实质性的改进或提高；或者是在公知常识中没有明确的或不能由常识推论得到的用途或效果。而两种化合物结构上是否接近，与所在的领域有关。所以，在说明书的撰写中，提供充分的对比试验，用于证明所希望保护的技术方案相对于其他技术方案所取得的技术效果是预料不到的，就是很有必要的。当然，**在专利说明书中记载对比例的时候，还应对专利权利要求保护范围的等同扩展进行充分考虑，专利说明书中对比例设置不当，可能会对专利保护范围的扩展产生不利影响。**

对于产品的发明或者实用新型，实施方式或者实施例应当描述产品的机械构成、电路构成或者化学成分，说明组成产品的各部分之间的相互关系。对于可动作的产品，只描述其构成不能使所属技术领域的技术人员理解和实现发明或者实用新型时，还应当说明其动作过程或者操作步骤。

对于方法的发明，应当写明其步骤，包括可以用不同的参数或者参数范围表示的工艺条件。

在具体实施方式部分，对最接近的现有技术或者发明或实用新型与最接近的现有技术共有的技术特征，一般来说可以不作详细的描述，但对发明或者实用新型区别于现有技术的技术特征以及从属权利要求中的附加技术特征应当足够详细地描述，以所属技术

---

❶ 上位概括的程度越大，所需要的实施例就越多，对结果的可预测性越差，所需要的实施例就越多。

❷ 一般来说，所有并列要素都需要有实施例来支持。

❸ 通常应当给出两端值的实施例，在数值范围较宽时，还应当给出至少一个中间值的实施例。

领域的技术人员能够实现该技术方案为准。应当注意的是，为了方便专利审查，也为了帮助公众更直接地理解发明或者实用新型，对于那些就满足《专利法》第26条第3款的要求而言必不可少的内容，不能采用引证其他文件的方式撰写，而应当将其具体内容写入说明书。

说明书中可以引证与发明或者实用新型专利申请相关的现有技术文件。说明书中引证的文件可以是专利文件，也可以是非专利文件，例如期刊、手册和书籍等。引证专利文件的，至少要写明专利文件的国别、公开号，最好包括公开日期；引证非专利文件的，要写明这些文件的标题和详细出处。

引证文件还应当满足以下要求：

（1）引证文件应当是公开出版物，除纸件形式外，还包括电子出版物等形式。

（2）所引证的非专利文件和外国专利文件的公开日应当在本申请的申请日之前；所引证的中国专利文件的公开日不能晚于本申请的公开日。

（3）引证外国专利或非专利文件的，应当以所引证文件公布或发表时的原文所使用的文字写明引证文件的出处以及相关信息。

说明书中对于实验数据的记载，应明确实验所采用的具体化合物、实验方法、实验结果，所取得的实验结果应该与所要解决的技术问题、所预期的用途和技术效果之间存在对应关系。如果所有实验数据均不能说明实验所用化合物具有所述用途和/或效果，则说明书不符合《专利法》第26条第3款有关说明书应当清楚、完整，本领域技术人员能够实现的规定。

化学方法发明的充分公开，需要满足以下两个条件：

（1）对于化学方法发明，无论是物质的制备方法还是其他方法，均应当记载方法所用的原料物质、工艺步骤和工艺条件，必要时还应当记载方法对目的物质性能的影响，使所属技术领域的技术人员按照说明书中记载的方法去实施时能够解决该发明要解决的技术问题。

（2）对于方法所用的原料物质，应当说明其成分、性能、制备方法或者来源，使得本领域技术人员能够得到。

对于化学产品用途发明，在说明书中应当记载所使用的化学产品、使用方法及所取得的效果，使得本领域技术人员能够实施该用途发明。

由于化学属于实验性学科，试验结果的可预测性差，多数发明需要经过实验证明，因此说明书中通常应当包括记载这些实验证据的实施例，例如产品的制备和应用实施例。

## 六、说明书应对发明的技术效果进行尽可能多的记载

说明书对发明所实现技术效果的记载，是满足专利法有关说明书应当公开充分的要求，也是判断权利要求是否具备创造性的依据，因此，在说明书中对发明所实现的技术效果进行尽可能多的记载，就显得十分必要了。

判断说明书是否充分公开，以原说明书和权利要求书记载的内容为准，申请日之后补交的实施例和实验数据不予考虑。这一点，对于医药领域的专利申请而言，尤其值得重视。**为了证明与对比文件所公开的技术方案在某一技术效果上的差别，而提交的对比试验证据，是可以作为参考资料的形式被接受的，**虽然不能增加到专利说明书中。但该对比试验证据所采用的试验方法应当是本专利申请所公开的试验方法；所检测的项目应当是本专利申请所公开的检测项目，例如药品的生物利用度。如果该对比试验采用的是对比文件或者其他文献公开的试验方法，或者检测项目是本专利申请所未记载的指标，仍然较难被接受。**对于容易被质疑为非技术方案的专利申请而言，在说明书中，尽可能地记载《专利审查指南》中明确定义为技术效果的效果描述，无疑是十分必要的。**

**专利申请人未能在专利说明书中公开的技术效果，一般不能作为评价专利权是否符合法定授权、确权标准的依据。**

**【案例 1】说明书记载的实验数据与所声称的效果不匹配**

说明书中记载请求保护的化合物具有杀虫效果，但是，说明书只是给出了具体化合物 A 的水溶性实验数据，所属技术领域的技术人员根据这样的实验数据不能得出化合物 A 具有杀虫效果的结论，则说明书公开不充分。

**【案例 2】说明书缺少实验数据**

**权利要求：**一种生态杀虫剂，其包含下列主要组分（以重量计）：

维生素 1 ~ 2 份；氨基酸 6 ~ 18 份；有机酸 1 ~ 15 份；寡糖 4 ~ 6 份；蛋白质 1 ~ 7 份；稀土 1 ~ 2 份。

**说明书：**给出了该生态杀虫剂的组成及其配比，在实施例部分也列举了各种具体配方，说明了该农药施用的对象、所要防治的病虫害、使用的方法以及使用的时间，但是却未给出任何实验数据来证明该杀虫剂确实具有杀虫效果。

**结论：**说明书公开不充分。

**【案例 3】说明书没有记载制备方法和实验数据**

**权利要求：**某化合物。

**说明书：**记载了该化合物的结构式，但是，没有记载其制备方法和使用效果的实验数据。

**结论：**说明书公开不充分。

**【案例 4】说明书没有记载用途和实验数据**

**权利要求：**化合物 C 和 D。

**说明书：**记载了化合物 C 和 D 的确认信息和制备方法，没有记载其用途和实验数据。但是，说明书同时记载了与化合物 C 和 D 结构非常接近的化合物 A 和 B 的用途和实验数据。

**结论：**说明书是否对化合物 C 和 D 进行了充分公开，与是否能够从 A 和 B 预测 C 和 D 有关。能够从 A 和 B 预测 C 和 D，则可能会被认为公开充分，不能从 A 和 B 预测 C 和 D，则很可能会被认为说明书公开不充分。

**【案例 5】“抗β-内酰胺酶抗菌素复合物”专利无效行政案【（2011）行提字第 8 号】**

本案的基本案情是：广州威尔曼公司是名称为“抗β-内酰胺酶抗菌素复合物”的发明专利（即本案专利）的原权利人，后该专利权利人变更为湘北威尔曼公司。针对本案专利权，双鹤公司向专利复审委员会提出无效宣告请求，理由为本案专利不具有新颖性和创造性。专利复审委员会作出第 8113 号无效宣告请求审查决定（以下简称第 8113 号决定），以不具有创造性为由宣告本案专利权全部无效。广州威尔曼公司不服，提起行政诉讼。北京市第一中级人民法院一审判决维持第 8113 号决定。广州威尔曼公司不服，提起上诉。北京市高级人民法院二审判决撤销一审判决以及第 8113 号决定，判令专利复审委员会就本案专利重新作出无效宣告请求审查决定。双鹤公司不服，向最高人民法院申请再审。2011 年 3 月 1 日，最高人民法院裁定提审本案。再审过程中，湘北威尔曼公司提交了注射用头孢噻肟钠舒巴坦钠研究资料汇编，哌拉西林钠舒巴坦钠试验、研究资料汇编等证据，以证明为掌握复方制剂的安全性、有效性和稳定性问题，获得本案专利技术方案，其进行了长期毒性试验、急性毒性试验、药理毒理研究、体外抗菌作用研究等一系列试验和研究，本案专利权利要求 1 具有新颖性和创造性。湘北威尔曼公司还提交意见认为，本案专利说明书的撰写符合专利申请日施行的《专利审查指南》的相关规定，相关试验和研究并不需要全部记载于本案专利说明书中；本案专利中的复方制剂属于药物产品，其必须满足药品注册的要求，必须符合所有药物都具备的安全性、有效性和稳定性，无论说明书如何撰写，都不能否定本案专利在安全性、有效性、稳定性三个方面所完成的研究和试验工作。2011 年 12 月 17 日，最高人民法院作出再审判决，撤销二审判决，维持一审判决及第 8113 号决定。

最高人民法院再审认为：专利申请人在其申请专利时提交的专利说明书中公开的技术内容，是国务院专利行政部门审查专利的基础，亦是社会公众了解、传播和利用专利技术的基础。因此，专利申请人未能在专利说明书中公开的技术方案、技术效果等，一般不得作为评价专利权是否符合法定授权、确权标准的依据，否则会与专利法规定的先申请原则相抵触，背离专利权以公开换保护的本质属性。专利法中有关专利说明书应当对发明创造予以充分公开的规定，实为对专利说明书的最低限度要求。在满足充分公开的前提下，专利申请人有权利决定其在专利说明书中公开的技术内容的具体范围，适当保留其技术要点，但也应当承担由此可能带来的不利后果。本案中，湘北威尔曼公司主张其为了解决本案专利的安全性、有效性、稳定性，还进行了长期毒性试验、急性毒性试验、一般药理研究试验等一系列试验和研究，但由于相关技术内容并未记载于本案专利说明书中，不能体现出本案专利在安全性、有效性、稳定性等方面对现有技术作出了创新性的改进与贡献。因此，这些试验和研究不能作为认定权利要求 1 的创造性的依据。

### 七、注意语言描述对后续程序的影响

说明书对发明创造内容的描述，对于专利是否能够获得专利权以及保护范围的大小起着至关重要的作用。因此，**在撰写说明书时，就应对其描述方式加以注意**。例如，在说明书中，将某个技术手段明确记载为“是实现本发明所要解决的技术问题所必不可少的”，则很难再将其辩解为非必要技术特征，从而严重影响到专利权的保护范围；在说明书中，明确记载某一技术手段为优选的情况下，则很容易对侵权判定中等同特征的判断产生影响，使得专利的保护范围大大缩小；在说明书中只记载有定性的技术效果而没有定量技术效果的情况下，如果记载了“……及……等其他能实现……功能的技术手段都能够实现本发明”，则无疑会导致破坏专利创造性对比文件的增多，并使得当本发明被认为不具备创造性时，难以通过优选发明的思路来进行答复。

## 第四节　撰写案例

【说明本案例的目的仅在于提供一种建议的撰写思路，而非基于实际发明创造撰写专利申请文件的真实过程。因此，在阅读本案例时，应将重点放在撰写思路上，而尽量少的考虑技术因素，例如现有技术的情况以及所述技术的准确性与合理性等。本案例中未考虑技术特征的上位概括。】

### 一、技术交底书

1. 一种生化陶瓷，由以下原料烧制而成，各成分的用量均为重量份：

污泥 20～40 份，碳酸钙或石膏 8～13 份，黏土 12～45 份，木屑 0～10 份，二水氢氧化钙 2～4 份，高岭土 0～10 份，液体蜡 1～15 份，铁粉或氧化铁粉 0～10 份，活性炭 0～5 份，煤粉 0～10 份。

2. 在污水处理厂作为过滤器用的生化陶瓷，是由以下原料烧制而成，各成分的用量均为重量份：

污泥 30～40 份，碳酸钙 8～10 份，黏土 30～35 份，木屑 5～8 份，石灰 3～4 份，高岭土 8～10 份，液体蜡 1～2 份，氧化铁粉 5～6 份。

3. 用于好氧反应器的小球状生化陶瓷，是有以下原料烧制而成，各成分的用量均为重量份：

污泥 35～45 份，碳酸钙 8～10 份，黏土 25～30 份，木屑 6～8 份，石灰 3～4 份，

高岭土 3 ~5 份，液体蜡 1 ~2 份，铁粉 1 ~3 份，煤粉 1 ~3 份。

4. 用于转基因菌或自然菌筛选的固定生化陶瓷，是由以下原料烧制而成，各成分的用量均为重量份：

污泥 35 ~45 份，碳酸钙或石膏 10 ~15 份，黏土 15 ~20 份，石灰 2 ~3 份，液体蜡 13 ~15 份，活性炭 1 ~3 份，煤粉 2 ~4 份。

本发明生化陶瓷的制备方法，步骤如下：

（1）按上述生化陶瓷的配方将各种原材料混合，调制成泥浆状或颗粒状泥粒，利用模板制作成形，晾干成坯；

（2）将步骤（1）制得的成坯置于高温烘炉中烧制，烘炉温度的升温速率每小时不大于 100℃，在烘炉温度达到 550℃时，保持 1.5 小时，接着以每小时 100℃的速率升温，当烘炉温度达到 1050℃时，保持 2.5 个小时，停止加热，使烘炉以每小时 150 ~200℃的速率降温至室温，得多孔陶瓷；

（3）将步骤（2）制得的多孔陶瓷，放入水中 1 ~1.5 小时，细菌在陶瓷中自动生长，细菌新陈代谢时产生二氧化碳，二氧化碳和陶瓷中的活性氧化钙反应，生成碳酸钙从而将细菌原位固定化，生成带有活性细菌的生化陶瓷。

本发明的生化陶瓷具有可收缩的孔隙和固定微生物的功能。技术特点如下：

1. 高孔隙率

生化陶瓷烧制过程中，有机物分解产生的气体创造了大量的微孔，可达到大于 80% 的孔隙率，提供了足够的空间以诱获活性菌。孔隙率 = （实物的体积 - 孔隙的体积）/实物的体积 ×100% 。

2. 良好的收缩性和固定性

化学反应使孔隙和陶瓷收缩 2% ~5% 有助于固定长在上面的细菌；收缩机制：

$Ca(OH)_2 + CO_2 \longrightarrow CaCO_3 + H_2O$ 固定化率 = （总重量 - 生化陶瓷自重）/总重量。

3. 烧制工艺采用缺氧环境加热，使污泥中的有机物碳化，不仅保留了下一代微生物生长的碳源，矿物元素可以作为细菌生长的营养，陶瓷中的剩余无机元素为所诱获的新一代细菌生长提供了生长元素；该烧制工艺同时具备脱色功能使烧制出的陶瓷脱色。

4. 根据不同的 pH 值和环境，选择不同的微生物群体，用于固定特定细菌。

5. 多孔隙陶瓷固定好氧菌也有助于在厌氧反应器里颗粒污泥的形成。

6. 添加了铁粉使污泥中的重金属得以固定，使陶瓷不仅具有固定微生物的能力而且能使污泥中的重金属不释放。

与现有技术相比本发明的有益效果在于：

本发明可收缩生化陶瓷可以解决现有技术中存在的许多技术问题：i. 多孔材料固定细菌的同时可避免生物质被冲走；ii. 可收缩陶器自动固定细菌，因而无需人工固定；iii. 本发明的生化陶瓷新配方和烧制工艺将污泥中重金属元素固定化，在应用过程中不会释放；iv. 可选择的不同形状和尺寸成坯使本发明的生化陶瓷拥有更加广泛的应用前景。

此外，利用剩余污泥制作生化陶瓷是一种新的废弃物利用方式，节约垃圾填埋场土地并可用这种陶瓷处理污水或废水。生化陶瓷的原材料是由污泥、黏土和其他低成本材料组成，成本低，易于工业化规模生产。

本发明的生化陶瓷的应用，可供选择的用途包括以下任何一种：

（1）作为生化介质用于污水处理，例如，污水处理厂用的生物滤池滤料。由于生化陶瓷在烧制过程中施行缺氧烧制，微生物中的有机质被直接碳化。存留的碳素可以被微生物作为碳源利用，所以用生化陶瓷作为过滤材料，在消化和反消化工程中不需要添加碳源。现有污水处理脱氮过程中，都需要添加甲醇或葡萄糖等作为碳源维持微生物的生长和新陈代谢。

（2）用作城市雨水的生物过滤介质以处理水中有机的污染物，以及农业面源污染的控制材料。

（3）用作清理湖泊的富营养化。生化陶瓷可以直接以吊装在网箱或网桶中，以吸附微生物，处理水中的有机污染物。

（4）用作风车池塘清理系统。

（5）用作为空气污染控制的生物过滤。

（6）细菌筛选的生物介质。

（7）陶瓷颗粒表面粗糙有助于改善厌氧处理的过程。

（8）用作转基因细菌固定化的生化陶瓷。

（9）用于沼气废液的处理。

## 二、撰写过程

**第一阶段：**撰稿人通过阅读技术交底书，对发明内容进行归纳。

技术交底书所记载的发明内容为：

撰稿人认为，本发明的陶瓷是由污泥、碳酸钙、黏土、石灰、液体蜡、铁粉按照一定比例混合后烧制而成的。根据用途不同，还可以按比例添加高岭土、木屑、活性炭和/或煤粉。该陶瓷放入水中，由于石灰发生的化学反应，自动固定水中的细菌，从而制成带有活性细菌的生化陶瓷。

本发明的创新点主要在于：（1）通过有机物（木屑以及污泥中的有机物）的使用，实现陶瓷的孔隙率的增加以及为细菌提供营养的效果，不用另外添加营养物；（2）通过使用石灰，实现了对细菌的自动固定；（3）通过使用铁元素，实现了对重金属的吸附；（4）以污泥为原料，实现了废物利用，有利于环保。

**第二阶段：**跟技术发明人沟通，确认撰稿人对发明内容的归纳是否准确。

经发明人确认，确信撰稿人对发明内容的归纳准确后，确认本发明创新点的逻辑关系为：使用石灰是最重要的创新点，其他创新点分别用于解决不同的问题，因此，重要性不予区别。发明人确认，在所制备的陶瓷中，氧化钙和铁元素的含量以及孔隙率都是可测定的，所制备的生化陶瓷中，铁元素的含量以及孔隙率都是可测定的。

提供拟定的权利要求书（该拟定权利要求书的作用主要在于跟申请人明确，对该发明创造进行专利保护的角度和方向）给技术发明人，并告知发明人，要使得该拟定权利要求书得到说明书的支持所需要的技术资料，由发明人根据实际情况补充。

在此过程中，还需要与发明人进行技术保护类型方面的沟通。主要内容是：鉴于该发明涉及一种陶瓷的制备过程，而陶瓷的制备过程是一个不可逆的过程，也就意味着，从最终产品中是无法通过反向工程等手段来获知烧制该陶瓷产品的原料配方的，这也造成了专利侵权诉讼中的举证困难（如果对该配方申请组合物专利的话），所以，对该发明中的配方采取技术秘密保护的可行性比较大，建议技术发明人在专利申请文件中以合适的方式隐藏其真实配方。因为这个过程涉及复杂的技术评估和风险承受力等多方面因素，故本案例后续程序中未予体现。

**第三阶段：**根据技术交底书以及与技术发明人沟通的情况，初步确定对该发明创造从原料配方、制备方法、中间产物、终产物以及用途等6个角度，撰写6组权利要求。

提供给技术发明人的拟定权利要求书，可以是：

权利要求组一：

1. 一种陶瓷，其特征在于，所述陶瓷含有 $x\%$ ~$y\%$ 的氧化钙。

2. 权利要求1所述陶瓷，其特征在于，所述陶瓷还含有 $x\%$ ~$y\%$ 的铁元素。

3. 权利要求1所述陶瓷，其特征在于，所述陶瓷的孔隙率为 $x\%$ ~$y\%$ 。

【说明：本组权利要求是对本发明的陶瓷，也就是最终产品生化陶瓷的中间产物进行保护，利用陶瓷产品的可表征特征来限定该发明的产品，有助于专利权人在侵权诉讼程序中实现侵权举证责任。从尽量减少权利要求数量，又为后续审查和无效程序提供修改机会的角度考虑，在本组权利要求中，采用并列式引用关系。】

权利要求组二：

4. 一种生化陶瓷，其特征在于，所述陶瓷空隙中固定有活性细菌。

5. 权利要求4所述陶瓷，其特征在于，所述陶瓷还含有 $x\%$ ~$y\%$ 的铁元素。

6. 权利要求4所述陶瓷，其特征在于，所述陶瓷的孔隙率为 $x\%$ ~$y\%$ 。

【说明：本组权利要求是对本发明的生化陶瓷进行保护，利用生化陶瓷产品的可表征特征来限定该发明的产品，有助于专利权人在侵权诉讼程序中实现侵权举证责任。此处需要注意的是，由于氧化钙在制备生化陶瓷的过程中已经发生了化学反应，所以，不能通过顺接第一组权利要求进行限定而来。从尽量减少权利要求数量，又为后续审查和无效程序提供修改机会的角度考虑，在本组权利要求中，采用并列式引用关系。】

权利要求组三：

7. 一种组合物，主要包含如下组分：污泥 $x$ ~ $y$ 重量份，碳酸钙 $x$ ~ $y$ 重量份，黏土 $x$ ~ $y$ 重量份，石灰 $x$ ~ $y$ 重量份，液体蜡 $x$ ~ $y$ 重量份，铁粉 $x$ ~ $y$ 重量份。

8. 权利要求7所述组合物，其特征在于，还包含如下组分：木屑 $x$ ~ $y$ 重量份。

9. 权利要求7所述组合物，其特征在于，还包含如下组分：高岭土 $x$ ~ $y$ 重量份，

活性炭 $x \sim y$ 重量份，煤粉 $x \sim y$ 重量份。

10. 权利要求 7 ~ 9 任意一项所述组合物，其特征在于，主要包含如下组分：污泥 $w$ 重量份，碳酸钙 $w$ 重量份，黏土 $w$ 重量份，石灰 $w$ 重量份，液体蜡 $w$ 重量份，铁粉 $w$ 重量份，木屑 $w$ 重量份，高岭土 $w$ 重量份，活性炭 $w$ 重量份，煤粉 $w$ 重量份。

【说明：本组权利要求是对本发明中制备陶瓷的原料配方进行保护，鉴于该保护主题在专利维权程序中的举证难度太大，所以，权利要求的数量不宜太多，因为权利要求书中权利要求的数目太多，会涉及缴纳超权项费的问题。在实际操作中，以上三项权利要求中，各原料的重量份范围需要根据与发明人沟通的情况确定，需要考虑包括如何实现与技术秘密保护的结合等多方面的因素。由于本组权利要求中，既存在增加组分的情况，又存在对组分含量进行进一步限定的情况，所以，在本组权利要求中，同时采用并列式引用和递进式引用两种引用关系。】

权利要求组四：

11. 权利要求 1 ~ 3 任意一项所述陶瓷的制备方法，包括如下步骤：（1）将权利要求 7 ~ 9 任意一项所述组合物制成坯；（2）将步骤（1）所制成坯进行高温烧制，先以每小时不大于 100℃ 的速率升温至 550℃，保持 1.5 小时，再以每小时 100℃ 的速率升温至 1050℃，保持 2.5 小时后，以每小时 150 ~ 200℃ 的速率降温至室温。

12. 权利要求 4 ~ 6 任意一项所述生化陶瓷的制备方法，包括如下步骤：将权利要求 1 ~ 3 任意一项所述陶瓷放入含有所希望细菌的水中。

【说明：本组权利要求是对制备方法的保护，鉴于该保护主题在专利维权程序中的举证难度太大，所以，权利要求的数量不宜太多，因为权利要求书中权利要求的数目太多，会涉及缴纳超权项费的问题。】

权利要求组五：

13. 权利要求 1 ~ 3 任意一项所述陶瓷在制备权利要求 4 ~ 6 任意一项所述生化陶瓷，以及……中的应用。

14. 权利要求 4 ~ 6 任意一项所述生化陶瓷在水处理、空气过滤以及……中的应用。

【说明：本组权利要求是对本发明所制备陶瓷和生化陶瓷在应用方面的方法保护。】

权利要求组六：

15. 一种水处理系统，其特征在于，所述水处理系统包括有权利要求 1 ~ 3 任意一项所述陶瓷和/或权利要求 4 ~ 6 任意一项所述生化陶瓷。

【说明：本组权利要求是对本发明所制备陶瓷和生化陶瓷在应用方面的产品保护。】

以上 6 组权利要求中，产品权利要求被驳回的可能性最大，但是，一旦授权，其保护范围最广，也最容易维权；组合物和制备方法权利要求获得专利授权的可能性最大，但是，其较难被应用于维权程序；应用权利要求的主要目的在于，对该专利产品的使用者提供一定威慑力，使得其更有动力购买专利产品而非侵权产品，同时为在侵权诉讼和专利许可等行为中提升专利相关的价值方面提供一定影响。

提供给技术发明人的技术资料补充说明，可以是：

要使得该拟定说明书获得说明书的支持，说明书中应至少记载有如下技术信息：

（1）本发明所制备陶瓷中氧化钙和铁元素的含量测定过程及测定值。

（2）本发明所制备生化陶瓷中氧化钙和铁元素的含量测定过程及测定值。

（3）使用权利要求书所限定的配方，制备本发明陶瓷的制备工艺举例。在一系列的实施例中，所用原料重量份范围的端点值均应被使用过。

（4）在以上举例的基础上，提供进一步添加了权利要求6所限定原料后的制备工艺举例。在所提供的一系列实施例中，所用原料重量份范围的端点值同样需要都被使用过。

（5）本发明的生化陶瓷的制备工艺举例系列。在此系列中，应尽量将以上所制备的陶瓷均使用过。

（6）本发明的陶瓷和生化陶瓷的应用举例系列。在此系列中，应尽量讲以上所制备的陶瓷和生化陶瓷都使用过，并提供翔实的使用效果证明，例如，污染物去除率等数值。

（7）如果配方中的原料是可被其他原料替代的（例如，木屑是否可以换用其他有机质，铁是否可以替换为其他金属等），对存在可替换性的原料，提供替换后的例子，包括对原料配比，制备工艺和应用过程的记载。

**第四阶段：**根据技术发明人补充的技术资料，对拟定权利要求书进行相应修改，并撰写出对应的说明书，发送给申请人确认。基于现有文本，对专利审查过程中可能会收到的审查意见以及应对风险进行说明，提供给申请人参考。

# 第三章　审查意见答复

## 本章应掌握的重点

1. 审查意见答复过程中的注意事项
2. 相关专利申请驳回条款的正确解读
3. 质疑不具备创造性审查意见的答复
4. 质疑权利要求得不到说明书支持审查意见的答复
5. 质疑说明书公开不充分审查意见的答复
6. 质疑修改超范围审查意见的答复
7. 是否对申请文件进行修改的决策

## 本章思考题

有人说，中国专利局对权利要求中上位概括技术特征是否得到说明书支持的审查标准，尤其是对于功能性限定技术特征而言，比美国的要严格得多。你怎么看？

## 第一节 概 述

本章节所称对审查意见的答复是指，在发明专利申请实质审查阶段，对审查员发出的审查意见通知书的答复，以及专利申请收到驳回通知书后的复审程序中，对审查员发出的复审通知书的答复。

### 一、审查指南的相关规定

根据专利审查指南的规定，对发明专利申请进行实质审查后，审查员认为该申请不符合专利法及其实施细则的有关规定的，应当通知申请人，要求其在指定的期限内陈述意见或者对其申请进行修改；审查员发出通知书和申请人的答复可能反复多次，直到申请被授予专利权、被驳回、被撤回或者被视为撤回。

对专利局发出的审查意见通知书，申请人应当在通知书指定的期限内作出答复。

申请人的答复可以仅仅是意见陈述书，也可以进一步包括经修改的申请文件。申请人在其答复中对审查意见通知书中的审查意见提出反对意见或者对申请文件进行修改时，应当在其意见陈述书中详细陈述其具体意见，或者对修改内容是否符合相关规定以及如何克服原申请文件存在的缺陷予以说明。

根据《专利法》第 33 条的规定，申请人对发明和实用新型专利申请文件的修改不得超出原说明书和权利要求书记载的范围。国际申请的申请人根据专利合作条约规定所提交的修改文件，同样应当符合《专利法》第 33 条的规定。

根据《专利法实施细则》第 51 条第 3 款的规定，申请人在收到专利局发出的审查意见通知书后修改专利申请文件，应当针对通知书指出的缺陷进行修改。

对于虽然修改的方式不符合《专利法实施细则》第 51 条第 3 款的规定，但其内容与范围满足《专利法》第 33 条要求的修改，只要经修改的文件消除了原申请文件存在的缺陷，并且具有被授权的前景，这种修改就可以被视为是针对通知书指出的缺陷进行的修改，因而经此修改的申请文件可以接受。这样处理有利于节约审查程序。但是，**当出现下列情况时，即使修改的内容没有超出原说明书和权利要求书记载的范围，也不能被视为是针对通知书指出的缺陷进行的修改，因而不予接受。**

**（1）主动删除独立权利要求中的技术特征，扩大了该权利要求请求保护的范围。**

**（2）主动改变独立权利要求中的技术特征，导致扩大了请求保护的范围。**

**（3）主动将仅在说明书中记载的与原来要求保护的主题缺乏单一性的技术内容作为修改后权利要求的主题。**

**（4）主动增加新的独立权利要求，该独立权利要求限定的技术方案在原权利要求书中未出现过。**

**(5) 主动增加新的从属权利要求，该从属权利要求限定的技术方案在原权利要求书中未出现过。**

如果申请人答复审查意见通知书时，提交的修改文本不是针对通知书指出的缺陷作出的，而是属于上述不予接受的情况，则审查员应当发出审查意见通知书，说明不接受该修改文本的理由，要求申请人在指定期限内提交符合《专利法实施细则》第 51 条第 3 款规定的修改文本。同时应当指出，到指定期限届满日为止，申请人所提交的修改文本如果仍然不符合《专利法实施细则》第 51 条第 3 款规定或者出现其他不符合《专利法实施细则》第 51 条第 3 款规定的内容，审查员将针对修改前的文本继续审查，如作出授权或驳回决定。

对经实质审查没有发现驳回理由，或者经申请人陈述意见或修改后消除了原有缺陷的专利申请，审查员应当发出授予发明专利权的通知书；专利申请经申请人陈述意见或者修改后，仍然存在通知书中指出过的属于《专利法实施细则》第 53 条所列情形的缺陷的，审查员应当予以驳回；申请人无正当理由对审查意见通知书、分案通知书或者提交资料通知书等逾期不答复的，审查员应当发出申请被视为撤回通知书。

在提出复审请求、答复复审通知书（包括复审请求口头审理通知书）或者参加口头审理时，复审请求人可以对申请文件进行修改。但是，所作修改应当符合《专利法》第 33 条和《专利法实施细则》第 61 条第 1 款的规定。

根据《专利法实施细则》第 61 条第 1 款的规定，复审请求人对申请文件的修改应当仅限于消除驳回决定或者合议组指出的缺陷。根据《专利法实施细则》第 63 条第 1 款的规定，有下列情形之一的，合议组应当发出复审通知书（包括复审请求口头审理通知书）或者进行口头审理：

（1）复审决定将维持驳回决定。

（2）需要复审请求人依照专利法及其实施细则和专利审查指南有关规定修改申请文件，才有可能撤销驳回决定。

（3）需要复审请求人进一步提供证据或者对有关问题予以说明。

（4）需要引入驳回决定未提出的理由或者证据。

针对合议组发出的复审通知书，复审请求人应当在收到该通知书之日起一个月内针对通知书指出的缺陷进行书面答复；期满未进行书面答复的，其复审请求视为撤回。复审请求人提交无具体答复内容的意见陈述书的，视为对复审通知书中的审查意见无反对意见。

## 二、审查操作规程的相关规定

根据审查操作规程的规定，一般可以按照如下顺序审查：

首先，申请是否符合《专利法实施细则》第 51 条第 1 款有关主动修改时机的规定；申请文件的修改是否符合《专利法》第 33 条的规定/分案申请是否符合《专利法实施细则》第 43 条第 1 款的规定；申请中是否含有违反《专利法》第 5 条的内容，请求保护的方案是否属于《专利法》第2条第2款规定的客体，请求保护的主题是否属于《专利法》第25条所列情形，请求保护的技术方案是否符合《专利法》第31条第1款有关单一性的规定（明显不具备单一性的情形）；请求保护的技术方案是否具备《专利法》第22条第4款规定的实用性，说明书是否按照《专利法》第26条第3款的规定充分公开了请求保护的主题。

其次，权利要求请求保护的技术方案是否具备《专利法》第22条第2款和第3款规定的新颖性和创造性；权利要求是否符合《专利法》第26条第4款和《专利法实施细则》第20条第2款的规定；申请请求保护的技术方案是否符合《专利法》第31条第1款的规定（检索后，发现权利要求存在单一性缺陷的情形）；对于依赖遗传资源完成的发明创造，需要审查申请文件是否符合《专利法》第26条第5款的规定；如果有理由认为申请文件涉及的发明是在中国完成，且向外国申请专利之前未报经专利局进行保密审查，应当审查申请是否符合《专利法》第20条第1款的规定。

再次，对于即将授权的申请，如果检索出可能造成重复授权的对比文件，则应当按照《专利法》第9条的规定进行审查。

审查操作规程还指出，如果修改超范围导致对权利要求的新颖性、创造性等实质性缺陷进行审查是没有意义的，则审查意见中除了指出修改超范围的问题外，还可以评述该修改前提交的文本，也可以评述审查员认为申请人根据原申请文件的记载唯一可能选择的技术方案，供申请人参考。

虽然以上审查顺序只是建议性的，但是，在实际审查工作中，大部分审查员的审查工作都是按照这个顺序进行的。

## 三、其他法律法规的规定

根据现有法律和司法解释的规定，当事人一方承认对方当事人所主张的不利于自己的事实为真实明确表明其真实性的陈述的行为，称之为自认行为。对于当事人自认的事实，一般情况下，对方当事人是不需要再行举证证明，自认方则是不允许对其自认的事实翻悔的。

## 四、专利申请人的注意事项

**（1）应当给予专利审查员足够的尊重**

专利申请的审查过程，是专利审查员代表行政机关对专利申请是否符合相关法规规定进行审查的过程。专利申请人在对审查意见进行答复的过程中，应当给予专利审查员足够的尊重。对审查意见的答复，不但要有理有据，而且还应有节，尽量按照审查员的思维方式、审查习惯和审查顺序进行论述。例如，“摆事实，讲道理”这句话所体现出来的辩论原则，就是需要先摆事实，在事实已经讲清楚的前提下再去讲道理，如果事实分析和法规适用混在一起讲，则很容易使得审查员不容易搞明白意见陈述所想要表达的意思。再如，审查员的审查习惯是先审查对申请文件的修改是否符合相关规定，然后再审查修改后的权利要求是否具备创造性。那么，申请人就应当先对其修改行为进行论述，包括审查员判断对申请文件的修改是否符合相关规定所需要考虑的修改内容和修改依据等信息，然后再针对修改后的权利要求具体陈述具备创造性的理由，而不应当采用相反的顺序进行论述。在这个问题上，当前在专利代理界普遍存在的“重实体，轻形式”以及部分专利代理人“唯我独尊”式的作业习惯，是值得商榷的。

**(2) 尽量不要与审查意见正面冲突**

除非必要，否则，专利申请人在对审查意见进行答复的过程中，应尽量不要与审查意见正面冲突，而是以较为缓和和迂回的方式把自己的观点陈述清楚。如果专利申请人在对审查意见进行答复的过程中火药味十足，很容易引起审查员的反感，从而促使其加强坚持己见的决心。在这个问题上，很多人存在着“应当针对审查意见进行答复”这一规定的错误理解，应引起足够的重视。

**(3) 合理控制审查节奏**

在大量专利申请都存在第 3 次和第 4 次审查意见的氛围下，除非必要，否则，在答复第 1 次审查意见的时候，就应当本着能争则争的原则，而尽量不要对权利要求进行大的修改，以尽力争取较大的保护范围。在一件专利申请一般只会收到一次审查意见的氛围下，除非必要，否则，对申请文件的修改就应尽量考虑一次修改到位。

**(4) 尽量避免出现自认性语句**

为防止因为禁止反悔或当事人自认而对专利权保护范围的确认产生不利影响。专利申请人在答复审查意见通知书时一定要十分慎重，在尽量为争取尽可能大的保护范围的同时，应注意在陈述意见中不要作出不必要的限制性解释。除非必要，否则，尽量不要在意见陈述中记载自认性的描述，例如，“同意审查员的意见”之类的语句，就尽量不要出现在意见陈述中。

**(5) 核实审查意见所针对的申请文本**

依据请求原则，审查员通常会依据申请人递交的最后一个文本进行审查。但在文本构成比较复杂的情况下，也不排除审查意见所针对文本不是申请人所期望文本的情况发生。若发现此情况，则需要进一步核实是因为审查员的工作失误导致的审查文本认定有误，还是因为申请人在申请程序中的操作失误导致的，并采取相应的应对措施。

发明专利申请实质审查程序中的专利审查意见主要集中在创造性、说明书公开不充分、权利要求得不到说明书支持和修改超范围这 4 个方面。以下，本书将重点对这 4 类审查意见的答复进行介绍。

## 第二节　质疑权利要求得不到说明书支持的审查意见

权利要求应当得到说明书的支持，是指《专利法》第 26 条第 3 款所称的，权利要求书应当以说明书为依据。权利要求书中的每一项权利要求所要求保护的技术方案应当是所属技术领域的技术人员能够从说明书充分公开的内容中得到或概括得出的技术方案，并且不得超出说明书公开的范围。对于权利要求得不到说明书支持的审查意见，答复方向主要有如下3种。

## 一、缩小保护范围

**修改权利要求，将其保护范围缩小到能够得到说明书支持的范围，是当前最主要的答复方向。**在对权利要求进行修改的时候，应主要考虑删除在审查意见中明确指出的、得不到说明书支持的内容。对于审查意见中未明确指出、得不到说明书支持的内容，在考虑是否删除时应谨慎，以免造成不必要的权益损失。

**【案例】**

**权利要求：**一种化合物，如通式I所示（通式略），其中，取代基R1为C1～C4烷基。

**说明书：**只有R1为甲基和乙基的实施例。

**审查意见：**说明书的记载，本领域技术人员无法预测R1为丙基和丁基时，该通式所示化合物仍能实现本发明的，所以，权利要求得不到说明书的支持。

**意见陈述：**将权利要求中的“取代基R1为C1～C4烷基”修改为“取代基R1为甲基或乙基”。

## 二、理论论述

**通过论述，或者提供现有技术证据以证明本领域技术人员基于说明书的记载，能够合理预测权利要求所要求保护的技术方案能够实现本专利申请所预期的技术效果。**

**【案例1】**

**权利要求：**一种图像处理设备，包括：采用键盘、鼠标或触摸屏的输入装置……

**说明书：**仅描述了采用键盘作为输入装置的图像处理设备。

**审查意见：**权利要求要求保护的图像处理设备，覆盖了采用键盘、鼠标或触摸屏的三种输入装置的图像处理设备，而说明书中仅描述了采用键盘作为输入装置的图像处理设备，权利要求得不到说明书的支持。

**意见陈述：**虽然说明书中仅描述了采用键盘作为输入装置的图像处理设备，但所述技术领域技术人员可以知道，在发明的图像处理设备中，鼠标及触摸屏可以起到与键盘等效的数据输入作用，因此，该权利要求能够得到说明书的支持。

**【案例2】**

**权利要求：**一种变形固定板，其具有一个由柔性材料构成的外层……

**说明书中**：记载，变形固定板的柔性材料层是用于防止固定板的内容材料擦伤皮肤的。同时，说明书中仅描述了外层为海绵的变形固定板。

**审查意见**：权利要求要求保护的变形固定板，覆盖了具有一个由柔性材料构成的外层的所有变形固定板，而说明书中仅描述了外层为海绵的变形固定板，权利要求得不到说明书的支持。

**意见陈述**：该权利要求采用柔性材料这一上位概念描述固定板的外层。虽然说明书中仅描述了外层为海绵的变形固定板，但所述技术领域的技术人员很容易想到其他多种可用于所述变形固定板外层的公知柔性材料，如棉布、毡布、无纺布等，而不局限于说明书中提及的海绵，并且这些柔性材料均能达到所述技术效果。因此，该权利要求能够得到说明书的支持。

### 三、审查意见是否存在错误

审查员对专利申请的审查，一般都是根据自己对专利申请文件的理解进行的，也就难免会出现对申请文件的理解与发明人所要表达的意思之间出现偏差的情况。申请人应当予以注意，如有此种情况发生，建议在与审查员沟通后再进行答复。

由于对权利要求得不到说明书支持审查意见的答复比较简单，此处，不再过多论述。

## 第三节 质疑说明书公开不充分的审查意见

**质疑说明书公开不充分的审查意见，是一个被很多人视为“绝症”而直接放弃答复的审查意见。**

说明书公开不充分是指，专利申请的说明书不符合《专利法》第26条第3款规定，没有对发明或者实用新型作出清楚、完整的说明，所属技术领域的技术人员仅仅根据说明书的记载，无法实现本发明。所属技术领域的技术人员无法实现本发明，是指所属技术领域的技术人员按照说明书记载的内容，不能够实现该发明或者实用新型的技术方案，不能解决其技术问题，从而取得预期的技术效果。

根据专利审查指南的规定，对于说明书的充分公开问题需要从两方面考虑，即技术方案的公开与发明效果的公开。对于技术方案的公开，如果由于技术方案本身没有清楚公开，直接导致本领域技术人员无法实施该发明，这就是常规意义上的公开不充分。而对于发明效果的公开，则是源于专利审查指南规定的5种缺乏技术手段而被认为无法实现的情况之一，即说明书中给出了具体的技术方案，但未提供实验证据，而该方案又必须依赖实验结果加以证实才能成立[1]。对于医药生物领域的发明，《专利审查指南》第二部分第十章4.1（3）有进一步的规定：新的药物化合物或药物组合物，应当公开其具体医药用途、药理功效、有效量及使用方法；应当提供对于本领域技术人员来说，足以证明发明的技术方案可以达到预期要解决的技术问题或效果的实验室试验（包括动物试验）或者临床试验的定性或定量数据。有效量和使用方法或制剂方法等应当公开至该领域的技术人员能实施的程度。显然，对于发明效果的公开要求申请人在提交申请文件时，不仅要求技术方案清楚完整，而且要求其所预期要解决的技术问题能够得到解决。

对质疑说明书公开不充分的审查意见，主要有以下两种答复思路。

## 一、说理论述和现有技术举证

审查操作规程规定，审查员应当接受申请人为克服说明书公开不充分的缺陷而提供的以下材料：（1）以正规出版物的证据形式证明的现有技术；（2）通过意见陈述方式足以证明的现有技术。所以，说明书公开不充分由技术方案的公开不充分导致时，申请人可以通过对审查意见中指出的不清楚之处进行解释，或提供申请日或优先权日之前公开的证明资料等方式，实践证明该技术方案是清楚和完整的，本领域技术人员基于说明书的记载能够实现本发明。

**【案例】**

一项涉及蒸馏方法的发明，对现有技术的贡献之处在于精馏塔。说明书记载了回流比R值。

审查员以说明书中没有具体公开精馏塔塔板数为由质疑说明书公开不充分。

申请人在答复时解释，原说明书记载了回流比R值，只要R值确定，就可以根据原料液和馏出液中易挥发组分的摩尔分率确定塔板数，所有化工领域的技术人员均知道塔板数的确定方法，这是化工领域的公知常识，因此，所述技术领域的技术人员可以根据说明书的记载实现请求保护的精馏方法。如果审查员认为申请人的解释是合理的，则应当认可该发明已经公开充分。

未提供试验数据之所以导致说明书公开不充分，是因为医药生物领域中技术方案的效果及其合理性不能通过单纯对技术方案的理论分析得到预测，必需依赖试验结果加以证实。未提供试验数据而导致的说明书公开不充分，申请人可以通过增加实验证据或提供现有技术以证明该技术方案的实验结果是可以预期的。但是，增加实验证据的行为，往往会因为超出了原始申请文件公开的范围而被审查员拒绝接受；提供现有技术以证明该技术方案的实验结果是可以预期的，往往又会导致专利申请因为不具备创造性而被驳回。也就是说，**未提供试验数据导致的说明书公开不充分的缺陷，通常是难以克服的，在撰写过程中应注意避免该缺陷的发生。**

[1] 审查指南2.1.3（5）

## 二、说明书中存在公开不充分但未在权利要求书中请求保护的技术方案

根据审查操作规程的规定，对于说明书中存在公开不充分但未在权利要求书中请求保护的技术方案，审查员不必提出为充分公开的审查意见。所以，申请人在收到质疑说明书公开不充分的审查意见后，应当对该审查意见所质疑的技术方案与权利要求所要求保护的技术方案，以及说明书中记载的技术方案之间进行清晰的对比。能否将说明书中所记载的内容合理地分割为几个不同的技术方案，对于质疑说明书公开不充分的审查意见的答复是十分重要的。

**【案例】**

一件从某植物体中提取新化学物质的专利申请。

权利要求 1 要求保护具备特定结构式、分子式和高分辨质谱数据的化合物。

权利要求 2 要求保护以提取方法限定的提取物。

在说明书中，通过功能验证，证明权利要求 2 所要求保护的提取物具有一定的技术效果，然后，对该提取物进行纯化，说明书所提供的实验证据证明，该纯化产物比权利要求 2 所要求保护的提取物具有更好的技术效果，并对纯化产物进行测定，得到了结构式、分子式和高分辨质谱数据。在专利申请递交后，申请人发现其专利申请文件中所测定的该提取物的结构式是错误的，于是，通过主动修改，从说明书中删除了错误的结构式及其测定过程，并同时删除了权利要求 1。

审查意见认为：原专利申请说明书中记载了从某植物体中提取权利要求 1 所要求保护的化合物的技术方案。在专利申请人删除了所提取化合物的结构式及其测定过程后，导致修改后说明书中所记载的技术方案不完整，导致说明书公开不充分。

专利申请人在对原专利申请说明书所记载的内容进行合理的分割后，认为：原专利申请说明书中记载了两个技术方案。一个技术方案是从某植物体中获得权利要求 2 所要求保护的提取物的技术方案，说明书中同时记载了该提取物的技术效果；另一个技术方案是在上一技术方案的基础上进一步优化的技术方案，也就是对上一技术方案中所得到的提取物进行纯化，得到纯化产物，并对其进行结构测定的技术方案。

基于以上分析，专利申请人进行了如下意见陈述：

**《专利法》第 26 条第 3 款，关于说明书未对发明作出清楚、完整的说明，致使所述技术领域的技术人员不能实现，是针对专利申请要求保护的技术方案制定的，不应以要求保护的技术方案以外的内容不符合其规定而对专利申请予以驳回。**

原专利申请说明书中记载了两个技术方案。一个技术方案是从某植物体中获得权利要求 2 所要求保护的提取物的技术方案，说明书中同时记载了该提取物的技术效果。另一个技术方案是在上一技术方案的基础上进一步优化的技术方案，也就是对上一技术方案中所得到的提取物进行纯化，得到纯化产物，并对其进行结构测定的技术方案。专利

申请人删除权利要求 1 后，仅要求保护权利要求 2 中采用方法限定的提取物，而该提取物所对应的技术方案在说明书中进行了清楚、完整的说明，达到了本领域技术人员能够实现的标准。专利申请人已经将原权利要求 1 删除，所以，其所要求保护的技术方案是否公开充分和修改是否超范围不应影响本专利申请获得专利授权。

经过以上意见陈述，该专利申请被授予了专利权。

## 第四节　质疑权利要求不具备创造性的审查意见

权利要求不具备创造性是指，与现有技术相比，该权利要求所要求保护的技术方案不具有突出的实质性特点或显著的进步。

发明有突出的实质性特点，是指对所属技术领域的技术人员来说，发明相对于现有技术是非显而易见的。如果发明是所属技术领域的技术人员在现有技术的基础上仅仅通过合乎逻辑的分析、推理或者有限的试验可以得到的，则该发明是显而易见的，也就不具备突出的实质性特点。

发明有显著的进步，是指发明与现有技术相比能够产生有益的技术效果。例如，发明克服了现有技术中存在的缺点和不足，或者为解决某一技术问题提供了一种不同构思的技术方案，或者代表某种新的技术发展趋势。

通常情况下，质疑权利要求不具备创造性的审查意见都是从质疑权利要求所要求保护的技术方案不具备突出的实质性特点角度进行论述的，该论述过程通常是用专利审查指南所规定的“三步法”来进行的。首先，确定最接近的现有技术，然后，确定发明的区别特征和发明实际解决的技术问题，最后，判断要求保护的发明对本领域的技术人员来说是否显而易见。在判断是否显而易见的过程中，要确定的是现有技术整体上是否存在某种技术启示，即现有技术中是否给出将上述区别特征应用到该最接近的现有技术以解决其存在的技术问题（即发明实际解决的技术问题）的启示，这种启示会使本领域的技术人员在面对所述技术问题时，有动机改进该最接近的现有技术并获得要求保护的发明。如果现有技术存在这种技术启示，则发明是显而易见的，不具有突出的实质性特点。

**一般来讲，以下情形为现有技术中存在技术启示：**

（1）区别特征为公知常识；

（2）区别特征为与最接近的现有技术有关的技术手段，例如，所述区别特征公开于作为最接近的现有技术的对比文件中的其他部分，根据发明和/或现有技术的教导，该技术手段所起的作用与该区别特征在要求保护的发明中未解决发明实际解决的技术问题所起的作用相同；

（3）区别特征为其他对比文件中披露的相关技术手段，该技术手段所起的作用与该区别特征在要求保护的发明中未解决发明实际解决的技术问题所起的作用相同；

(4) 其他对比文件中披露了不同于发明区别特征的技术手段，其与发明的区别特征具有相同或相似的作用，本领域技术人员能够通过公知的变化或者利用公知的原理对该技术手段进行改型，将其应用于最接近的现有技术中获得本发明，且可以预期其效果；

(5) 现有技术中虽然没有教导，但出于解决本领域中公认的问题或满足本领域普遍存在的需求的目的，如出于更便宜、更洁净、更快捷、更轻巧、更耐用等考虑，使得本领域技术人员有动机并能够采用已知技术手段对最接近的现有技术进行改进而获得本发明，并可以预期其效果。

**一般来讲，以下情形会认为不存在技术启示：**

(1) 对比文件公开了发明的区别特征，但是，根据发明和/或现有技术的教导，该技术手段所起的作用与该区别特征在要求保护的发明中未解决发明实际解决的技术问题所起的作用不同；

(2) 其他对比文件公开了发明的区别特征，并且这些特征在现有技术中所起的作用与在发明中的作用也相同，但将这些技术特征应用于最接近的现有技术时存在技术障碍；

(3) 对比文件给出了与发明相反的教导，造成相对于本发明来讲的技术偏见。

虽然审查员质疑权利要求不具备创造性的审查意见通常是用“三步法”，判断要求保护的发明对本领域技术人员是否显而易见的方式来论述的。这并不意味着专利申请人在针对质疑权利要求不具备创造性的审查意见进行答复时，也必须按照“三步法”的方式进行论述。相反，**从专利申请人应当尽量避免对事实进行自认的角度考虑，专利申请人在针对质疑权利要求不具备创造性的审查意见进行答复时，应尽量避免严格按照“三步法”的方式进行论述。**

**在收到质疑权利要求不具备创造性的审查意见之后，申请人应对审查意见所引用的对比文件的公开日期进行核实，以判断其是否属于现有技术、是否属于抵触申请，以及其公开日期是否确定等。尤其是在对比文件为网络公开文献的情况下，对审查意见所引用技术内容公开日期的确认是十分必要的，因为网络公开文献的内容有可能不是在同一天形成和公开的。**

**审查意见中，审查员认为对比文件“隐含”某技术特征或认为对比文件公开的某特征“相当于”本申请的某技术特征时，应特别注意对其技术信息的准确性进行判断。审查员认为某技术特征是对比文件“隐含”的，意即并非对比文件所直接公开，一般会存在较大的争辩空间；审查员认为“相当于”，意即“不完全相同”，一般也会存在较大的争辩空间。**

以下，将分几种类型来对质疑专利申请不具备创造性的审查意见的答复提供案例参考。

## 一、现有技术对本专利申请不存在技术启示

**在创造性评价过程中，应时刻注意专利的技术性特点，不是看技术特征在形式上或语言描述上是否相同，而是要看其背后所体现的技术信息是否相同，也就是看其所起的作用和所解决的技术问题是否相同。现有技术对本专利申请不存在技术启示，则专利申请具备创造性。在该类型中，值得注意的是，虽然利用对比文件之间以及对比文件与本发明之间，技术领域差别太大，本领域技术人员不容易想到将对比文件结合从而得出本发明的方式去辩论，在中国的成功率不高，但是，在欧美日等国家/地区还是很值得一试的。**

**【案例】**

专利申请的权利要求要求保护一种 CDMA 系统中终端选择网络的方法，审查员在审查意见中提供了两份对比文件。

**本专利申请权利要求：**一种 CDMA 系统中终端选择网络的方法，在包括电路交换业务国际漫游优选列表的终端中增加分组交换业务国际漫游优选列表，记录与所述终端归属网络有分组交换业务漫游协议的 CDMA 网络的优先级，所述终端根据电路交换业务国际漫游优选列表和分组交换业务国际漫游优选列表中的网络优先级顺序来选择接入网络。

**对比文件 1：**公开了 CDMA 系统，在终端上存在一个包括优选漫游列表的系统索引列表，表中定义了终端可以接入的系统，并标有优先级，终端可以根据列表来选择网络。

**对比文件 2：**公开了一种智能漫游系统，列举了针对 N 类不同服务和 M 个不同国家账户提供的不同优选系统辨识列表。

专利申请与对比文件所公开的信息，见图 3－1。

对比文件 1 公开的终端只有一个列表，表中定义了可以接入的系统并标有优先级；本申请中的终端具有分别用于语音业务和数据业务的两个国际漫游列表，表中记录可以接入的网络的优先级，终端根据自身能力选择一个列表并根据表中的网络优先级来选择接入网络，因此使终端可以支持话音业务和数据业务。对比文件 2 公开了针对不同服务和国家账号提供多个列表，只有与用户签约时选择的业务相关的一个列表被下载到终端。

**审查意见：**与对比文件 1 的区别在于本申请采用了两个列表。而对比文件 2 公开了可以采用多个列表，这些表在本申请中解决其技术问题所起的作用与前述两个表相同，存在技术启示，即对比文件 1 和 2 结合得到本发明的技术方案是显而易见的，因此不具备创造性。

**意见陈述：**本专利申请与对比文件 1 相比，增加了分组交换业务国际漫游优选列表，而该列表并未被对比文件 2 公开。虽然对比文件 2 也公开了其他列表，但是，本专

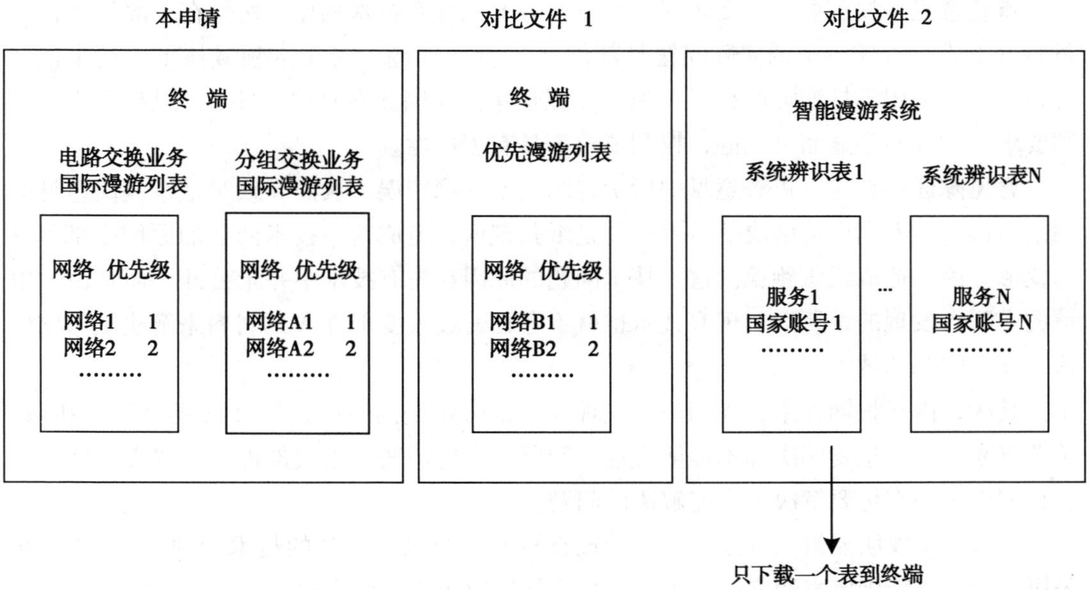


图 3-1 专利申请与对比文件公开信息

利申请增加的分组交换业务国际漫游优选列表与对比文件 2 所公开列表的作用不同：本申请的表用于选择要接入的网络；对比文件 2 的表是用于选择网络提供的业务。本专利申请增加的分组交换业务国际漫游优选列表与对比文件 2 所公开列表的使用方式也不同：从对比文件 2 的整体技术方案来看，用户只能使用签约时选择的一类业务，所以下载到终端的网络优选列表只有一个，终端不需要进行列表选择。而本发明则需要配置两个列表，终端根据能力选择其中一个列表来接入相应网络。

因此，导致对比文件 2 中的列表与本专利申请增加的分组交换业务国际漫游优选列表在解决的技术问题上完全不同，对比文件 2 中的列表在对比文件 2 中所其的作用与本专利申请增加的分组交换业务国际漫游优选列表在专利申请中所起的作用完全不同，所以，现有技术中不存在将对比文件 2 与对比文件 1 结合以得到本发明的技术启示。

## 二、解决现有技术尚未认识到的技术问题

**发明所要解决的技术问题为现有技术尚未认识到的技术问题，该发明具备创造性。**

**【案例】**

**权利要求**：一种印刷设备，其特征是部件 A 采用不易变形的材料 B。

**现有技术**：现有技术的缺陷是印刷时纸张跑偏，发明人发现其原因是印刷设备使用一段时间后其部件 A 产生变形。

对比文件公开了类似的印刷设备，具有部件 A。

现有技术中未公开或暗示印刷设备使用一段时间后其部件 A 产生变形会导致纸张跑偏。材料 B 制造的零部件不易变形是公知常识。

**审查意见：**权利要求所要求保护的技术方案与现有技术相比，区别在于部件A使用材料B制造，发明解决的实际问题是部件A的变形问题。对于本领域技术人员来说为防止变形，采用不易变形的材料B制造是惯用手段，因此在对比文件1的基础上得到权利要求1的发明是显而易见的，权利要求不具有创造性。

**意见陈述：**首先，审查意见中所确定的技术问题错误，从而导致对是否显而易见的判断错误。本专利申请解决的技术问题是纸张跑偏，造成这一技术问题的原因是部件A的变形。因为造成纸张跑偏的这一技术问题的原因在先有技术中并未公开，而是由本申请的发明人发现的，所以，现有技术也就不存在通过改变部件A的材料来解决纸张跑偏这一技术问题的技术启示。

其次，由于长期以来，人们未能发现导致纸张跑偏的原因是部件A的变形，所以，长期以来，一直想要解决却不能解决这一问题。本申请通过更换部件A，解决了这一人们长期以来一直想要解决但未能解决的问题。

最后，本发明要解决的技术问题为现有技术“尚未认识到的技术问题”，审查员在采用三步法重新确定发明实际要解决的技术问题时出现了较大偏差，导致发明人发现这一“尚未认识到的技术问题”本身所具备的创造性被忽视，属于“事后诸葛亮”的行为。

## 三、发明基于某现象未被现有技术揭示的内部原因而完成

**发明是基于对某现象，现有技术所未揭示的内部原因而完成的，则具备创造性。**

**【案例】**

**权利要求：**含有化合物A的人造黄油。

**现有技术：**黄油具有香味。

**说明书：**发明人研究发现，黄油的香味是少量的化合物A带来的。基于此认识，完成了人造黄油的发明。

**审查意见：**现有技术所公开的黄油中含有化合物A，权利要求所要求保护的黄油与现有技术所公开的黄油相比，其区别特征仅在于权利要求所要求保护的是人造黄油，这是本领域的常规技术手段，权利要求不具备创造性。

**意见陈述：**权利要求所要求保护的是人造黄油，而非黄油。化合物A给黄油带来香味的发现是非显而易见的，因此，利用这一发现制造含有化合物A的人造黄油，也是非显而易见的，发明具备创造性。

## 四、审查意见存在技术理解错误

**如果发现审查意见存在技术理解错误，应指出其错误，并论述专利申请具备创造性的理由。**

【案例】

**权利要求：**一种组合物，由A组分20重量份，B组分30重量份，C组分30重量份组成。

**审查意见：**对比文件1公开了一种组合物，含有A组分20%，B组分30%，C组分30%，D组分20%，其中，D组分为非功能性组分。权利要求中，组分A、B、C重量份数值与被对比文件1所公开技术方案中的A、B、C组分的含量数值相同，所以，专利申请的权利要求不具备创造性。

**意见陈述：**重量份和百分比是两个不同的概念，其含义完全不同，它们的数值之间不能直接对比。审查员对技术方案的理解有误。本专利申请权利要求所要求保护的技术方案中，A、B、C重量份数值与被对比文件1所公开技术方案中的A、B、C组分的含量数值均不同，例如，本专利申请权利要求所要求保护的技术方案中，组分A在其组合物中的百分含量为20/（20+30+30）×100%=25%，而被对比文件1所公开技术方案中的A组分的含量数值为20%，对本领域技术人员来说，本专利申请权利要求与对比文件1所公开的信息相比，是非显而易见的。

## 五、审查意见存在技术特征的遗漏

**如果发现审查意见在技术特征对比中，存在技术特征的遗漏，应指出其错误，并论述专利申请具备创造性的理由。**

【案例】

**权利要求：**一种金属床床板结构，由边框和支撑管组成，其特征在于边框内侧有支撑管插入孔，其直径略小于支撑管，支撑管两端插入边框内侧孔，支撑管与边框为过盈配合，按隔列将支撑管与边框焊接固定。

**对比文件：**一种金属床床板结构，由边框和支撑管组成，其支撑管与边框焊接固定。

**审查意见：**本专利与对比文件的区别特征为，本专利支撑管与边框为过盈配合，而过盈配合是机械领域的公知常识，可以用来提供紧密配合使连接牢固。所以，本专利不具备创造性。

**意见陈述：**本专利于对比文件相比，至少包括“支撑管与边框为过盈配合”和“按隔列将支撑管与边框焊接固定”两个区别特征。“按隔列将支撑管与边框焊接固定”是实现本发明的必要特征，且没有被对比文件公开。

## 六、解决了人们一直渴望解决但始终未能获得成功的技术难题

【案例】

自有农场以来，人们一直期望解决在农场牲畜（如奶牛）身上无痛而且不损坏牲畜表皮地打上永久性标记的技术问题，某发明人基于冷冻能使牲畜表皮着色这一发现而发明的一项冷冻“烙印”的方法成功地解决了这个技术问题，该发明具备创造性。

## 七、发明克服了技术偏见

技术偏见，是指在某段时间内、某个技术领域中，技术人员对某个技术问题普遍存在的、偏离客观事实的认识，它引导人们不去考虑其他方面的可能性，阻碍人们对该技术领域的研究和开发。如果发明克服了这种技术偏见，采用了人们由于技术偏见而舍弃的技术手段，从而解决了技术问题，则这种发明具有突出的实质性特点和显著的进步，具备创造性。

【案例】

对于电动机的换向器与电刷间界面，通常认为越光滑接触越好，电流损耗也越小。一项发明将换向器表面制出一定粗糙度的细纹，其结果电流损耗更小，优于光滑表面。该发明克服了技术偏见，具备创造性。

## 八、发明取得了预料不到的技术效果

发明取得了预料不到的技术效果，是指发明同现有技术相比，其技术效果产生“质”的变化，具有新的性能；或者产生“量”的变化，超出人们预期的想象。这种“质”的或者“量”的变化，对所属技术领域的技术人员来说，事先无法预测或者推理出来。当发明产生了预料不到的技术效果时，一方面说明发明具有显著的进步，同时也反映出发明的技术方案是非显而易见的，具有突出的实质性特点，该发明具备创造性。发明取得了预料不到的技术效果，是证明化学领域专利申请具备创造性的最常见理由之一。**化学领域技术效果可预测性差的特点，在评价权利要求是否能够得到说明书支持的时候，对专利申请人而言，是一个不利因素。但是，这一特点，在评价创造性的时候，则是对专利申请人十分有利的。此外，在涉及软件或算法的时候，也可能会出现该理由成立的条件。**

**【案例1】化学领域的专利申请**

**权利要求：**一种保健牙签，由木质材料制成，该保健牙签含有以下成分：乙醇、丁酸乙酯、薄荷油、薄荷脑、双花、丁香、野菊花、薄荷、调味剂。该保健牙签经过如下工艺制成：制备以双花、丁香、野菊花、薄荷为原料的提取液；配制配比液：乙醇

5% ~10%，薄荷油 2% ~8%，薄荷脑 3% ~8%，丁酸乙酯 1% ~ 15%，调味剂 15% ~ 25%，蒸馏水 20% ~40%，提取液 10% ~30%；将牙签在配比液中浸泡，然后烘烤。

**说明书**：使用该保健牙签，在清理牙齿污垢后，口腔内保留有清香味，可有效祛除口腔异味；牙签内含的杀菌成分，可杀灭细菌，避免牙龈过敏和牙龈炎等口腔疾病，具有良好的保健作用。

**审查意见**：根据现有技术所公开的信息，双花、丁香、野菊花、薄荷均具有杀菌消毒作用，而且具有芳香味，本申请权利要求所要求保护的牙签经这些具有杀菌消毒作用的物质浸泡后具备杀菌消毒的功效，对于本领域技术人员而言，是容易想到的，所以，本专利申请不具备创造性。

**意见陈述**：虽然这些中药材都具备消炎杀菌作用，但是，中药的配伍关系是很复杂的，现有技术并没有公开这些同样具备消炎杀毒作用的中药材是否可以配伍使用，是否能够配伍使用也是本领域技术人员根据现有技术无法预测的，故不是显而易见的，而且，本专利申请权利要求还在方法限定部分对配比液中各成分的比例进行了限定，这也没有被对比文件所公开，所以，本专利申请具备创造性。

**【案例 2】电学领域的专利申请**

案情见图 3 -2。

**本专利申请**：一种在通信网络中实现隧道负载均衡的方法：根据各隧道建立用户数的比例确定隧道比例数的公倍数，并将所述公倍数分别除以各隧道的比例数得到各隧道的加权数；将各隧道的加权数和用户数相乘以得到各隧道的权值；当用户上线时，选择所有隧道中权值最低的隧道建立用户连接；以及当任意一隧道的用户数变化时重新计算该隧道的权值。

对比文件公开了一种从通信系统建议的多个呼叫服务的候选资源中选择一个资源的方法：确定所述多个候选资源的每个候选资源的负载水平；确定所述多个候选资源的每个候选资源的相对负载能力，其中所述每个相对负载能力是基于所述多个候选资源的每个候选负载能力与总负载能力的比例；以及，根据所述多个候选资源的相对顺序选择所述一个资源，其中所述相对顺序基于所述多个候选资源的每个资源的每个分别的负载能力和分别的相对负载能力量测的乘积。这两个技术方案的架构相同，左边是访问控制器，右边是网络服务器，用户通过访问控制器接入到网络服务器。

本申请的目的是使隧道上的用户数满足规定的比例，例如三个隧道的用户数的比例为 3∶5∶7，其思路是利用隧道的权值 T 来控制，某个隧道 i 的权值 T =（隧道 i 用户数 N/隧道 i 比例数）×公倍数，公倍数依据各隧道的比例数计算出，如前面 3∶5∶7 的比例，其最小公倍数为 105；每次用户请求连接时选择权值 T 最小的隧道建立连接。

对比文件公开的具体方案，是通过一个值 S 来控制载波分配，其中 S =（载波 i 实际负载能力/载波 i 负载水平）×总负载能力，每次有呼叫时选择 S 最小的载波建立连接。

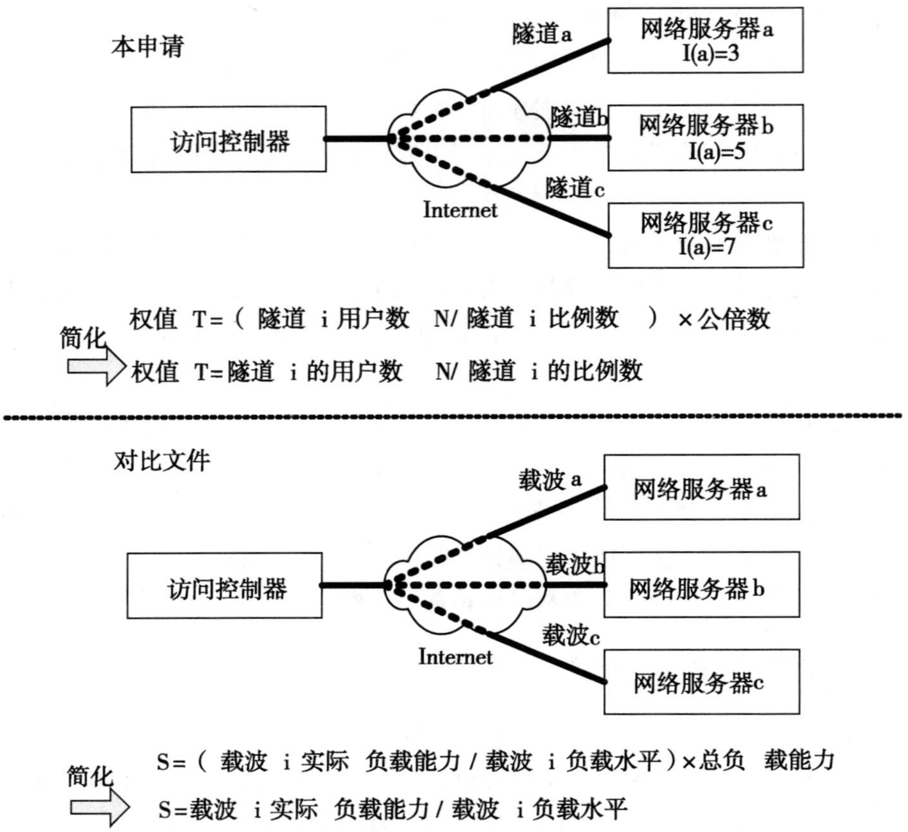


**图 3－2　专利申请与对比文件公开信息示意**

在本申请中，一旦用户比例数确定，则最小公倍数就固定了，对比文件中网络配置完成后，总负载能力就固定了，所以将两个固定值忽略，简化后可以看到：

本专利申请：权值 T＝隧道 i 的用户数 N/隧道 i 的比例数；

对比文件：S＝载波 i 实际负载能力/载波 i 负载水平。

**审查意见：**对比文件的方案本质上是一种通信系统中对通信资源（如信道、隧道、载波等）的分配进行控制或均衡的方法，其具体实施手段和方式与权利要求 1 基本相同，其意图以及达到的效果也与权利要求 1 基本相同，因此，不具备创造性。

**意见陈述：**申请人提供专利申请与对比文件两个不同技术方案的应用效果对比。

对于负载能力相同的三个隧道 A、B、C，需要控制其用户比例数为 3∶5∶7 时，对比文件方案所实现的技术效果见表 3－1。

可以看出，随着用户数的增加，两个技术方案在三个隧道上的用户分布明显不同，当用户数达到 15 个时，本发明控制的比例正好为 3∶5∶7，而对比文件则为 1∶1∶1，证明本发明并非如审查员所说与对比文件取了基本相同的技术效果，而是取得了预料不到的技术效果，因此，具备突出的实质性特点和显著的进步，具备创造性。

表3-1 对比文件技术方案的技术效果

| 用户数 | | 3 | 4 | 5 | 6 | 7 | … | 15 |
|---|---|---|---|---|---|---|---|---|
| 隧道 | A | 1 | 2 | 2 | 2 | 2 | … | 5 |
| | B | 1 | 1 | 2 | 2 | 3 | … | 5 |
| | C | 1 | 1 | 1 | 2 | 2 | … | 5 |

本发明技术方案（A、B、C权值分别为35、21、15）所实现的技术效果见表3-2。

表3-2 本发明技术方案的技术效果

| 用户数 | | 3 | 4 | 5 | 6 | 7 | … | 15 |
|---|---|---|---|---|---|---|---|---|
| 隧道 | A | 1 | 1 | 1 | 1 | 2 | … | 3 |
| | B | 1 | 1 | 2 | 2 | 2 | … | 5 |
| | C | 1 | 2 | 2 | 3 | 3 | … | 7 |

## 九、发明在商业上获得成功

当发明的产品在商业上获得成功时，如果这种成功是由于发明的技术特征直接导致的，则一方面反映了发明具有有益效果，同时也说明了发明是非显而易见的，因而这类发明具有突出的实质性特点和显著的进步，具备创造性。但是，如果商业上的成功是由于其他原因所致，如由于销售技术的改进或者广告宣传造成的，则不能作为判断创造性的依据。

## 十、惯用手段/公知常识

在遇到将技术特征认定为惯用技术手段和公知常识类的审查意见时，专利申请人应注意尽量避免简单地要求审查员对其举证，而是应该在对审查意见进行深入分析的基础上，通过充分论述，使其放弃对该观点的主张。

目前，在专利申请审查意见通知书中，中国专利局审查员经常会采用“由对比文件结合公知常识就可以得出所请求保护的技术方案”或“该从属权利要求所附加的技术特征是本领域的公知常识”等语句描述作为驳回理由来否定专利申请的创造性。

**针对此类型审查意见的答复，首先应把重点放在本申请说明书上，查看本申请说明书中对被认为是公知常识的技术特征的功能和技术效果描述是否足以用来支持该技术特征具备创造性的结论。**例如，说明书中是否记载了对审查意见所说的公知常识的应用取得了预料不到的技术效果的信息。然后，应将重点转移到该区别特征本身或该区别特征与对比文件所公开技术方案的结合是否显而易见上。例如，当审查意见认定“螺栓”为公知常识时，对“螺栓应用于该技术方案”是否显而易见进行争辩。最后，要求审查员提供认定该技术特征为惯用技术手段或公知常识的证据。

**【案例】**

**权利要求：**一种太阳电池窗口层材料，其特征在于，包括电导率大于 a 的高电导率层和带隙大于 b 的宽带隙层。

**审查意见：**宽带隙层采用带隙大于 b 的材料是本领域技术人员的惯用技术手段。

**意见分析：**此类审查意见可被分析为对惯用技术手段与在惯用技术手段应用过程中的具体技术选择进行了混淆。具体到本案例来讲，申请人要想否认采用宽带隙材料制作宽带隙层是惯用技术手段，估计很难被认可，这种否认行为反而可能会引起审查员的反感。但是，如果申请人对审查意见进行分解，对审查员所主张的采用宽带隙材料制作宽带隙层是惯用技术手段的意见不予论述，而只是主张采用什么标准的宽带隙材料制作的宽带隙层能够取得本发明的技术效果，不是本领域的惯用手段，则很可能会得到认可。

**意见陈述：**采用什么标准的宽带隙材料制作的宽带隙层能够取得本发明的技术效果，是本领域技术人员根据现有技术所无法预测的，所以，不是本领域的惯用手段。

## 第五节 质疑修改超范围的审查意见

**在修改超范围的审查这个问题上，审查员曾被很多人嘲笑为“文字校对员”。**

修改超范围是指，对专利申请文件的修改不符合《专利法》第 33 条的规定，对发明和实用新型专利申请文件的修改超出了原说明书和权利要求书记载的范围，对外观设计专利申请文件的修改超出了原图片或者照片表示的范围。

原说明书和权利要求书记载的范围包括原说明书和权利要求书文字记载的内容和根据原说明书和权利要求书文字记载的内容以及说明书附图能直接地、毫无疑义地确定的内容。申请人在申请日提交的原说明书和权利要求书记载的范围，是审查上述修改是否符合《专利法》第 33 条规定的依据，**申请人向专利局提交的申请文件的外文文本和优先权文件的内容，不能作为判断申请文件的修改是否符合《专利法》第 33 条规定的依据。对于国际申请，《专利法》第 33 条所说的原说明书和权利要求书是指原始提交的国际申请的权利要求书、说明书及其附图。**

审查操作规程规定，“直接地、毫无异义地确定的内容”是指：虽然在申请文件中没有明确的文字记载，但所属技术领域的技术人员根据原权利要求书和说明书文字记载的内容以及说明书附图，可以唯一确定的内容。即使根据原权利要求书和说明书记载的内容可以推断出增加的内容属于公知常识中多个并列选项的一部分，但由于存在多种可选项，该增加的修改内容也不属于“直接地、毫无异义地确定的内容”。例如，将原权利要求书和说明书中记载的“部件 A 和 B 可以采用常规方式进行连接”修改为任何一种具体的连接方式都是不允许的，虽然这些具体的修改方式都是常规方式。对于物质固有的但在发明申请日前尚未公开的特征，由于本领域技术人员再申请日前根本无从认定，因此，也不属于“直接地、毫无异义地确定的内容”。

审查操作规定还提供了直接新颖性判断法、间接新颖性判断法和必要技术特征判断法等判断方法供审查员选择适用。所谓直接新颖性判断法和间接新颖性判断法均以修改后的申请文件增加的内容、相对于原申请文件是否具备新颖性为判断修改是否超范围的标准。如果增加的内容相对于原申请文件具备新颖性，则说明修改超出了原说明书和权利要求书记载的范围，反之，则未超出原说明书和权利要求书记载的范围。所谓必要技术特征判断法是指，从独立权利要求中删除原申请始终作为发明的必要技术特征出现的特征，超出了原说明书和权利要求书记载的范围。

**但是，“墨盒”专利无效行政诉讼案【（2010）知行字第53号】却对此给出了不同的判断标准。**

本案的基本案情是：精工爱普生是名称为“墨盒”的00131800.4号发明专利（即本案专利）的申请人和权利人。本案专利是99800780.3号发明专利申请的分案申请，而后者是进入中国国家阶段的国际申请（PCT/JP99/02579），即99800780.3号发明专利申请的申请文件相当于是PCT/JP99/02579号国际申请的中文翻译件。99800780.3号发明专利申请公开文本的权利要求书中并未出现独立使用的“存储装置”用语，而是使用了“半导体存储装置”或者指代“半导体存储装置”的“所述外部存储装置”的概念。精工爱普生对99800780.3号发明专利申请提出分案申请，并提交了修改文件。修改文件的权利要求书中未再出现“半导体存储装置”，而是使用了“存储装置”的术语。针对本案专利权，凯德利公司、郑亚俐和易彩公司分别向专利复审委员会提出无效宣告请求。专利复审委员会于2008年4月15日作出第11291号无效宣告请求审查决定（以下简称第11291号决定），以精工爱普生有关存储装置的修改以及其他修改均超出原说明书和权利要求书记载的范围，违反《专利法》第33条的规定为由，宣告本案专利全部无效。精工爱普生不服，提起行政诉讼。北京市第一中级人民法院一审判决维持专利复审委员会第11291号决定。精工爱普生不服，提起上诉。北京市高级人民法院二审认为，本领域技术人员通过阅读原权利要求书及说明书，可以毫无疑义地确定本案专利申请人在说明书中是在“半导体存储装置”意义上使用“存储装置”，精工爱普生关于“存储装置”的修改符合《专利法》第33条的规定，故判决撤销一审判决，责令专利复审委员会就此重新作出审查决定。郑亚俐不服，向最高人民法院申请再审。最高人民法院于2011年12月25日裁定驳回了郑亚俐的再审申请。

最高人民法院审查认为：《专利法》第33条包括两层含义，一是允许申请人对专利申请文件进行修改，二是对专利申请文件的修改进行限制。《专利法》第33条的立法目的在于实现专利申请人的利益与社会公众利益之间的平衡，一方面使申请人拥有修改和补正专利申请文件的机会，尽可能保证真正有创造性的发明创造能够取得授权和获得保护，另一方面又防止申请人对其在申请日时未公开的发明内容随后补入专利申请文件中，从而就该部分发明内容不正当地取得先申请的利益，损害社会公众对原专利申请文件的信赖。基于前述立法目的，对于“原说明书和权利要求书记载的范围”，应该从所属领域普通技术人员角度出发，以原说明书和权利要求书所公开的技术内容来确定。凡是原说明书和权利要求书已经披露的技术内容，都应理解为属于原说明书和权利要求书记载的范围。既要防止对记载的范围作过宽解释，乃至涵盖了申请人在原说明书和权利要求书中未公开的技术内容，又要防止对记载的范围作过窄解释，对申请人在原说明书和权利要求书中已披露的技术内容置之不顾。从这一角度出发，原说明书和权利要求书记载的范围应该包括如下内容：一是原说明书及其附图和权利要求书以文字或者图形等明确表达的内容；二是所属领域普通技术人员通过综合原说明书及其附图和权利要求书可以直接、明确推导出的内容。只要所推导出的内容对于所属领域普通技术人员是显而易见的，就可认定该内容属于原说明书和权利要求书记载的范围。与上述内容相比，如果修改后的专利申请文件未引入新的技术内容，则可认定对该专利申请文件的修改未超出原说明书和权利要求书记载的范围。由此可见，判断对专利申请文件的修改是否超出原说明书和权利要求书记载的范围，不仅应考虑原说明书及其附图和权利要求书以文字或者图形表达的内容，还应考虑所属领域普通技术人员综合上述内容后显而易见的内容。在这个过程中，不能仅仅注重前者，对修改前后的文字进行字面对比即轻易得出结论；也不能对后者作机械理解，将所属领域普通技术人员可以直接、明确推导出的内容理解为数理逻辑上唯一确定的内容。

**明显可以看出，最高院在该判决中所确认的审理标准是与审查指南和审查操作规程所确定的审查标准存在较大不同的。该判决对《专利法》第33条的审理和审查标准会产生什么样的影响，是一个值得关注的事情。**

**【案例1】从技术特征之间的逻辑关系入手**

权利要求1请求保护的是通式I化合物的制备方法，其中使用乙醇作为溶剂，反应温度为50~70℃，反应压力为2~4个大气压。说明书的实施例中记载了一种具体化合物的制备方法，其使用了乙醇作为溶剂，反应温度为60℃，反应压力为2.5个大气压。申请人将权利要求1的相应特征修改为以下几种方式之一：

其中使用乙醇作为溶剂，反应温度为60~70℃，反应压力为2.5~4个大气压；

其中使用乙醇作为溶剂，反应温度为50~60℃，反应压力为2~2.5个大气压；

其中使用乙醇作为溶剂，反应温度为60~70℃，反应压力为2~2.5个大气压；

其中使用乙醇作为溶剂，反应温度为50~60℃，反应压力为2.5~4个大气压。

申请人对于修改不超范围的意见陈述为：

通常情况下，对于化合物的制备，乙醇作为常规溶剂的使用、反应温度的高低和反应压力的大小这三个特征之间，以及它们与所制备的化合物之间的关系并不是紧密联系、一一对应的。并且，上述数值范围和点值在原说明书和权利要求书中均有记载，修改后的数值范围也在原数值范围内，所以，申请人对申请文件的修改未超出原申请文件所记载的范围。

**【案例 2】对明显笔误的修改**

发明申请的说明书中有关隐形眼镜的直径大小的全部记载都是 10cm。申请人将其修改为 10mm。

申请人对于修改不超范围的意见陈述为：

所述技术领域技术人员在看到本申请所记载的技术信息时，会立即发现直径的范围为笔误，因为人根本无法使用直径为 10cm 的隐形眼镜。所述技术领域技术人员从原申请文件中能够直接地、毫无异义地确定正确的直径大小应该是 10mm。因此，申请人对申请文件的修改属于对明显笔误的改正，未超出原申请文件所记载的范围。

**【案例 3】审查意见存在错误**

一件从某植物体中提取新化学物质的专利申请。

权利要求 1 要求保护具备特定结构式、分子式和高分辨质谱数据的化合物。

权利要求 2 要求保护以提取方法限定的提取物。

在说明书中，通过功能验证，证明权利要求 2 所要求保护的提取物具有一定的技术效果，然后，对该提取物进行纯化，说明书所提供的实验证据证明，该纯化产物比权利要求 2 所要求保护的提取物具有更好的技术效果，并对纯化产物进行测定，得到了结构式、分子式和高分辨质谱数据。在专利申请递交后，申请人发现其专利申请文件中所测定的该提取物的结构式是错误的，于是，通过主动修改，从说明书中删除了错误的结构式及其测定过程，并同时删除了权利要求 1。

审查意见认为，原专利申请说明书中记载了从某植物体中提取权利要求 1 所要求保护的化合物的技术方案。在专利申请人删除了所提取化合物的结构式及其测定过程后，导致修改后说明书中所记载的技术方案不完整，并且修改后说明书中所记载的技术方案与原专利申请说明书所记载的技术方案存在不同，超出了原权利要求书和说明书所记载的范围。

专利申请人在对原专利申请说明书所记载的内容进行合理分割后认为，原专利申请说明书中记载了两个技术方案。一个技术方案是从某植物体中获得权利要求 2 所要求保护的提取物的技术方案，说明书中同时记载了该提取物的技术效果；另一个技术方案是在上一技术方案的基础上进一步优化的技术方案，也就是对上一技术方案中所得到的提取物进行纯化，得到纯化产物，并对其进行结构测定的技术方案。

基于以上分析，专利申请人的意见陈述如下：

《专利法》第 33 条关于修改超范围的规定，是针对专利申请要求保护的技术方案制定的，不应以要求保护的技术方案以外的内容不符合其规定而对专利申请予以驳回。

原专利申请说明书中记载了两个技术方案。一个技术方案是从某植物体中获得权利要求 2 所要求保护的提取物的技术方案，说明书中同时记载了该提取物的技术效果；另一个技术方案是在上一技术方案的基础上进一步优化的技术方案，也就是对上一技术方案中所得到的提取物进行纯化、得到纯化产物，并对其进行结构测定的技术方案。专利申请人删除权利要求 1 后，仅要求保护权利要求 2 中采用方法限定的提取物，而该提取物所对应的技术方案在说明书中进行了清楚、完整的说明书，达到了本领域技术人员能够实现的标准。而且，专利申请人所删除的内容仅涉及原权利要求 1（已删除）所要求保护的技术方案，而并未涉及权利要求 2 所要求保护的提取物的技术方案，也就是说，权利要求 2 所要求保护的提取物的技术方案并不存在修改行为，故不存在修改超范围的可能。专利申请人已经将原权利要求 1 删除，所以，其所要求保护的技术方案的修改是否超范围不应影响本专利申请获得专利授权。

## 第六节　其他问题

### 一、独立权利要求缺少必要技术特征

在大多数国家，都没有将独立权利要求缺少必要技术特征作为一个独立的驳回理由，而且，对某一技术特征是否是必要技术特征的判断过程的主观性比较强。所以，认为独立权利要求缺少必要技术特征的审查意见比较少见。但是，一旦收到了这样的审查意见，一般只能通过审视审查意见所称缺少的必要技术特征与本发明所要解决的技术问题之间是否有对应关系入手，若无，可据此陈述意见；若有，则很难通过说理的方式答复成功，而只能通过修改，将审查员指出的、所缺少的必要技术特征补入独立权利要求的方式来克服此缺陷。

### 二、专利申请不是技术方案

对于认定发明内容不是技术方案，不属于保护客体的审查意见，申请人一般是通过“采用技术手段、解决技术问题，实现技术效果”的三段式论述来进行意见陈述。但由于往往会在是否是“技术”的问题上存在分歧，所以，**申请人对审查指南中明确定义为技术手段、技术问题和技术效果的手段、问题和效果加以充分利用就显得十分重要。**只要手段、问题和效果中的一个被认为是“技术的”，其他两个一般也就会被对应认为是“技术的”。

### 三、对专利申请文件的修改

因为对申请文件进行修改一般会涉及保护范围的缩小，所以，在专利审查程序中，申请人经常会对是否要对权利要求进行修改犹豫不决。一方面担心，如果不修改而只是进行说理论述，在专利审查员先入为主的情况下，极容易导致专利申请被驳回；另一方面又对修改行为导致保护范围缩小的后果心有不甘。本书认为，在以二通结案为主流的

大环境下，当感觉只是进行说理论述，说服审查员的把握不大时，对一般性申请而言，在答复审查意见时，进行适度的修改是可以考虑的。但对于重要的申请案，仍应坚持以说理论述为主，而不应轻易地对权利要求进行修改。如果专利申请被驳回，可以在复审程序中再进行修改。

虽然专利复审委员会已经多年不直接招聘审查员，而是从专利局的实质审查部门选调，甚至直接在专利局和审查协作中心的实质审查部门中聘用兼职复审员，但专利复审委员会跟专利局在实际工作中对审查标准的把握仍有所不同。多数人认为，专利复审委员会在对复审案件的审查中，对审查标准的把握比专利局要松一些。所以，对于特别重要的专利申请，在提出复审请求时，仍然可以考虑不对申请文件进行修改，等到针对收到的复审通知书进行答复时再进行修改。因为复审程序中的通知书一般只有一次，所以，针对收到的复审通知书进行答复时，对专利申请文件的修改一般应修改到位。

这个问题上，还有一点特别值得注意的是：部分申请人和代理人被《专利审查指南》中，有关实质审查程序中不允许“主动……”的 5 条规定吓住了，什么都不敢做，这是不对的。一定要注意该规定中的“主动”一词，例如，为了克服审查意见所指出的缺陷，将相关权利要求删除后，重新撰写的新权利要求，是否属于“主动增加”就值得探讨了。

# 第四章 专利无效与诉讼

## 本章应掌握的重点

1. 提出专利权无效宣告请求的目的
2. 专利权无效宣告请求的提出策略
3. 专利权人无效宣告程序中的应对策略
4. 发动专利侵权诉讼的目的
5. 专利保护范围的确定
6. 专利侵权判定原则
7. 专利诉讼技巧

## 本章思考题

### 思考题1

A公司的竞争对手拥有一项专利权，半年前，该竞争对手给A公司的所有销售商都发了律师函，说A公司的某一产品侵犯了他的专利权，要求销售商不再经销A公司这一产品，导致A公司该产品的销量持续下降。但是，该专利权人却一直没有起诉A公司侵权其专利权。

作为A公司专利部门的负责人，从专利的角度，你准备给老板提交什么样的应对建议？

### 思考题2

当前，存在一种观点认为，专利无效和诉讼程序中，应充分考虑我国当前专利工作中，专利代理的比例仍偏低和专利申请质量仍不高等实际情况，“按理应当”对专利文件中的某些“低端错误”予以容忍。你认为该观点对于当前本已堪忧的专利质量而言，会产生什么样的影响？

# 第一节　专利权无效宣告知识介绍

根据《专利法》第 39 条的规定，发明专利申请经实质审查**没有发现驳回理由的**，由国务院专利行政部门作出授予发明专利权的决定。根据《专利法》第 40 条的规定，实用新型和外观设计专利申请经初步审查没有发现驳回理由的，由国务院专利行政部门作出授予实用新型专利权或者外观设计专利权的决定。也就是说，**一项发明创造被专利局授予专利权，并不意味着就必然是符合专利法规的要求的，而可能有些缺陷只是在审查过程中没有被审查员发现而已**。为对这类情形提供必要的补救措施，《专利法》第 45 条规定，自国务院专利行政部门公告授予专利权之日起，任何单位或者个人认为该专利权的授予不符合专利法有关规定的，可以请求专利复审委员会宣告该专利权无效。该规定，有利于使社会公众与专利审查机关相结合，纠正专利申请审查过程中可能发生的失误，取消本来就不应当获得的专利权。当然，专利复审委员会作出的无效决定也并不一定就是完全准确的，所以，《专利法》第 46 条又赋予当事人以司法救济途径。对专利复审委员会作出的无效宣告请求审查决定不服的，可以自收到通知之日起 3 个月内向人民法院起诉。

根据《专利法》第 47 条的规定，专利权一旦被宣告无效，就视为自始即不存在。宣告专利权无效的决定，对在宣告专利权无效前人民法院作出并已执行的专利侵权的判决、调解书，已经履行或者强制执行的专利侵权纠纷处理决定，以及已经履行的专利实施许可合同和专利权转让合同，不具有追溯力。但是，因专利权人的恶意给他人造成的损失，应当给予赔偿。当然，如不返还专利侵权赔偿金、专利使用费、专利权转让费，明显违反公平原则的，还是应当全部或者部分返还。

按照《专利法实施细则》的规定，单位或者个人请求宣告专利权无效时，应当向专利复审委员会提交请求书和有关文件，说明所依据的事实和理由。

## 一、专利权无效宣告的一般程序

### 1. 专利权无效宣告的提出

可以对有效的专利权、已经终止或者放弃（自申请日起放弃的除外）的专利提出无效宣告请求，但不能对已经被宣告无效的专利权提出无效宣告请求。

无效宣告的理由应当是专利法规所规定的理由。在专利复审委员会就一项专利权已作出无效宣告请求审查决定后，又以同样的理由和证据提出无效宣告请求的，不予受理，即一事不再理原则。所以，**要对他人的专利权提出无效宣告请求时，应谨慎处理，尽量委托对专利无效业务比较精通的专利代理人来处理，否则可能会“无力回天”**。无效宣告的请求人应当在请求书中具体说明无效宣告理由，提交有证据的，应当结合提交的所有证据具体说明。对于发明或者实用新型专利需要进行技术方案对比的，应当具体描述涉案专利和对比文件中相关的技术方案，并进行比较分析；对于外观设计专利需要进行对比的，应当具体描述涉案专利和对比文件中相关的图片或者照片表示的产品外观设计，并进行比较分析。

在专利复审委员会受理无效宣告请求后，请求人可以在提出无效宣告请求之日起1个月内增加理由或者补充证据。逾期增加理由或者补充证据的，专利复审委员会可以不予考虑。

**2. 书面辩论**

专利复审委员会在收到无效宣告请求人的材料后，会将专利权无效宣告请求书和有关文件的副本送交专利权人，要求其在指定的期限内陈述意见。

专利权人和无效宣告请求人应当在指定期限内答复专利复审委员会发出的转送文件通知书或者无效宣告请求审查通知书；期满未答复的，不影响专利复审委员会审理。

在这个过程中，发明或者实用新型专利的专利权人可以修改其权利要求书，但是不得扩大原专利的保护范围。

发明或者实用新型专利的专利权人不得修改专利说明书和附图，外观设计专利的专利权人不得修改图片、照片和简要说明。

**3. 口头审理**

专利复审委员会根据当事人的请求或者案情需要，可以决定对无效宣告请求进行口头审理。从实际情况来看，绝大多数专利权无效宣告案件，都是进行了口头审理的。

专利复审委员会决定对无效宣告请求进行口头审理的，会向当事人发出口头审理通知书，告知举行口头审理的日期和地点。

**4. 审理结束，作出决定**

专利复审委员会在查清事实和理由之后，会作出“无效宣告请求审查决定书”，决定维持专利权有效或者宣告专利权（部分）无效。专利复审委员会对无效宣告的请求作出决定前，无效宣告请求人可以撤回其请求。专利复审委员会作出决定之前，无效宣告请求人撤回其请求或者其无效宣告请求被视为撤回的，无效宣告请求审查程序终止。但是，专利复审委员会认为根据已进行的审查工作能够作出宣告专利权无效或者部分无效的决定的，不终止审查程序。根据国家知识产权局的2011～2020年专利事业发展战略的规划，无效宣告请求案件的平均审理周期将缩短到6个月左右。

## 二、外观设计相同相近似的判断主体

根据《专利审查指南》（2010）第4部分第5章的规定，在判断外观设计是否相同相近似时，应当基于涉案专利产品的一般消费者的知识水平和认知能力进行评价。

不同种类的产品具有不同的消费群体。作为某种类外观设计产品的一般消费者应当具备下列特点：

（1）对涉案专利申请日之前相同种类或者相近种类产品的外观设计及其常用设计手

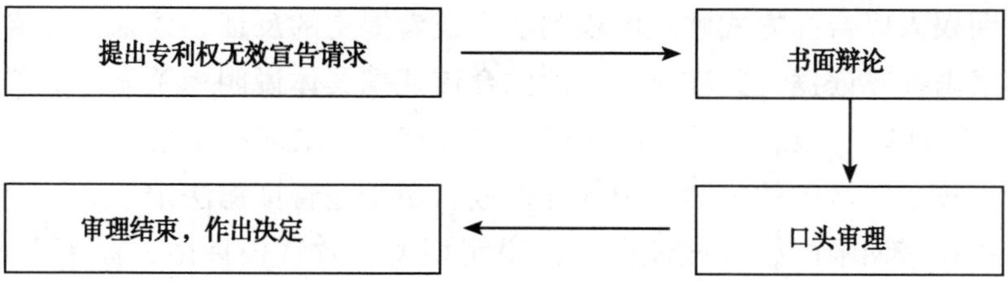


**图 4-1　专利权无效宣告流程图**

法具有常识性的了解。例如，对于汽车，其一般消费者应当对市场上销售的汽车以及诸如大众媒体中常见的汽车广告中所披露的信息等有所了解。

常用设计手法包括设计的转用、拼合、替换等类型。

(2) 对外观设计产品之间在形状、图案以及色彩上的区别具有一定的分辨力，但不会注意到产品的形状、图案以及色彩的微小变化。

该规定在实务中的争议非常大。“路灯（飞船形）”外观设计专利无效宣告案（北京市高级人民法院（2005）高行终字第 337 号行政判决书）就是这方面既有影响又有争议的典型案例。在该案中，北京市高院和专利复审委员会均认为，判断外观设计是否相同或相近似的主体应当是路灯下的过往行人，而北京一中院则认为，判断主体应当是路灯的购买者、安装及维护人员。此案之后，对于外观设计相同相近似判断主体的一般消费者的确定仍然是业界的争议焦点之一。上海市高级人民法院知识产权审判庭的张晓都法官曾撰文指出，因为我国在《专利法》第 3 次修改之前，对外观设计授权只有新颖性（相同或相近似）的要求，而没有创造性或者相当于创造性的要求，对于路灯外观设计而言，以马路上的行人为一般消费者，在实际效果上相当于提高了外观设计专利的授权标准。但这样的提高方式是不恰当的，在理论上难以自圆其说。另外，对路灯的外观设计而言，在外观设计侵权案中，如果以马路上的行人作为一般消费者，则是降低了侵权判定标准，损害了社会公共利益。

**在专利无效宣告和专利侵权诉讼中，对于外观设计相同相近似判断主体的一般消费者的主张应谨慎，以免因为禁止反悔和自认等情况的发生，而对自己的利益造成不必要的损害。**

## 三、若干注意事项

**1. 证据的形式**

中国的无效宣告程序中，以书面的中文证据为主；外文证据，还需要在规定的举证期限内提供其中文译文，否则，该份外文证据将被视为未提交；域外证据需要经过公证认证程序才能被采信。

**2. 举证期限**

对于请求人而言，一般情况下，需要在提出无效宣告请求之日起 1 个月内提交无效宣告请求所依据的证据，包括外文证据的中文译文和域外证据的公证认证材料等。但是，**针对专利权人以合并方式修改的权利要求或者提交的反证，请求人在专利复审委员会指定的期限内补充证据，并在该期限内结合该证据具体说明相关无效宣告理由时，不受该“1个月”期限的限制**。还可以在口头审理辩论终结前提交技术词典、技术手册和教科书等所属技术领域中的公知常识性证据或者用于完善证据法定形式的公证文书、原件等证据，并在该期限内结合该证据具体说明相关无效宣告理由，而不受该“1个月”期限的限制。

对于专利权人而言，其举证需要在专利复审委员会指定的期限内进行。公知常识性证据或用于完善证据法定形式的公证文书、原件等证据，可以在口头审理辩论终结前补充。

**3. 专利文件的修改**

在中国，专利被授权后，修改的机会只存在于无效宣告程序，其他时间是不允许修改的。对发明和实用新型专利而言，在无效宣告程序中的修改不能超出原说明书和权利要求书记载的范围，而且一般仅限于以如下3种方式进行：

（1）删除技术方案、删除权利要求和合并式修改；

（2）删除权利要求是指从权利要求书中去掉某项或者某些项权利要求，例如，独立权利要求或者从属权利要求；

（3）删除技术方案是指从同一权利要求中并列的两种以上技术方案中删除一种或者一种以上技术方案。

权利要求的合并是指两项或者两项以上相互无从属关系但在授权公告文本中从属于同一独立权利要求的权利要求的合并。在此情况下，所合并的从属权利要求的技术特征组合在一起形成新的权利要求。该新的权利要求应当包含被合并的从属权利要求中的全部技术特征。在独立权利要求未作修改的情况下，不允许对其从属权利要求进行合并式修改。

在专利复审委作出审查决定之前，专利权人可以删除权利要求或者删除技术方案。**从《专利审查指南》的规定来看，并没有赋予专利复审委员会代替专利权人对专利权利要求进行修改的职权。在此情况下，当包含数项并列技术方案的权利要求中的部分技术方案应当被宣告无效，而专利权人未在专利复审委作出审查决定之前将其删除的情况下，专利复审委员会是否有权力替专利权人将这些应当被宣告无效的技术方案删除，从而维持删除这些技术方案后的权利要求有效，是个值得探讨的话题。**

仅在下列3种情形的答复期限内，专利权人可以以合并的方式修改权利要求书：

（1）针对无效宣告请求书；

（2）针对请求人增加的无效宣告理由或者补充的证据；

（3）针对专利复审委员会引入的请求人未提及的无效宣告理由或者证据。

**由以上规定可以看出，作为专利权人，一定要谨慎对待合并式修改，以免因为贻误时机而丧失权益。而且，当权利要求因为某些用词而被认为不清楚的时候，最好不要试图去修改错误，尤其是笔误。而是通过用说明书所记载的内容来将其解释清楚。**

**然而，在（2011）知行字第17号专利无效行政纠纷案中，最高人民法院提出了与专利审查指南不同的观点。**

本案的基本案情是：案外人上海家化医药科技有限公司（以下简称家化公司）于2003年9月19日向国家知识产权局申请名称为“氨氯地平、厄贝沙坦复方制剂”的发明专利（即本案专利），并于2006年8月23日被授权公告。本案专利授权公告的权利要求如下：“1. 一种复方制剂，其特征在于该制剂是以重量比组成为1：10～30的氨氯地平或氨氯地平生理上可接受的盐和厄贝沙坦为活性成份组成的药物组合物。2. 根据权利要求1所述的复方制剂，其特征在于其中所述的药物组合物为各种医学上可接受的口服制剂。3. 根据权利要求1所述的复方制剂在制备治疗轻、中度高血压药物中的应用。4. 根据权利要求3所述的应用，其特征在于其中所述的药物适用于伴有心血管重构的高血压患者，肾性高血压、高血压伴肾功能损害或伴糖尿病肾功能损害的患者的治疗。”本案专利说明书第3部分“试验结果”表5（第9页）的“9种剂量组合及相应的剂量比”中有A1I30（1：30）的内容。该部分“复方对血压的影响”中有如下描述：“氨氯地平1mg/kg与不同剂量的厄贝沙坦组合，仅在厄贝沙坦为30mg/kg时才呈现稳定持续的降压效应。”说明书第4部分“分析与结论”（第10页）中有“氨氯地平1mg/kg与厄贝沙坦30mg/kg的组方因降压效果稳定持久，用药剂量较小，故推荐为最佳剂量组合”的内容。第10页及第11页片剂制备实施例1和实施例2分别公开了氨氯地平2.500mg与厄贝沙坦75.000mg的组合以及氨氯地平5.000mg与厄贝沙坦150.000mg的组合。针对本案专利权，李平向专利复审委员会提出无效宣告请求。2009年9月29日，专利复审委员会进行口头审理，家化公司当庭提交了权利要求书的修改文本，其中将本案专利权利要求1中的比例“1：10～30”修改为“1：30”。2009年12月14日，专利复审委员会作出第14275号无效宣告请求审查决定（以下简称第14275号决定），认定家化公司提交的权利要求修改文本超出原权利要求书和说明书记载的范围，并且对该反映比例关系的技术特征进行修改也不属于无效宣告程序中允许的修改方式，因此不予接受。故在原授权文本的基础上以权利要求得不到说明书支持为由宣告本案专利全部无效。家化公司不服，提起行政诉讼。北京市第一中级人民法院一审判决维持第14275号决定。家化公司不服，提起上诉。二审诉讼期间，江苏先声公司、南京先声公司因受让本案专利而承继家化公司的诉讼地位。北京市高级人民法院二审认为，家化公司在无效宣告程序中对专利要求的修改符合相关规定，判决撤销第14275号决定，责令专利复审委员会重新作出决定。专利复审委员会不服，向最高人民法院申请再审。最高人民法院于2011年10月8日裁定驳回了专利复审委员会的再审申请。

最高人民法院审查认为：本案中，1：30的比值是专利权人在原说明书中明确推荐的最佳剂量比，将权利要求修改为1：30既未超出原说明书和权利要求书记载的范围，更未扩大原专利的保护范围。如果按照专利复审委员会的观点，仅以不符合修改方式的要求而不允许此种修改，使得在本案中对修改的限制纯粹成为对专利权人权利要求撰写不当的惩罚，缺乏合理性。况且，《专利审查指南》规定在满足相关修改原则的前提下，修改方式一般情况下限于前述3种，并未绝对排除其他修改方式。二审判决认定修改符合《专利审查指南》的规定并无不当，专利复审委员会对《专利审查指南》中关于无效过程中修改的要求解释过于严格，其申诉理由不予支持。

**由于最高人民法院在上述判决中所明确的审理标准，与国家知识产权局所执行的审查标准存在较大的不同，上述判决对今后的审查标准会产生什么样的影响，是件值得关注的事。**

## 四、提出专利权无效宣告请求的目的

**1. 作为被诉专利侵权时的反制**

当被专利权人起诉侵犯其专利权时，通过对其专利权提出无效宣告请求，以实现双撤（在无效宣告请求人撤回专利权无效宣告请求的同时，专利权人撤回专利侵权诉讼请求），或者直接将其专利权无效掉，以绝后患。

**2. 作为打击竞争对手的一种方式**

专利权无效宣告请求，并非只有在自己的产品涉及某项专利权时才可以提出，有时候，即使自己的产品与某项专利权无关，也可能会对其提出无效宣告请求。例如，在竞争对手筹备上市的过程中，对其专利，尤其是核心专利，提出无效宣告请求，以阻止其上市进程。

**3. 排除潜在风险的目的**

如果在研发立项或者产品生产前的预警分析工作中，发现有某项难以规避的专利权存在，而且，根据该专利权人对专利侵权行为的处置习惯，被诉专利侵权的风险极高。这时候，可能就需要对其专利权的稳定性作出恰当的评估，如果认为其专利权在稳定性方面存在瑕疵，可以通过主动提出专利权无效宣告请求，将其专利权无效掉，从而避免被诉专利侵权；或者在主动提出专利权无效宣告请求之后，与专利权人谈判的方式，签订专利权实施许可协议。

**4. 其他目的**

例如专利权人通过对自己的专利提出无效宣告请求，从而实现对权利要求的修改，以及公益无效宣告请求等。

## 五、专利权无效宣告请求的提出策略

多数无效宣告案件是在相关利益方存在激烈的市场竞争的情况下启动的，因此，案件的结果对各方来说都非常重要。在无效程序中除了获取有力证据外，合理运用一些策略也显得非常重要。

专利权无效宣告请求中常见的策略有：

**1. 通过合并审理方式压缩对方的反应时间**

例如，对一项专利权，请求人有5份对比文件，其中，2份相关度很差，3份很相关，甚至其中有1份会直接影响专利权的新颖性，请求人就可以通过先采用那2份相关度很差的对比文件启动无效宣告程序，然后，在该无效宣告程序快要进入口头审理程序的时候，再采用另3份很相关的比对文件第2次提出无效宣告请求，并请求进行合并审理。一旦复审委员会批准了进行合并审理，专利权人对第2次无效宣告请求的内容进行反应的时间就被压缩了。

**2. 通过大量无效理由和证据隐藏真正的理由和证据**

其目的就是为了分散专利权人对真正的无效理由和证据的注意力。

**3. 通过其他无效理由诱导专利权人自认**

例如，通过提出修改超范围或说明书公开不充分等无效理由，利用专利权人的辩论内容来反击其创造性。

**4. 通过“无用”信息影响审查人员等**

例如，虽然专利法对说明书应当公开充分的审查基础是专利说明书，但是，通过对所谓“专利产品”的演示，可以帮助审查员对说明书进行理解。这样，通过本不应该被演示的产品的演示，就影响了审查员对专利说明书是否公开充分的判断。

**5. 集团作战**

对于一些对整个行业带有普遍性威胁的核心专利，通过相关企业集团作战的形式，可以集中力量办大事，增大无效宣告请求获得成功的概率。例如，“用于治疗阳痿的吡唑并嘧啶酮类”发明专利无效宣告案，无效宣告请求人有18个之多；“控制尺寸的涂敷碳的氧化还原材料的合成方法”发明专利无效宣告案的无效宣告请求则是以中国电池工业协会的名义提出的。

**外观设计无效案件是个主观性比较强的案件，标准较难统一，实务中所执行的标准也存在较大差异。例如，对于功能部件在外观设计相同等同判断中的权重，有些审理部门认为该尽量忽略，有的审理部门则又认为应适当考虑。所以，对外观设计专利权提出无效宣告请求应格外谨慎。**

## 六、专利权人无效宣告程序中的应对策略

**作为专利权人，在针对专利权无效宣告请求进行答复时，通常应注意的事项有：**

（1）无效宣告请求中，请求人将区别技术特征认定为公知常识的行为，应以不予认可为基本原则。但不宜写入要求无效宣告请求人举证之类的语句。

（2）对无效宣告请求书中所主张的技术特征划分是否恰当进行分析，争取以有利于专利权的方向对技术特征进行划分。既包括了对专利权利要求的技术特征划分，又包括对对比文件所公开技术方案的技术特征划分。

（3）在针对不同权利要求和不同无效理由进行答复时，应注意防止顾此失彼的情况发生。必要时，应主动进行有选择性的放弃，如主动删除部分权利要求或对权利要求进行合并式修改。

（4）在对无效宣告请求人所提供的证据进行核实时，不仅要对请求人所引用部分进行阅读，还应对该证据中请求人所引用部分之外的内容进行阅读，以确认请求人对所引

用部分的解读是否准确。

（5）一般情况，应以针对无效宣告请求进行答复为限。

## 第二节　专利权无效宣告案例

【作者声明：为了在有限的篇幅内，提高案例的真实性，增强案例的示范效果，本书采用真实存在（过）的专利权作为假想的无效宣告对象。读者可以在通过检索、阅读相关专利文献的基础上来阅读这些案例。但是，案例中的无效宣告请求书仅用于体现专利权无效宣告理由的解读及专利权无效宣告程序中的策略应用，其内容并非实际案例中递交的无效宣告请求文件，准确性也未予核实。】

### 【案例 1】医药领域专利

**涉案专利**

专利号：201010164262.3

发明名称：鸦胆子油和含鸦胆子油的药物组合物及制备方法

涉案专利不符合专利法规的相关要求，不应被授予专利权。

**一、权利要求没有以说明书为依据，清楚、简要地限定要求专利保护的范围，不符合《专利法》第 26 条第 4 款的规定**

**1. 与权利要求不清楚相关的论述例如包括**

权利要求 1 中限定高级酯的含量在 1.5% 以下，但是，没有明确 1.5% 是重量百分比还是体积百分比。说明书中也没有有关 1.5% 这一数值相关的记载。

权利要求中的“去除析出的高级酯”、“过滤”等词的具体含义不清楚。本领域技术人员根据说明书的记载，无法明确具体的手段是什么，例如，是采用滤纸过滤，还是滤膜过滤，使用什么规格的滤膜等，都不清楚。

**2. 与权利要求书不简要相关的论述例如包括**

根据《专利审查指南》第 2 部分第 2 章的规定，权利要求书应当简要，一是指每一项权利要求应当简要，二是指构成权利要求书的所有权利要求作为一个整体也应当简要。例如，一件专利申请中不得出现两项或两项以上保护范围实质上相同的同类权利要求。

而涉案专利权利要求书中，权利要求 19 所要求保护根据权利要求 11～18 任意一项制备方法得到的鸦胆子油，但是，权利要求 11～18 所要求保护的制备方法均为制备权利要求 1～10 任一项的鸦胆子油的方法。因此，权利要求 19 所要求保护的鸦胆子油实际上就是权利要求 1～10 所要求保护的鸦胆子油。属于《专利审查指南》所列举的一件专利申请中出现两项或两项以上保护范围实质上相同的同类权利要求的情况，导致权利要求不简要。

**3. 与权利要求得不到说明书支持相关的论述例如包括**

权利要求1~10均涉及对鸦胆子油中高级酯含量的数值范围限定。但是，根据说明书第8~9段的描述，以及实施例5冷冻试验的记载，本发明的核心在于发现高级酯对鸦胆子油的不利影响，并且在其低于一定含量时，即使仍含有微量的高级酯对鸦胆子油的稳定性和安全性也没有明显影响，说明书中并没有记载该一定含量是多少。其具体实施例中也仅提供了高级酯含量为0.03%的鸦胆子油（实施例1所制备的样品2和实施例2所制备的样品3）。本领域技术人员根据说明书的记载，无法得知，也无法合理预测含有权利要求1~8所限定含量高级酯的鸦胆子油能够实现本发明，解决本发明所要解决的技术问题，实现本发明的技术效果。

权利要求1~10还对高级酯的碳原子数和低温放置温度进行了数值范围的限定，但是，涉案专利的说明书中没有记载温度范围和碳原子数值范围端值能够实现本发明的实验证据。

涉案专利说明书，只是在实施例1中，对析出的高级酯的碳原子数进行了测定，并未对仍然存在于本发明的鸦胆子油中的高级酯的碳原子数及其低温放置析出所需要的温度范围进行记载。虽然说明书对实施例1所制备的样品2和实施例2所制备的样品3进行测定，得出了高级酯含量0.03%。但是，此处所测的高级酯与0~4℃低温放置条件下能够析出去除的高级酯之间明显不是同一概念。说明书中记载，40~46个碳原子的酯主要是高级一元脂肪酸的高级一元酯，而权利要求1中的限定条件为40~46的碳原子的酯，包括一元酯和多元酯。

……

权利要求11~18要求保护制备权利要求1~10任一项的鸦胆子油的方法。其中，权利要求1~10要求保护在0~4℃低温放置条件下能够析出去除的碳原子数40~46个碳原子的高级酯含量在特定范围内的鸦胆子油。本领域技术人员根据说明书的记载，无法确定权利要求11~18所限定的方法步骤，是否可以得到符合权利要求1~10所要求保护的鸦胆子油，尤其是无法确定在去除0~4℃低温放置条件下能够析出去除的碳原子数40~46个碳原子的高级酯后，目的产物中，0~4℃低温放置条件下能够析出去除的碳原子数40~46个碳原子的高级酯的含量，以及甾醇的含量就在权利要求1~10所限定的范围内。

……

权利要求19要求保护权利要求11~18的方法制备的鸦胆子油，但是，说明书中并没有提供权利要求11~18的方法制备的鸦胆子油能够解决本发明所要解决的技术问题，并实现本发明预期的技术效果的证据，本领域技术人员根据说明书的记载也无法预测到这些信息。而且，权利要求19并没有克服权利要求11~18所存在的得不到说明书支持的缺陷。权利要求19保护了与权利要求1~10相同的技术方案，所以也存在前边所述权利要求所存在的得不到说明书支持的缺陷。

……

权利要求30要求保护一种提高鸦胆子油或含鸦胆子油的药物组合物的稳定性或降低其刺激性的方法，包括在0～4℃低温放置条件下能够析出去除的碳原子数40～46个碳原子的高级酯。但是，涉案专利的说明书中没有记载0～4℃和40～46个碳原子这两个数值范围的端值能够实现本发明的实验证据。而且，说明书中也没有提供该方法与降低鸦胆子油或含鸦胆子油药物组合物的刺激性之间存在关系的实验证据。

权利要求31要求保护一种提高鸦胆子油或含鸦胆子油的药物组合物的稳定性或降低其刺激性的方法，包括在－10～10℃低温放置条件下能够析出去除的碳原子数40～46个碳原子的高级酯。但是，涉案专利的说明书中没有记载－10～10℃和40～46个碳原子这两个数值范围的端值能够实现本发明的实验证据。而且，说明书中也没有提供该方法与降低鸦胆子油或含鸦胆子油药物组合物的刺激性之间存在关系的实验证据。

**二、说明书公开不充分，不符合专利法二十六条第三款的规定**

涉案专利公开并要求保护了一种鸦胆子油及其制备方法，以及一种提高鸦胆子油或含鸦胆子油的药物组合物的稳定性或降低其刺激性的方法。

涉案专利说明书中，多处涉及高级酯的去除和过滤操作，这些记载均不清楚。本领域技术人员根据说明书的记载，无法得知具体的去除方法和过滤方法，例如，用什么方法去除和用什么方法过滤，滤纸过滤、还是滤网过滤、还是其他过滤方法，所用的过滤材料又如何选择等。

说明书66段记载，测定步骤c1中过滤得到的酯类，主要是40～46个碳原子的酯，还有一定量的碳原子数在40～35之间的酯，少量碳原子数介于20～35的酯。但是，本领域技术人员根据说明书的记载，无法得知此处的“主要”、“一定量”和“少量”具体为多少量，而且，因为低温析出的酯碳原子数分布于20～46之间，因此，本领域技术人员根据说明书的记载，也无法确定，涉案专利公开并要求保护的鸦胆子油及其制备方法，以及高鸦胆子油或含鸦胆子油的药物组合物的稳定性或降低其刺激性的方法中，其技术问题的解决和技术效果的取得，是因为去除了40～46个碳原子的酯，还是因为去除了碳原子数在40～35之间的酯，还是因为去除了碳原子数介于20～35的酯。根据本领域的常识，明显不能仅仅因为40～46个碳原子酯的量最大，就简单认定为技术效果是由40～46碳原子的酯的去除取得的。

涉案专利说明书在实施例1中制备得到了样品2，实施例2中，制备得到了样品3。实施例1和实施例2所使用的鸦胆子原料相同，实施例2相比实施例1增加了蒸汽蒸馏去除甾醇的技术步骤，根据表2中的数值可以看出，样品3中的甾醇含量出现了明显的下降，但是，对样品2和样品3中高级酯的含量测定数值却都是0.03%，这明显不符合自然规律。在混合物中某一成分的具体质量确定，而其混合物的总质量发生变化的情况下，该成分的百分含量却不发生变化，这对于本领域技术人员而言，是不可信的。进而，实施例6～8使用样品2所进行的实验，也是不可信的。

涉案专利说明书在实施例9中对鸦胆子油乳注射液的安全性进行了试验，所采用的均为实施例5的鸦胆子油乳注射液。但是，根据说明书97～100段的记载，涉案专利说明书实施例5是冷冻试验，而非鸦胆子油乳注射液的制备实施例。也就是说，涉案专利实施例9中所采用的实施例5的鸦胆子油乳注射液未在说明书中公开，或者根本就是不存在的。同时，说明书中记载了实施例6～8三个不同鸦胆子油乳注射液的制备实施例，所以，即使专利权人辩称此处的实施例5是笔误，本领域技术人员也无法通过推测来确定实施例9所说鸦胆子油乳注射液是哪一实施例所制备的注射液。而且实施例6～8本身就是不可信的。

……

该公开不充分的缺陷，涉及全部权利要求。

**三、权利要求均不具备创造性，不符合专利法第22条第3款的规定**

在对涉案专利的权利要求是否具备创造性的论述过程中，首先需要提醒专利权人和合议组注意的是，涉案专利在实施例9中记载的鸦胆子油乳注射液的安全性试验数据，因为本身不清楚，不能作为评价涉案专利的权利要求相对于现有技术取得了技术效果的依据。

涉案专利权利要求1～10不具备创造性。

涉案专利权利要求1要求保护一种鸦胆子油，其与现有技术的区别技术特征在于其中低温放置析出温度在0～4℃，碳原子数40～46的高级酯的含量较低。

根据说明书的记载，可以确定的技术效果是实施例5的冷冻试验所证实的鸦胆子油的稳定性提高。

但是，本领域技术人员根据说明书的记载，并不能唯一地在实施例5的冷冻试验所证实的鸦胆子油的稳定性提高这一技术效果的获取与权利要求1所要求保护的鸦胆子油之间建立因果关系。

……

即使可以假设涉案专利权利要求1所要求保护的鸦胆子油，经“低温放置析出温度在0～4℃，碳原子数40～46的高级酯的含量较低”这一与现有技术相区别的技术特征限定后，所对应解决的技术问题是现有技术中鸦胆子油的稳定性略差，取得的技术效果是鸦胆子油的稳定性好（参见实施例5的冷冻试验），也仍然是不具备创造性的。

鸦胆子油是以三油酸甘油酯为主要成分的多种油脂的混合物。对于油脂而言，随着碳原子数的增加，其熔沸点也相应升高。而且，权利要求1具体限定了所述高级酯是在低温放置析出温度为0～4℃的高级酯。所以，去除鸦胆子油中的所述高级酯后，进行冷冻试验，出现白色絮状物的概率降低，这是本领域技术人员不经创造性劳动就可以想到的，因为权利要求1所要求保护的鸦胆子油在零度储存过程中会析出的高级酯的含量降低了。此处，大家可以看到，其零度存储实验是在对析出温度为0～4℃的高级酯进行低温放置析出程序的产物进行的，其温度范围就包括了零度，那么，析出温度为0℃的高级酯进行低温放置析出程序之后的产物进行零度存储实验，其析出物会减少，你都把析出物提前去除了，再低温存储，析出物当然会减少，这是不需要证明的生活常识。

如此结果，不可能证明其技术存在创造性。

……

涉案专利权利要求11要求保护一种鸦胆子油的制备方法，所采用的技术手段是低温放置析出鸦胆子油中的高级酯。而低温放置析出高级酯是本领域中析出高级酯的常规技术手段，只要采取低温放置析出的技术手段，就可以获得高级酯的含量降低的鸦胆子油，这是本领域技术人员不经创造性劳动就可以想到的。所以，在其所制备的鸦胆子油产品（权利要求1～10所要求保护的鸦胆子油）不具备创造性的情况下，权利要求11也不具备创造性。将油脂低温放置析出物去除后再进行低温或者零度存储，其析出物会减少，这个自然是本领域技术人员的常识，你都把析出物提前去除了，再低温存储，析出物当然会减少，这是不需要证明的生活常识。如此结果，不可能证明其技术存在创造性。

……

权利要求30、31不具备创造性。

权利要求30要求保护提高鸦胆子油或含鸦胆子油的药物组合物的稳定性或降低其刺激性的方法，其特征在于将鸦胆子油原料低温放置析出其中的高级酯。基于权利要求1不具备创造性的同样理由，权利要求30也不具备创造性。同理，权利要求31也不具备创造性。

**【案例2】 电学领域专利**

**涉案专利**

专利号：200510079993.7

发明名称：一种实现移动交换中心双归属的方法

**对比文件**

对比文件1：200310112136.3号发明专利申请公开文本。

对比文件2：WO2005057951 A1号公开专利申请文本及其中文译文。

对比文件3：02100414.5号发明专利申请公开文本。

对比文件4：00106113.5号发明专利申请公开文本。

涉案专利不符合专利法及专利法实施细则的规定，不应授予专利权。

**一、涉案专利修改超范围，不符合《专利法》第33条的规定**

涉案专利在申请过程中，对权利要求1和说明书的发明内容部分（说明书第3页）进行了修改，其修改的内容在原说明书和权利要求书中没有记载，超出了原说明书和权利要求书所记载的范围。

权利要求2～8均直接或间接引用权利要求1，但是并没有克服权利要求1修改超范围的缺陷，因此，权利要求2～8也存在修改超范围的缺陷。

涉案专利说明书的发明内容部分进行了与权利要求相适应的修改，基于权利要求修改超范围的同样理由，涉案专利说明书的发明内容部分的修改也不符合《专利法》第

33 条的规定。

**二、涉案专利权利要求 1 ~ 8 均没有清楚地表述请求保护的范围，不符合《专利法实施细则》第 20 条第 1 款的规定**

权利要求 1 中：

“相关数据”不清楚，本领域技术人员无法得知哪些数据是相关的，哪些数据是不相关的；

“提供相应的服务”不清楚，本领域技术人员无法得知相应的服务都包括哪些服务和不包括哪些服务；

“否则，继续正常工作和监测”不清楚，本领域技术人员无法得知“正常工作”是“谁”，“怎么正常”工作的。

……

**三、涉案专利权利要求 1 缺少必要技术特征，不符合《专利法实施细则》第 21 条第 2 款的规定**

涉案专利权利要求 1，物理 MSC Server 被划分为一个以上虚拟 MSC Server，虚拟 MSC Server 是被设置为空闲状态的。由此可见，权利要求 1 所要求保护的方法中，所有的物理 MSC Server 被划分为虚拟 MSC Server，而所有的虚拟 MSC Server 都是处于空闲状态的，也就是说，在权利要求 1 所要求保护的方法中，所有的 MSC Server 都是处于空闲状态的，所有相关数据是处于非激活状态的。

而根据权利要求 2 和说明书第 5 页倒数第一段可知，如果物理 MSC Server 的下属网络节点需要要运转并发挥作用，则相应的 MSC Server 需要激活。而权利要求 1 中没有任何一个 MSC Server 处于激活状态，也就是说，所有物理 MSC Server 下属网络节点都没有运行并发挥作用，这样的技术方案怎么可能实现本发明所预期的技术效果?

基于本专利说明书可知，有虚拟 MSC Server 处于激活状态，使至少一个物理 MSC Server 的下属网络节点运转并发挥作用，才能在物理 MSC Server 故障并且发生切换时获得相应的有益效果。所以，涉案专利权利要求 1 缺少必要技术特征，导致权利要求 1 所要求保护的技术方案无法实现。

**四、涉案专利权利要求 1 ~ 8 均没有以说明书为依据，得不到说明书的支持，不符合《专利法》第 26 条第 4 款的规定**

权利要求 1 中，“建立不同虚拟 MSC Server 与不同物理 MSC Server 之间的双归属关系”这一描述包括了某一虚拟 MSC Server 同时与不同物理 MSC Server 之间建立双归属关系，也就是一对多的情况，甚至包括某一虚拟 MSC Server 与自身所在物理 MSC Server 之间建立双归属关系的情况。但是，本专利说明书中并没有提供这些情况能够解决本发明所要解决的技术问题，实现本发明所预期的技术效果的证据，本领域技术人员根据说明书的记载也无法预期这些情况能够解决本发明所要解决的技术问题，实现本发明所预期的技术效果。所以，权利要求 1 得不到说明书的支持。

权利要求 2 ~ 8 均直接或间接从属于权利要求 1，但并没有克服权利要求 1 存在的上述缺陷，因此，权利要求2～8也得不到说明书的支持。

**五、涉案专利说明书不清楚，不符合《专利法》第26条第3款的规定**

涉案专利说明书中所记载的“相关数据（例如说明书第6页第1～2行）”不清楚，本领域技术人员无法得知哪些数据是相关的，哪些数据是不相关的，导致本领域技术人员无法实现本发明。

涉案专利说明书第7页所记载的图5所示1+1备份组网方式部分的记载，MSC Server－0负责为MGW1、MGW2、MGW3提供服务，MSC Server－1与MSC Server B之间，只是建立双归属关系，并不提供服务。也就是说，正常情况下，MSC Server B是不提供服务的。而MSC Server B并未设置有与MSC Server A存在双归属关系的虚拟MSC Server。因此，本领域技术人员根据说明书的记载，无法获知，在MSC Server A出现故障的情况下，MSC Server B如何提供本发明所预期的救济，从而无法实现本发明。

涉案专利说明书第9页第2段，分别结合应图8和图7进行了说明。但是，说明书的文字说明部分只是说明了在图8所示N+1互助组网方式中，N为2，并没有提供进一步的解释，本领域技术人员仅仅根据这些内容无法实现本发明。结合图7进行的说明部分则与图7所呈现的内容不一致，图7中，MSC Server B不提供服务，而说明书部分则记载MSC Server B为MGW8提供服务。因为说明书附图和说明书的文字记载部分存在矛盾，所以，本领域技术人员无法实现本发明。而且，在此段的最后部分所记载的MSC Server A和MSC Server C中的MSC Server－1都检测到BMSC Server B的故障时的解决机制也不清楚，因为附图和说明书中均没有提供MSC Server A和MSC存在连接关系的信息，本领域技术人员仅仅根据说明书的记载，无法得知如何实现两者检测到BMSC Server B故障的时间早晚或者当前负载状况的对比，也就无法实现本发明。该缺陷同时存在于其他实施例中。

涉案专利说明书第10页第2段中，结合图10进行描述的部分，声称与图8相同。但是，说明书并未对图8进行相关的文字解释，因此，基于上述同样的理由，本领域技术人员仅仅根据说明书的记载，仍不能实现本发明。

涉案专利说明书公开不充分的缺陷涉及涉案专利的全部权利要求。

**六、涉案专利权利要求1～8均不具备新颖性，不符合《专利法》第22条第2款的规定**

涉案专利权利要求1～8请求保护的实现移动交换中心MSC双归属的方法中，均覆盖了只涉及两个MSC Server，其中，MSC Server A主用，MSC Server B备用的情况，在此情况下，MSC Server B中只需要设置一个虚拟MSC Server与MSC Server A建立双归属关系。也就是所谓的1+1备份关系。在只设置一个虚拟MSC Server的情况下，该虚拟MSC Server A也就是MSC Server B本身[1]。

对比文件1中具体公开了以下信息（例如，附图2以及说明书第5～7页有关图2

[1] 《专利审查指南》规定，“以上”、“以下”、“以内”理解为包括本数。

的说明部分）：

存在两个 MSC Server，MGWG 归属于 MSC Server A，MSC Server B 作为 MSC Server A 的备用 MSC Server。主用 MSC Server 处于工作状态，备用 MSC Server 停止工作。备用 MSC Server 在收到主用 MSC Server 所控制 MGW 注册信息后被激活，转变为主用 MSC Server。在 MSC Server B 启用后，MSC Server A 转变为 MSC Server B 的备用 MSC Server，主备用 MSC Server 中都配置有所管辖的 MGW 的数据，并且对 HLR 和 VLR 等信息进行同步更新。位置更新和出呼都不受影响。通过更新 HLR 的方法，被叫能力也正常。

对比可见，涉案专利权利要求1～8 相对于对比文件 1 而言，区别仅在于涉案专利权利要求 1～8 中，虚拟 MSC Server（即对比文件 1 中的备用 MSC Server）被激活为工作状态的条件不同，涉案专利权利要求 1～8 采用的是心跳检测的方法，而对比文件 1 采用的是 MGW 注册激活的方法。

因为，用心跳检测方法代替 MGW 注册激活，属于惯用手段的直接替换。对比文件 4 作为 2001 年就已经公开的专利申请文件，能够证明心跳检测方法属于本领域的惯用手段，在说明书第 7 页最后两段还对具体检测方法进行了详细的描述。心跳检测方法属于本领域的惯用手段，申请人在答复一通的时候已经确认。所以，涉案专利权利要求 1～8 相对于对比文件 1 均不具备新颖性。

**七、涉案专利权利要求 1～8 均不具备创造性，不符合《专利法》第 22 条第 3 款的规定**

论述一：

基于新颖性论述部分同样的理由和证据，涉案专利权利要求 1～8 均不具备新颖性，自然也不具备创造性。

论述二：

权利要求 1 不具备创造性。

涉案专利权利要求 1 请求保护一种实现移动交换中心 MSC 双归属的方法，对比文件 1（CN1545345A）公开了一种主备移动软交换网络的容灾方法，与本申请属于相同技术领域，其中具体披露了如下技术特征（参见说明书 1～13 页，附图 1～5）：

每个 RNC 通过 MGW 与主、备两个或两个以上 MSC Server 相连接，一般地，某一 MGW 由主 MSC Server 提供服务，如果主 MSC Server 发生故障，则切换到备 MSC Server，从而一个 MGW 双归属于主、备两个 MSC Server，达到了容灾的效果，故所述主 MSC Server 相当于本申请中的“物理 MSC Server”，备 MSC Server 相当于包含了本申请中的“虚拟 MSC Server”。

首先，在对比文件 1 所公开的 1 +1 备份方案中，当主备 MSC Server 分别只设一个虚拟 MSC Server 的情况下，各虚拟 MSC Server 之间就是相互独立的。然后，对比文件 1 所公开的 MSC Server 负荷分担方案中，备用 MSC Server 在做某些 RNC 的主用 MSC Server 的同时又做其他 RNC 的备用 MSC Server，也就是说，在备用 MSC Server 中，同时存在为自身下属网络节点提供服务的信息和为主用 MSC Server 下属网络节点提供服务的信息这样两套相互独立的信息。

对比文件2公开了一种用于替代接通空间上分开的交换系统的方法，具体公开了(如在摘要中)：将相同的克隆作为具有相同的硬件、软件和数据的冗余伙伴分配给每个要保护的交换系统。因此，基于对比文件2所公开的信息，本领域普通技术人员也很容易想到，将对比文件2中交换系统的冗余伙伴放到备用MSC Server中，作为虚拟MSC Server。

也就是说，对比文件1隐含公开了，对比文件2则具体公开了权利要求1中“每个虚拟MSC Server相互独立，建立不同虚拟MSC Server与不同物理MSC Server之间的双归属关系，在虚拟MSC Server中配置对应物理MSC Server的所有相关数据”这一技术特征。

对比文件1所公开的信息中，备用MSC Server在被启用前，是处于非激活状态的。也相当于涉案专利中的“虚拟MSC Server中配置的对应物理MSC Server的所有相关数据处于非激活状态”这一技术特征。

对比文件1明确记载（如说明书第5页），当主用MSC Server异常时，MGW由备用MSC Server接管控制，所有通过该RNC接入的用户由备用MSC Server处理。为RNC提供服务，相应的数据信息当然需要处于激活状态。因此，涉案专利权利要求1中的“虚拟MSC Server中配置的对应物理MSC Server的所有相关数据处于激活状态，虚拟MSC Server提供相应的服务”这一技术特征也已经被对比文件1所公开。

权利要求1中还限定，虚拟MSC Server通过心跳检测判断是否需要切换，如果不需要，则继续正常工作和检测。也就是说，虚拟MSC Server判断是否需要切换是通过心跳检测来判断。对比文件1中已经提及：备MSC Server在需要切换时进行切换，不需要切换时则作为另一MGW的主MSC Server正常工作并仍旧作为该MGW的备MSC Server工作，同时，心跳检测也是一种本领域常用的检测正在工作的MSC Server是否发生故障、从而是否需要切换的检测方式，因此，本领域技术人员在对比文件1的基础上采用心跳检测这种常用的检测方式来决定是否执行切换是显而易见的。对于这一点，专利申请人在审查意见答复时已经确认❶。

综上所述，涉案专利权利要求1所请求保护的技术方案相对于对比文件1以及对比文件1和对比文件2的结合都不具备创造性。

权利要求2、3、4、7、8的附加技术特征分别进一步限定了：所述虚拟MSC Server的一些常规设置、心跳检测的方式、是否切换的条件、切换时的动作等，然而这些均为本领域的惯用手段，本领域技术人员很容易想到用这些技术手段来解决所要解决的技术问题。

---

❶ 审查员在第一次审查意见通知书中指出“本领域技术人员在对比文件1（CN1545345 A）的基础上采用心跳检测这种常用的检测方式来决定是否执行切换从而得到权利要求1的技术方案是显而易见的，故权利要求1与对比文件1相比不具有《专利法》第22条第3款规定的创造性”。申请人在答复第一次审查意见通知书的意见陈述中记载：“申请人同意审查意见通知书中指出的原权利要求1不具备《专利法》第22条第3款有关创造性的意见。”

权利要求2对权利要求1的技术方案进一步限定为设置一个虚拟MSC Server管理和控制自身所属物理MSC Server的所有下属网络节点，并设置该虚拟MSC Server的状态为激活。对比文件1所公开的MSC Server负荷分担方案中，备用MSC Server在做某些RNC的主用MSC Server的同时又做其他RNC的备用MSC Server，也就是说，在备用MSC Server中，同时存在为自身下属网络节点提供服务的信息和为主用MSC Server下属网络节点提供服务的信息这样两部分信息，而且，所述备用MSC Server在作为其他RNC的主要MSC Server时，为自身下属网络节点提供服务的信息当然是处于激活状态。基于这一公开信息，本领域技术人员容易联想到将这两部分信息通过不同的处理单元，也就是不同的虚拟MSC Server来分别管理。

而且，权利要求2的附加技术特征也已被对比文件2所公开，具体如下（说明书第4页31行至第5页19行）：接口In是基于分组的，并且因此是通向基于分组的外围设备、基于分组的远程交换系统、基于分组的媒体网关和服务器的通信接口。这些接口间接地由控制装置SC来控制。这意味着，控制装置SC经由中央控制装置CP激活和去激活接口IFn，并且因此可以任意地在运行状态激活和空闲之间来回转换。另外，从图1中可见交换系统的冗余伙伴与交换系统具有相同的接口IF1-IFn，所以交换系统的冗余伙伴管理和控制对应的交换系统的所有下属网络节点。控制装置SC现在根据交换系统的失败的发觉将地理冗余的交换系统切换到激活的运行状态。

所以，权利要求2在其所从属的权利要求1不具备创造性的基础上，相对于对比文件1以及对比文件1和对比文件2的结合，都不具备创造性。

权利要求3对权利要求1或2的技术方案进一步限定为通过心跳检测判断是否切换。通过心跳检测来判断是否激活虚拟MSC Server这一技术限定在权利要求1中已经记载，虽然权利要求3将判断是否激活的条件具体限定为物理MSC Server的故障，但是，以是否存在故障为是否切换的条件，这是本领域技术人员基于权利要求1和2，不经创造性劳动就能联想到的，对比文件1也具体公开了该信息，所以，权利要求3不具备造性。

权利要求4对权利要求1或2中的是否需要切换进行了进一步限定。但是，以是否收到切换命令或更新状态命令为虚拟MSC Server是否切换的条件，这是本领域技术人员基于权利要求1和2，不经创造性劳动就能联想到的，不具备造性。

而且，权利要求3和4的附加技术特征已被对比文件2所公开，具体内容如下（说明书第8页28行至说明书第9页第3行）：通过在控制装置SC和两个成对布置的交换系统的中央控制装置CP之间交换周期性的测试消息来监控两个交换系统的运行状态。现在，交换系统应是失效。控制系统SC将每个验证的、持续不允许的长时间的、与交换系统1的中央控制装置CP的通信损失通告给网管NM，为此考虑两个接口IF1、IF2。此外，控制装置SC通过以下方式用于开始运行的任务交给交换系统的冗余伙伴，即控制装置SC经由接口IF1、IF2中的至少一个接口促使交换系统的中央控制装置CP激活其交换技术接口。

因此，权利要求 3 和权利要求 4 的技术方案相对于对比文件 1 和对比文件 2 的结合也不具备创造性。

权利要求 7 对权利要求 1 或 2 中的切换方法进行了进一步限定。基于对比文件 1 所公开的信息，备用 MSC Server 的作用是在主用 MSC Server 发生故障时，接管主用 MSC Server 下属的网络节点，当然就需要建立自身到具有双归属关系的 MSC Server 下属网络节点的信令链路。对比文件 1 还具体如下信息：HLR 收到查询路由请求后，向 MSC Server 请求漫游号码。消息在与 MSC Server 直连的 STP 上选路时，如果主用 Server 链路不同，则选择备用路由，发给备用 MSC Server。此外，对比文件 3 还具体公开了（如说明书第 7 页第 1 段）：要用备份 MSC 接管故障 MSC，需要激活备份 MSC 与故障 MSC 之间的信令链路。因此，在权利要求 1 和 2 均不具备创造性的基础上，权利要求 7 也不具备创造性。

权利要求 8 对权利要求 1 进一步限定为，该方法进一步包括：用户数据发生变化时，物理 MSC Server 将用户数据实时备份到具有双归属关系的虚拟 MSC Server 对应的 VLR 中。对比文件 1 公开了（如说明书第 12 页第 3 段）将位置更新等信息与备用 MSC Server 一致，也就是说，在主用和备用 MSC Server 中实现备份。而且，对比文件 1 还具体公开了如下信息：当备用 MSC Server 中没有用户数据时，如何获得用户数据可以有以下两种方案：……二、如果 VLR 发现 MSC Server 的状态为备用状态，则不启动位置更新过程，启动 Restore 过程，获得用户数据，HLR 中的 VLR 号码保持不变。因此，在权利要求 1 不具备创造性的基础上，权利要求 8 也不具备创造性。

综上，在所引用的权利要求 1 不具备创造性的基础上，权利要求 2、3、4、7、8 均不具备创造性。

权利要求 5 和 6 的附加技术特征已经被对比文件 1 所披露（参见说明书 2 ~ 3 页）：所述主备 MSC Server 之间是双归属备份关系或双归属互助关系；所述双归属备份或互助关系为 1 + 1、1 + N 或 N + M 的备份或互助关系。本领域技术人员很容易想到采用这样的技术手段来实现相应的技术效果。所以，在所从属的权利要求 1 不具备创造性的基础上，权利要求 5 和 6 也不具备创造性。

综上所述，200510079993.7 号发明专利存在不符合《专利法》第 33 条的规定、不符合《专利法实施细则》第 20 条第 1 款的规定、不符合《专利法实施细则》第 21 条第 2 款的规定、不符合《专利法》第 26 条第 3 款的规定、不符合《专利法》第 26 条第 4 款的规定以及不符合《专利法》第 22 条第 2 款和第 3 款的规定等诸多缺陷，故无效宣告请求人请求专利复审委员会宣告 200510079993.7 号发明专利全部无效。

## 【案例 3】生物领域专利

**涉案专利**

专利号：98813338.5

授权公告日：2006 年 6 月 28 日

涉案专利不符合《专利法》和《专利法实施细则》的相关规定，不应授予专利权。

**一、涉案专利修改超范围，不符合《专利法》第33条的规定**

涉案专利在专利审查过程中，申请人对涉案专利进行了修改，授权文本的权利要求1和权利要求6所要求保护的技术方案在原说明书和权利要求书中均没有记载，超出了原说明书和权利要求书所记载的范围。

**二、涉案专利的权利要求1~28不清楚，不符合《专利法实施细则》第20条第1款的规定**

权利要求1中，SEQ ID NO：1、3、5中均存在无法命名的残基，本领域技术人员无法得知这些残基是何种残基，也不能确定这些残基为何种残基时，能解决本发明所要解决的技术问题，实现本发明所预期的技术效果，导致权利要求1不清楚。

是否具有相同的生物活性功能与同源性的比例大小之间并非正相关的关系，例如，在保守区的氨基酸残基突变比可变区的氨基酸残基突变对蛋白质的生物活性功能改变的意义就要大得多。很多疾病，都是单碱基、单氨基酸残基的突变导致相应蛋白质的表达失败或功能丧失引起的，这是生物领域的常识。权利要求1要求保护“与之具有至少80%同源性具有葡糖淀粉酶活性的酶”，但是，本领域技术人员仅仅根据说明书的记载，并不能明确“与之具有至少80%同源性具有葡糖淀粉酶活性的酶”究竟是哪些酶，如何确定这些酶。

因为涉案专利权利要求2~9均直接或间接引用权利要求1，但并没有克服权利要求1所存在的不清楚的缺陷，所以，在涉案专利权利要求1不清楚的基础上，涉案专利权利要求2~9不清楚。

专利权利要求6内部存在多重优选，导致在一项权利要求中限定出不同的保护范围，根据专利审查指南第2部分第2章3.2.2节的规定，也导致了权利要求的保护范围不清楚。

涉案专利权利要求8为引用权利要求7的从属权利要求，但是，权利要求7的保护主题为酶，而权利要求8的保护主题为菌株，导致权利要求8的保护主题不清楚。涉案专利权利要求9为引用权利要求8的从属权利要求，但是，权利要求9的保护主题为酶，而权利要求8的保护主题为菌株，导致权利要求9的保护主题不清楚。

涉案专利权利要求5和7所引用的权利要求中均包含了多项引用的权利要求，根据《审查指南（2006）》第2部分第2章3.2.2节最后一段的规定，这也导致了权利要求之间引用关系的不清楚，并进而导致了权利要求书整体的不清楚，从而不符合《专利法实施细则》第20条第1款的规定。

涉案专利的权利要求10中，“包括”一词含义不清楚。本领域技术人员不清楚所述包括是指所述DNA序列同时包含有所列序列，还可以分别是所列序列。

权利要求10所要求保护的DNA序列中，限定了“（e）序列”，但是，本领域技术人员根据其描述无法确定其限定的序列内容。

权利要求10所要求保护的DNA序列中，限定了“（f）序列”，但是，本专利说明书中并没有提供（f）序列的具体碱基排列顺序，本领域技术人员根据本专利说明书和权利要求书的记载，无法得知（f）序列的具体内容。

……

**三、涉案专利权利要求1～28均没有以说明书为依据，不合乎《专利法》第26条第4款的规定**

涉案专利权利要求1没有以说明书为依据，得不到说明书的支持。

是否具有相同的生物活性功能与同源性的比例大小之间并非正相关的关系，例如，在保守区的氨基酸残基突变比可变区的氨基酸残基突变对蛋白质的生物活性功能改变的意义就要大得多。很多疾病，都是单碱基、单氨基酸残基的突变导致相应蛋白质的表达失败或功能丧失引起的，这是生物领域的常识。权利要求1要求保护“与之具有至少80%同源性具有葡糖淀粉酶活性的酶”，但是，本领域技术人员仅仅根据说明书的记载，并不能明确“与之具有至少80%同源性具有葡糖淀粉酶活性的酶”究竟是哪些酶，如何确定这些酶。涉案专利说明书仅仅公开了记载了实施例1所制备的葡糖淀粉酶、在重组米曲霉和黑色曲霉中表达的葡糖淀粉酶以及在重组酵母中表达的葡糖淀粉酶的生物活性功能，尤其是测定了其半衰期（没有公开包含SEQ ID NOS：1、6的酶，与SEQ ID NO：7的氨基酸残基有区别），不足以支持“与之具有至少80%同源性具有葡糖淀粉酶活性的酶”这一范围。

权利要求1要求保护的酶包含SEQ ID NOS：1～6的一或多个部分序列或SEQ ID NO：7的全长序列，而非以“如……所示”和“由……序列组成”这种审查指南规定的描述方式进行限定，属于开放式权利要求，但是，在氨基酸序列的两端添加任意数量或任意种类的氨基酸残基，可能会导致蛋白质分子活性功能的变化，甚至会导致其活性功能的完全丧失。涉案专利说明书仅仅公开了记载了实施例1所制备的葡糖淀粉酶、在重组米曲霉和黑色曲霉中表达的葡糖淀粉酶以及在重组酵母中表达的葡糖淀粉酶的生物活性功能，尤其是测定了其半衰期（没有公开包含SEQ ID NOS：1、6的酶，SEQ ID NOS：1、6与SEQ ID NO：7的氨基酸残基有区别，也没有公开在SEQ ID NOS：7全长的基础上添加其他氨基酸残基的序列的酶）。本领域技术人员根据说明书的记载，不能预测包含SEQ ID NOS：1～6的一或多个部分序列或SEQ ID NO：7的全长序列的葡糖淀粉酶都能解决本专利所要解决的技术问题，实现本专利所预期的技术效果。

权利要求1要求保护与包含SEQ ID NOS：1～6的一或多个部分序列或SEQ ID NO：7的全长序列的葡糖淀粉酶具有至少80%同源性具有葡糖淀粉酶活性的酶，而非以“如……所示”和“由……序列组成”这种审查指南规定的描述方式进行限定，属于开放式权利要求，但是，在氨基酸序列的两端添加任意数量或任意种类的氨基酸残基，可能会导致蛋白质分子活性功能的变化，甚至会导致其活性功能的完全丧失。涉案专利说明书仅仅公开了记载了实施例1所制备的葡糖淀粉酶、在重组米曲霉和黑色曲霉中表达的葡糖淀粉酶以及在重组酵母中表达的葡糖淀粉酶的生物活性功能，尤其是测定了其半衰期（没有公开包含SEQ ID NOS：1、6的酶，SEQ ID NOS：1、6与SEQ ID NO：7的氨基酸残基有区别，也没有公开在 SEQ ID NOS：7 全长的基础上添加其他氨基酸残基的序列的酶)。本领域技术人员根据说明书的记载，不能预测与包含 SEQ ID NOS：1～6 的一或多个部分序列或 SEQ ID NO：7 的全长序列的葡糖淀粉酶具有至少 80% 同源性具有葡糖淀粉酶活性的酶都能解决本专利所要解决的技术问题，实现本专利所预期的技术效果。

……

涉案专利权利要求 10 没有以说明书为依据。

权利要求 10 以开放式表述方式限定了所要求保护的 DNA 序列，也就是说，其所序列两端是可以添加任意数量和种类的核苷酸的，对由这些核苷酸编码的氨基酸序列而言，本领域技术人员无法预测这些氨基酸序列所构成蛋白质的活性功能，即无法预测其是否能解决本发明的技术问题，实现本发明所预期的技术效果。

权利要求 10 要求保护包括了（a）～（g）所限定的序列的 DNA 序列。说明书中并没有记载与所说的 DNA 序列之间 80% 同源的 DNA 序列仍能解决本发明所要解决的技术问题，实现本发明所预期实现的技术效果的内容，没有列举（d）和（e）所述杂交 DNA 分子。因此，本领域技术人员无法预测包括了（a）～（g）所限定的序列的 DNA 序列能解决本发明所要解决的技术问题，实现本发明所预期的技术效果。

……

**四、涉案专利说明书公开不充分，不符合《专利法》第 26 条第 3 款的规定**

本申请的说明书，通过实施例 3 和实施例 4 对本发明的葡糖淀粉酶的氨基酸序列进行了测定，但是，实施例 3 和实施例 4 的测定结果却并不完全一致。（……其他不一致的地方略过不叙……）其中，实施例 3 中存在的 Xaa 均为无法命名的残基，但在实施例 4 所记载的测定结果中，均显示了确定的残基，此外，实施例 4 所测定结果（SEQ ID NO：7）在 2、557 位残基均为实施例 3 所测定结果不同。一种序列，测定得出了两种不同的结果，也就是说，本专利说明书中，技术方案出现了相互矛盾的情形。《专利审查指南》第 2 部分第 2 章 2.1.1 节明确规定“技术问题、技术方案和有益效果应当相互适应，不得出现相互矛盾或不相关联的情形”，因此，本专利的说明书内容不清楚。

本领域技术人员根据说明书的记载，不能得知实施例 4 所记载的“采用标准的方法”究竟是何种方法，具体实现步骤是怎么样的，所以，没法实现实施例 4 的测定过程。

说明书第 6 页所描述的 DNA 序列中，限定了“（f）序列”，但是，本专利说明书中并没有提供（f）序列的具体碱基排列顺序，本领域技术人员根据本专利说明书的记载，无法得知（f）序列的具体内容。其所记载的（e）序列本身描述也不清楚。

本专利说明书仅仅记载了实施例 1 所制备的葡糖淀粉酶、在重组米曲霉和黑色曲霉中表达的葡糖淀粉酶以及在重组酵母中表达的葡糖淀粉酶的生物活性功能，尤其是测定了其半衰期。但是，没有记载包含 SEQ ID NOS：1～6 的一或多个部分序列或 SEQ ID NO：7 的全长序列，或是与之具有至少 80% 同源性具有葡糖淀粉酶活性的其他酶的生物活性验证实验，也没有记载说明书第 6 页所描述的 DNA 序列，尤其是（a）~（g）所限定的序列的生物活性验证实验。由于本专利为生物技术领域，实验结果的可预测性极低。根据《专利审查指南》第 2 部分第 2 章 2.1.3 之（5）的规定，对于本专利所记载的必须依赖实验结果加以证实才能成立的技术方案而言，本专利说明书只给出了具体的技术方案，但是没有给出实验证据，属于不能实现的技术方案。

说明书第 6 页 16 ~ 19 行的描述所称"部分氨基酸序列"为哪部分氨基酸序列不清楚。

权利要求中以"成熟部分"进行了限定，但是，申请文件中没有对哪部分是成熟部分进行说明。而且，说明书与权利要求书中不一致的描述方式导致本领域技术人员无法理解说明书所称部分氨基酸序列的具体含义是指哪部分氨基酸序列，从而无法实现本发明。

……

**五、涉案专利权利要求 1 ~ 28 均不具备创造性，不符合《专利法》第 22 条第 3 款的规定**

……

### 【案例 4】机械领域专利

**案情介绍**

针对 200620109037.9 号实用新型专利提出的无效宣告请求中，无效宣告请求人提供了授权公告日为 1979 年 12 月 4 日的第 4176681 号美国专利作为对比文件。

专利请求人在请求书中对无效宣告理由的全部陈述内容为：

"专利权利要求 1 的技术方案与对比文件公开的技术内容实质上相同，因此，权利要求 1 相对于对比文件不具有新颖性。即使认为权利要求 1 与对比文件存在区别技术特征，实质上不同，那么该区别技术特征也是公知常识，此时权利要求 1 相对于对比文件不具有创造性。"

专利权人在收到该无效宣告请求后，在意见陈述中的全部答复内容如下：

无效宣告请求人在无效宣告请求中没有结合证据，具体说明无效宣告的理由，没有具体说明对比文件在何处，以什么方式公开了涉案专利权利要求中的技术特征。根据《专利审查指南》第 4 部分第 3 章 3.3 节的规定，应不予受理。

本专利权利要求的全部技术特征在对比文件中均没有公开，本专利权利要求的全部技术特征均不是公知常识，本专利具有新颖性和创造性。

### 【案例 5】外观设计专利

专利号为 200930134194.4、名称为减压器（LEOR01）的外观设计专利是嘉兴市力讯汽车电子有限公司于 2009 年 3 月 19 日申请，并于 2010 年 5 月 12 日授权的外观设计专利（下称涉案专利），专利权人为嘉兴市力讯汽车电子有限公司，分类号为 23 - 01。

请求人认为涉案专利的专利权授予不符合《专利法》和《专利法实施细则》的规定，故依据《专利法》第45条和《专利法实施细则》第64条的规定，向复审委员会提出无效宣告请求，请求复审委员会宣告涉案专利的专利权无效。

**理由和证据**

请求人认为涉案专利不符合《专利法》第9条的规定，不应授予专利权。

请求人提供的附件1为ZL200930008306.1号外观设计专利文件（下称对比专利），是由北京朗第伦索汽车燃气系统有限公司于2009年3月10日申请，2010年1月6日授权公告的外观设计专利，名称为燃料减压器，分类号为23-01。

根据《审查指南（2006）》第4部分第7章的规定，《专利法》第9条所述的“同样的发明创造”对于外观设计而言，是指外观设计相同或者相近似。

根据《审查指南（2006）》第4部分第5章的规定，外观设计相同和相近似是指产品的用途相同和相近似以及外观设计相同和相近似。

涉案专利与对比专利相比，均为减压器，同属于分类号23-01，其用途相同。

涉案专利的申请日是2009年3月19日，而对比专利的申请日是于2009年3月10日，对比专利的申请日早于涉案专利的申请日。

涉案专利与对比专利相比，其视图对应关系为：

| 涉案专利 | | 对比专利 |
|---|---|---|
| 左视图 | 对应于 | 右视图 |
| 俯视图 | 对应于 | 主视图 |
| 仰视图 | 对应于 | 后视图 |
| 后视图 | 对应于 | 仰视图 |
| 右视图 | 对应于 | 左视图 |
| 主视图 | 对应于 | 俯视图 |

通过对比可以看出，两者的基本形状均由安全阀、阀盖、真空接头、低压燃气出口、冷却液进出口、高压燃气出入口和电磁阀等在相同的位置构成。根据整体观察、综合判断的原则，涉案专利与对比专利是相同的外观设计，属于同样的发明创造。这种相同不以视图名称的改变、视图承载形式的改变和其他功能部件的增减而改变。所以，涉案专利应当被宣告无效。

## 第三节　专利诉讼知识介绍

专利相关的诉讼包括专利权属纠纷诉讼、专利权无效宣告行政诉讼、专利合同纠纷以及专利侵权纠纷诉讼等多种不同类型。本章节重点介绍专利侵权纠纷引发的诉讼。

专利侵权纠纷引发的诉讼，一般来讲，是指专利权人发现存在有未经其许可，实施其专利的行为，依据《专利法》第 11 条及其他法规规定，向法院提出诉讼请求，要求法院判决被告停止侵权和/或赔偿损失等。除此之外，也存在部分其他情况引发的专利侵权纠纷诉讼，例如，确认不侵权之诉以及虚假诉讼等。

**此处应注意的是，虽然绝大多数国家的绝大多数专利侵权纠纷都是以民事途径而非刑事途径处理的，但是，有些国家却是明确将侵犯专利权的行为规定为刑事犯罪行为的❶（虽然其绝大多数专利侵权纠纷仍是以民事途径而非刑事途径处理的）。在产品出口到这些国家，尤其是到这些国家参加展销活动时，应特别注意做好产品侵权预警分析，并准备好产品不侵犯他人专利权的相关证明文件或律师函，以防因为参展商品被查封或扣押，甚至被警方以配合调查为由限制相关人员离境而陷入被动。**

## 一、发动专利侵权诉讼的目的

### 1. 维护对专利技术的垄断实施权

专利制度的目的之一就是保护专利权，专利申请人申请专利的目的之一也是获得对其发明创造的垄断实施权。当他人未经许可，实施了其专利技术的时候，专利权人当然就可能会对之发起专利侵权诉讼，以维护其对专利技术的垄断实施权，从而将竞争对手排除出市场，获取大额侵权赔偿或者专利许可费收入。这是最常见的专利侵权诉讼目的。在闪存盘领域拥有基础发明专利的朗科公司，先后起诉华旗资讯、索尼公司、PNY 公司等多家企业侵犯其专利权，甚至被业内认为“起诉最多和靠诉讼发家”的企业。有分析认为，专利侵权赔偿和专利实施许可费的收入，在朗科的总收入中占比可能会高达 80%。

### 2. 企业或产品宣传目的

不只是专利申请和专利权本身可以用于企业或产品的宣传，专利侵权诉讼同样可以用于企业或产品宣传。例如，天津天士力制药股份有限公司在与东莞万成制药有限公司的，“养血清脑颗粒”相关发明专利侵权纠纷案中，提出 1 元钱的赔偿请求，从而以“一元钱官司”这一特殊的形式而被广泛传播，就成功实现了对其企业和产品的宣传。

### 3. 打击竞争对手的目的

在商业活动中，对竞争对手进行打击的形式是多种多样的，其中，以专利侵权纠纷为手段者也屡见不鲜。例如，通过发动专利侵权纠纷，从而干扰竞争对手的经营策略（阻止竞争对手新产品上市、阻止竞争对手的公司上市、干扰竞争对手的竞标等）、消耗竞争对手的实力、降低竞争对手的信誉、封锁竞争对手的营销渠道等。当然，对竞争对手的专利权提出无效宣告请求，也是可以用于实现阻止竞争对手上市等目的的。例如，朗科公司在北京旋极信息技术股份有限公司正闯关 IPO 时，起诉北京旋极信息技术

---

❶ 例如，德国专利法第 142 条规定了侵犯专利权的犯罪，日本专利法第 196 条规定了对侵犯专利权或独占实施许可权的行为人的刑事责任。另外，我国于 2011 年启动的专利法新一次修订工作中，有关部门也提出了对恶意侵犯专利权的行为予以刑事处罚的建议。

股份有限公司涉嫌侵犯名称为“用于数据处理系统的快闪电子式外存储方法及其装置”的发明专利的专利权，同时向证监会要求停止对其进行上市审批。

**4. 增加谈判筹码**

商业谈判是常见的商业活动形式之一。商业谈判的过程，无疑就是一个双方各自摆出自己的筹码，通过对双方筹码的衡量，最终得出一个与双方筹码基本匹配的权益处置结果的过程。因此，通过各种方式，包括发动专利侵权诉讼的方式，增加自己在谈判过程中的筹码，无疑就是非常重要的。例如，在企业并购谈判中，以专利侵权诉讼，逼迫对方降低或提高对并购价格的主张，在专利侵权诉讼的和解谈判过程中，被诉侵权方通过发动其他专利侵权诉讼的方式，逼迫专利权人降低索赔数额或许可费标准等。

**5. 其他目的**

发动专利侵权诉讼的目的可以是多种多样的，而不限于以上所列。例如，通过对同一主体同时发动大量专利诉讼的方式，向其主张低于应诉成本的许可费。

## 二、专利保护范围的确定

专利权是一项具有独占性的财产权利，对其保护范围的确定直接关系到专利权人和社会公众的权利划分和利益平衡。如果界定专利权保护范围过大，势必将现有技术或公知技术纳入到专利权人的独占权利范围之内，导致社会公众利益的损害；而如果将专利权保护范围界定过小，则不利于保护专利权人的合法利益，影响科技人员从事发明创造的积极性。上述情况的发生将不利于我国科技技术事业的整体发展，不利于实现鼓励发明创造，推广应用发明创造，促进科学技术进步和创新的立法宗旨。这就凸显出了确立一个确定专利保护范围原则的必要性。

目前国际上对于专利保护范围的确定原则主要有 3 种：周边限定原则、中心限定原则以及前两种原则的折中原则。《专利法》第 56 条第 1 款规定，发明或者实用新型专利权的保护范围以其权利要求的内容为准，说明书和附图可以用于解释权利要求。这一条款明确规定了我国确定专利权保护范围的基本原则，其中说明书和附图对权利要求的解释作用，对于社会公众全面了解专利技术方案，更好地理解、澄清和适度修正权利要求技术特征，使专利权保护范围界定的更加准确是非常重要的。

所以，在确定专利保护范围时，应当仔细阅读专利说明书（包括附图）和权利要求书，全面了解本专利所属的技术领域、背景技术以及专利技术方案所解决的技术问题和能够达到的技术效果。在全面理解专利技术方案的基础上，在需要的情况下，用说明书和附图对权利要求书进行解释，以确定专利保护范围。

为此，“最高人民法院关于审理侵犯专利权纠纷案件应用法律若干问题的解释”规定，人民法院应当根据权利要求的记载，结合本领域普通技术人员阅读说明书及附图后对权利要求的理解，确定《专利法》第 59 条第 1 款规定的权利要求的内容。人民法院对于权利要求，可以运用说明书及附图、权利要求书中的相关权利要求、专利审查档案进行解释。说明书对权利要求用语有特别界定的，从其特别界定。以上述方法仍不能明确权利要求含义的，可以结合工具书、教科书等公知文献以及本领域普通技术人员的通常理解进行解释。对于权利要求中以功能或者效果表述的技术特征，人民法院应当结合说明书和附图描述的该功能或者效果的具体实施方式及其等同的实施方式，确定该技术特征的内容。以上规定被归纳为“内部证据优于外部证据原则”。这一原则对专利侵权纠纷案件的审理具有重要影响。

**当权利要求中技术术语的文义表述含糊不清，或者对该术语可能存在多义理解时，应当根据说明书及附图的描述对该术语进行解释。**

文意含糊不清包括其技术术语本身的含义不清和各技术术语之间关系不明确两层含义。如权利要求中所用技术术语含义含糊不清或产生多义理解的情形时，而说明书的对应文字内容部分或附图描述明确、清晰，本领域普通技术人员通过阅读说明书和附图内容可以理解权利要求书对应术语的含义时，应当用说明书的文字内容及附图来确定权利要求中对应词语的含义。

**当权利要求书中使用自造词时，需要说明书对其含义进行澄清性的解释。**

专利权人在一项专利的权利要求里的文字及措词要和说明书里的解释保持一致，特别是在权利要求里的文字及措词不清楚、使用了自造词的情况下，说明书的解释就显得尤为重要。需要在权利要求得到说明书及附图的支持的情况下，按照说明书中的文字确定权利要求中的必要技术特征，对权利要求所用自造词字面所限定的技术方案的保护范围作出公平的解释。

**权利要求书在文义上看是清楚的，但说明书对权利要求书中某一技术特征的解释与一般技术人员该技术特征的通常理解不同，并且说明书的文义也是清楚的，这时应按照说明书中的解释确定专利保护范围。**

由于语言表达能力的局限性，以及申请人对本领域技术发展状况了解程度的不同，申请人在对技术术语的选用有时会带有一定的主观色彩，其所要表达的含义有可能与该术语的通常含义有所差异。这时如果机械地按照该术语的通常含义来理解权利要求，则可能使所描述的技术方案面目全非。权利要求书是申请人在说明书中公开的发明创造基础上得到或概括出的技术方案，所以对术语的理解不应违背基于说明书整体内容所公开的技术方案。如果权利要求中出现的某“通用”术语，根据说明书对其进行解释与该术语通常的含义不同时，说明书的解释应当优先于该术语通常的含义。

在此情况下，需要注意的是在解释权利要求书时的顺序：首先应看说明书中对权利要求的技术术语有无特殊含义的解释。如果没有无特殊含义的解释，则应当按照其在该技术领域终的通常含义来理解，这种通常含义包括本领域普通常识或同行业人员是如何理解的。如果仍不能进行合理的解释，最后再考虑字典中的含义。实际上，文字和措辞是为理解技术方案服务的，不应该受到字典定义的绝对限制。

**说明书的明确排除对确定权利要求范围的作用。**

对于该情况的处理，基本就是禁止反悔原则的适用过程。

**对权利要求书中包含的方法特征、功能性限定的以及对实用新型专利权利要求书中**

包含的材料特征的解释。

此处需要注意的是功能性限定技术特征。在实践中，对于如何解释功能性限定特征以及在确认专利权效力和专利侵权判断两个环节对于功能性限定特征的解释是否应当采用一致的解释规则，均有不同的观点。归纳起来，有以下几种：

**观点一：**采用《专利审查指南》的规定，即将功能性限定特征解释为覆盖了所有能够实现所述功能的实施方式。

例如，曾展翅诉珍誉公司侵犯专利权案一审判决是在侵犯专利权民事案件中采用该观点的典型案例。在该案中，涉及权利要求中“单向渗透层”的解释，对此一审法院认为：“实施例是申请人选择的一种公开充分的表现形式，其效果相当于举例说明，在不违反禁止反悔原则的前提下，实施例不能理解为是对必要技术特征的限定。因此，对单向渗透层的保护范围应确定为能够实现水分单向渗透的层面。”可见，法院将“单向渗透层”解释为能够实现该功能的所有实施方式并将所有实施方式均纳入专利权的保护范围内。

主张该观点的理由主要是：第一，《专利法》第56条明确规定专利权的保护范围以其权利要求的内容为准，说明书及附图仅用于解释权利要求，而不能用于限定权利要求，具体及等同方式的解释规则显然将说明书及附图用于限定权利要求，违反了专利权保护范围确定的一般原则；第二，既然经过审批及之后的驳回复审、无效程序证明专利符合专利法的相关规定，那么可以推定专利权的保护范围是清楚的，权利要求是得到说明书的支持，说明书公开充分且现有技术也没有公开任何一种方式，那么就证明功能性限定特征的概括是适当的，是合理的，将所有能够实现所述功能的实施方式均纳入专利保护范围是理所当然的，进行限定解释是对专利权人贡献的局部否定，不利于鼓励发明创造；第三，如果仅能将保护范围限定在说明书提及的具体方式及其等同方式，则所谓的适当概括无从谈起，采用功能性限定特征也就失去该制度本身的意义。

**观点二：**应当对功能性限定特征解释为仅仅涵盖了说明书中记载的具体实现方式及其等同方式。

例如，在前述曾展翅案中，二审法院认为：“对于采用功能性限定特征的权利要求，不应当按照其字面含义解释为涵盖了能够实现该功能的所有方式，而是应当受到专利说明书中记载的实现该功能的具体方式的限制。具体而言，在侵权判断中应当对功能性限定特征解释为仅仅涵盖了说明书中记载的具体实现方式及其等同方式。”

主张该观点的理由主要是：应当限制功能性限定特征的使用，不应当允许专利权人通过功能性限定特征任意扩大专利权的保护范围，不应当解释为覆盖了能够实现该功能的任何方式，导致不适当的扩大专利权的保护范围，侵害了公众的利益。

**观点三：**对权利要求中以功能或者效果表述的技术特征，人民法院应当根据说明书中对该技术特征实施方式的具体描述，以所述领域的技术人员通过阅读权利要求书和说明书及附图可以明了和不经过创造性劳动即可联想到的具体实施方式为限，合理确定专利权的保护范围。说明书仅描述了实现该功能或者效果的一种具体实施方式的，应当将该技术特征解释为仅覆盖了这一具体实施方式及其等同方式。说明书描述了实现该功能或者效果的多种具体实施方式，而且权利要求记载的功能或者效果技术特征是对这些具体实施方式所共有的功能或者效果的适当概括的，应当将该技术特征解释为覆盖了所有能够实现该功能或者效果的具体实施方式。

但该观点明显存在法官自由裁量权过大的问题。

**观点四：**在审查是否应予授权时，应当将功能性限定特征解释为所有能够实现的实施方式。在侵权诉讼中，对于专利权的保护范围解释时，再进一步从严把握，将功能性限定特征解释为仅仅涵盖了说明书中记载的具体实现方式及其等同方式，缩小其保护范围。在侵权和授权程序应当采用不同标准的目的在于，严格控制功能性限定特征的使用，引导当事人尽量不采用此种方式撰写权利要求。

在该观点下，大致与 1982 ~ 1994 年间，美国的情况相似。大多数专家学者均认为，这是不合理的。多数观点认为在专利授权和侵权程序中，对于功能性限定特征的解释规则应当是统一的，否则将使得一项专利的保护范围不确定，对专利权人和社会公众都是不公平的。

**目前为止，对于功能性限定技术特征的解释问题，还没有形成统一的标准。在此情况下，专利申请文件撰写过程中应慎用功能性限定技术特征。在某个技术特征不得不采用功能性限定的情况下，应当在说明书中尽可能多的记载不同的实施方式，并使得这些实施方式所能直接认定等同的范围尽可能的宽。**

另外，《专利审查指南》第 2 部分第 8 章规定，在实质审查程序中，针对原权利要求书中未出现过的技术方案，主动增加独立权利要求和从属权利要求都是不能被接受的修改行为。而且，在无效宣告审查程序中对授权专利文件的修改也一般仅限于权利要求的删除、技术方案的删除和权利要求的合并三种方式。因此，**在某个技术特征不得不采用功能性限定的情况下，还需要将说明书中记载所有具体实施方式，全部以权利要求的形式体现到权利要求书中。以便为实质审查程序和无效程序中的修改提供基础。这也是与司法解释所规定的捐献原则的要求相适应的。**因为，如果专利申请文件中没有将说明书所记载的对应于功能性限定技术特征的某一具体实施方式记载到权利要求书中，一旦功能性限定的权利要求被宣告无效，将直接导致该具体实施方式的“被捐献”，而且是不能通过等同判断过程来被重新包括到专利权保护范围内的，也就为他人回避该专利权提供了方便。

**专利说明书及附图的示例性描述不应解释为对权利要求的限定。**

**【案例 1】“太阳能手电筒”专利侵权案【（2011）民提字第 64 号】**

本案的基本案情是：徐永伟是“太阳能手电筒”发明专利（即本案专利）的权利人。本案专利权利要求 1 为：一种太阳能手电筒，其包括有手电筒的筒体、灯头、灯座、开关，灯头与筒体进行连接，筒体里内置有充电电池作为电源，同时手电筒上安装有控制电源断通的开关，筒体的外表面固定有太阳能电池板，太阳能电池板的输出与筒体内的充电电池进行并联连接，其特征在于所述的太阳能电池板与在外面的、保护太阳能电池板的、透明的罩盖组成可脱卸的部件，同时，筒体的表面开有配合的安装孔，罩盖的前部有前缘部分，与安装孔的前沿呈插接连接，罩盖的后端面上开有小孔，紧固有紧固件，紧固件与筒体的后部里表面进行配合固定，使该部件能够通过可脱卸的连接结构安装固定在筒体的外表面安装孔上。华拓公司生产、销售被诉侵权的太阳能手电筒，并在其网站上和产品宣传册中进行许诺销售。徐永伟以华拓公司的行为构成专利侵权为由提起诉讼。浙江省宁波市中级人民法院一审认为华拓公司构成侵权，判决华拓公司立即停止侵权、赔偿徐永伟经济损失 6 万元（含徐永伟为调查、制止侵权支付的合理费用）。徐永伟、华拓公司均提起上诉。浙江省高级人民法院二审认为，本案专利的发明目的在于采用透明的罩盖对太阳能电池板进行保护，防止异物划伤损坏，延长使用寿命，并采用可脱卸式的安装结构，方便其拆换太阳能电池板。被诉侵权产品筒体后端盖经过高压冲压后固定在手电筒的筒体上，无法通过人力正常打开。因此，被诉侵权产品的筒体后端盖并不具备本案专利的“可脱卸的连接结构”这一必要技术特征，从而也使其太阳能电池板与透明罩盖之间无法进行脱卸和更换，也不具备本案专利的“太阳能电池板与在外面的、保护太阳能电池板的、透明的罩盖组成可脱卸的部件”这一必要技术特征。遂判决撤销一审判决、驳回徐永伟的诉讼请求。徐永伟向最高人民法院申请再审，最高人民法院裁定提审本案。再审过程中，徐永伟以华拓公司的侵权行为仍在继续为由，将其一审诉请的赔偿数额 20 万元调整为 50 万元。最高人民法院于 2011 年 5 月 10 日判决撤销二审判决，维持一审判决，华拓公司向徐永伟另支付制止侵权的合理费用 3 万元。

最高人民法院再审认为：权利要求的作用在于界定专利权的权利边界，说明书及附图主要用于清楚、完整地描述专利技术方案，使本领域技术人员能够理解和实施该专利。而教导本领域技术人员实施专利的最好方式之一是提供实施例，但实施例只是发明的例示，因为专利法不要求、也不可能要求说明书列举实施发明的所有具体方式。因此，运用说明书及附图解释权利要求时，不应当以说明书及附图的例示性描述限制专利权的保护范围。否则，就会不合理地限制专利权的保护范围，有违鼓励发明创造的立法本意。本案专利权利要求书并未记载电筒“后端盖”，仅在说明书的实施例部分及附图部分有所提及，不能将“后端盖”作为界定本案专利权保护范围的依据。同时，专利权利要求 1 中的“可脱卸”是指电池板与罩盖之间的可脱卸以及罩盖、电池板与筒体之间的可脱卸，而后端盖的开合是指后端盖与筒体之间的可脱卸，两者并非同一涵义。此外，华拓公司在申请再审中提交的专利审查档案进一步印证，后端盖不属于本案专利所述“可脱卸连接结构”的组成构件。因此，专利权利要求中“可脱卸”部件或者连接结构等技术特征与后端盖能否开合无关。被诉侵权产品的后端盖不能通过人力打开，并不意味着其不具有专利权利要求中的“可脱卸”特征。被诉侵权产品具备了专利权利要求 1 的全部技术特征，落入本案专利权的保护范围。

**【案例2】“汽车方向盘锁”实用新型专利侵权纠纷案【（2011）民提字第248号】**

本案的基本案情是：罗士中是名称为“汽车方向盘锁”的实用新型专利（即本案专利）的专利权人。本案专利的权利要求1为：“汽车方向盘锁，包括前叉、后叉、止动杆、锁头、锁体及其内部的锁止元件，其特征在于：它还包括组合锁梁，以及锁体内部的弹性定位掣，组合锁梁的叉杆左端设有前叉，右端呈直角形的设有转轴，转轴下端插入锁体左端的垂直大孔内形成铰链连接，垂直大孔的两侧设有贯穿其中心的纵向孔，左侧的纵向孔内装有堵盖和弹性定位掣，右侧的纵向孔内装有锁止元件，转轴下端的中部设有径向凹坑，其位置与锁止元件和弹性定位掣相对应，锁体中部设有控制锁止元件的锁头，锁体右端下方设有后叉，其上方固装着止动杆的左端，组合锁梁通过铰链展开后与锁体、后叉和止动杆形成一错位的横杠，锁止元件卡在转轴的径向凹坑与锁体之间，前叉的叉口朝向左方，后叉的叉口朝向右方，两叉口非对称地撑卡在方向盘圆环上；锁头控制锁止元件退出径向凹坑开锁，组合锁梁回转180度形成与锁体及其右端的止动杆平行的折叠状，弹性定位掣弹顶在转轴的径向凹坑与锁体之间，前叉与后叉的叉口均朝向右方。”罗士中认为蓝鹰厂制造、销售的蓝鹰128#锁落入本案专利保护范围，遂提起诉讼，请求判令蓝鹰厂承担侵权责任。广东省深圳市中级人民法院一审认为，被诉侵权产品与本案专利在锁体内部结构、转轴结构以及弹性定位掣、锁止元件与转轴的配合方式方面存在不同。这种结构和配合关系的不同，导致二者在技术效果方面存在明显区别，被诉侵权产品没有落入本案专利权的保护范围。遂判决驳回罗士中的诉讼请求。罗士中不服，提起上诉。广东省高级人民法院二审认为，被诉侵权产品与本案专利权相比，两者的在锁体内部构造、转轴结构以及锁止元件、弹性定位掣与转轴操作配合方式方面均相同。一审判决始终将本案专利具体实施例与被诉侵权产品相比，比对对象错误。本案被诉侵权产品落入本案专利权保护范围。据此，判决撤销一审判决，蓝鹰厂承担侵犯专利权的法律责任。蓝鹰厂不服，向最高人民法院申请再审。最高人民法院提审本案后于2011年12月20日作出再审判决，维持二审判决，驳回了蓝鹰厂的再审申请。

最高人民法院再审认为：本案专利产品OK－310BA折叠式方向盘自动锁是本案专利实施例1的具体体现，在确定本案专利权的保护范围时，可以帮助理解权利要求的内容。但是，侵权判断时，应该防止将该具体的实施例与被诉侵权产品进行对比，以免不当地缩小专利权的保护范围。本案中，对以下技术特征是否相同或者等同存在争议：（1）锁体内部结构。本案专利权利要求中相应技术特征为：“垂直大孔的两侧设有贯穿其中心的纵向孔。”“贯穿”不是一个专业技术术语，在本案专利说明书中也没有对其含义作出特别界定，应根据其通常含义对其进行解释。《现代汉语词典》载明，“贯”的意思是“穿、贯通、连贯”，“贯穿”的意思是“穿过、连通”。因此，该技术特征的字面含义为两侧的纵向孔连通并且穿过垂直大孔中心。垂直大孔是立体的，其中心指的是其轴向中心线，而不是轴向中心线的中心。要实现这一点，垂直大孔两侧的纵向孔可以在一条直线上，与垂直大孔形成“十”形结构，也可以上下错位设置，与垂直大孔形成“Z”形结构。因为垂直大孔和纵向孔都是中空的，上述两种结构均可以实现垂直大孔两侧的纵向孔连通并且穿过垂直大孔中心。被诉侵权产品锁体内部结构的技术特征为：垂直大孔两侧的纵向孔上下错位设置，分别与垂直大孔的中心相贯通，与垂直大孔形成“Z”形结构。因此，被诉侵权产品关于锁体结构的技术特征与本案专利相同。（2）转轴结构及配合关系。本案专利权利要求中相应技术特征为：“转轴下端的中部设有径向凹坑，其位置与锁止元件和弹性定位掣相对应。”“径向凹坑”的字面含义为沿转轴直径方向凹陷的坑状结构。在权利要求中没有对径向凹坑的形状、数量及组合方式的限制，也没有对与锁止元件和弹性定位掣相对应的径向凹坑是同一个还是不同的进行限制。本案专利说明书中实施例 1 和 2 分别设置了一个和两个径向凹坑与锁止元件、弹性定位掣同时和分别对应。根据上述对锁体内部结构的分析，在垂直大孔两侧的纵向孔上下错位设置的情形下，也必定有不同的径向凹坑分别与锁止元件和弹性定位掣相对应。被诉侵权产品转轴结构的技术特征为：转轴下端分成上下两部分，错位开设两种不同滑槽分别与锁止元件和弹性定位掣相对应。位于上方的 4 个齿形滑槽（两个径向设置、两个非径向设置）与锁止元件相对应，位于下方的横截面为半圆弧形的滑槽（非径向设置）与方形弹性定位掣相对应。判断被诉侵权产品的滑槽与本案专利的径向凹坑是否相同或等同，还应该进一步确定径向凹坑的作用，而不能仅停留在其字面含义。本案专利中的径向凹坑与被诉侵权产品中的滑槽，其作用均是与弹性定位掣和锁止元件相配合，实现锁紧和开锁，以及保持组合锁梁和止动杆的折叠状态。尽管被诉侵权产品中的滑槽有些非径向设置，但其实质上和本案专利中的径向凹坑是相同的。本案专利权利要求和说明书中，对转轴转动过程中弹性定位掣的位置没有记载，也就是说没有排除在转轴转动过程中弹性定位掣始终弹顶在径向凹坑内的技术方案。被诉侵权产品弹性定位掣在转轴转动过程中，始终弹顶在横截面为半圆弧形的滑槽内，其作用也在于开锁旋转 180 度后顶在滑槽和锁体之间，保持锁体与组合锁梁折叠状态的相对稳定。在本案专利的权利要求范围内，会有不同的实施方式，不同的实施方式可能会带来技术效果上的差别，但是都落入专利权的保护范围之内。因此，在锁止元件、弹性定位掣与转轴的配合关系上，被诉侵权产品与本案专利相同，落入本案专利权保护范围。

**不管怎样，都是不能以所谓的专利产品作为确定专利保护范围依据的。根据《专利法》第 59 条的规定，发明或实用新型专利权的保护范围以其权利要求的内容为准，外观设计专利权的保护范围以表示在图片或照片中的该产品的外观设计为准，而不是所谓“专利产品”为准。所以，当前，部分人在进行侵权对比时，使用所谓的专利产品与被疑（控）侵权物进行对比，这明显是错误的。**

## 三、专利侵权判定原则

在专利侵权诉讼中，专利权的保护范围确定之后，就需要对被控侵权技术是否落入专利权的保护范围进行判断了。目前，我国与专利侵权判定相关的原则主要有：全面覆盖原则、等同原则、禁止反悔原则、捐献原则等。其中，又以全面覆盖原则为最基本原则。

**1. 全面覆盖原则**

"最高人民法院关于审理侵犯专利权纠纷案件应用法律若干问题的解释"第7条规定：人民法院判定被诉侵权技术方案是否落入专利权的保护范围，应当审查权利人主张的权利要求所记载的全部技术特征。被诉侵权技术方案包含与权利要求记载的全部技术特征相同或者等同的技术特征的，人民法院应当认定其落入专利权的保护范围；被诉侵权技术方案的技术特征与权利要求记载的全部技术特征相比，缺少权利要求记载的一个以上的技术特征，或者有一个以上技术特征不相同也不等同的，人民法院应当认定其没有落入专利权的保护范围。基于这一规定进行专利侵权判定的原则称之为全面覆盖原则。

**【案例1】"一体式勾心鞋跟"实用新型专利侵权纠纷案【(2011)民申字第630号】**

本案的基本案情是：张镇为"一体式勾心鞋跟"实用新型专利（即本案专利）的专利权人，本案专利权利要求1为：一种一体式勾心鞋跟，是由弧形勾心片与鞋跟立柱组成，其特征在于：弧形勾心片的右下端装有插头，并相互固定为一体，插到鞋跟立柱上端的孔内，鞋跟立柱的下端底部插入跟垫。张镇认为金自豪公司生产、同升祥鞋店销售的凯森牌女士高跟鞋的女士鞋底专用勾心使用了本案专利技术，遂提起诉讼，请求判令金自豪公司和同升祥鞋店承担侵权责任。内蒙古自治区包头市中级人民法院一审认为，金自豪公司生产、销售的凯森牌女士高跟鞋的鞋底来源于案外人肖厚柱，金自豪公司购买肖厚柱的鞋底产品并再加工生产和销售女士高跟鞋时，并不知道该鞋底是否为侵权产品，同升祥鞋店的行为也属于同种情形。因此，金自豪公司、同升祥鞋店生产、销售凯森牌女士高跟鞋的行为不属于侵犯专利权的行为。据此判决驳回张镇的诉讼请求。张镇不服，提起上诉。内蒙古自治区高级人民法院二审认为，本案专利弧形勾心片与插头是通过特定方式连接成为一个整体，而被诉侵权产品的弧形勾心片与鞋跟立柱为一弯折并带有凹槽的整体结构，并不存在需要通过特定方式连接的特征，故被诉侵权产品的技术特征与本案专利权利要求1的必要技术特征既不相同也不等同。据此判决驳回上诉，维持一审判决。张镇不服，向最高人民法院申请再审，理由为被诉侵权产品所依据的肖厚柱的专利技术属于对本案专利技术的等同替换。最高人民法院于2011年7月27日裁定驳回了张镇的再审申请。

最高人民法院审查认为：将被诉侵权产品技术特征与本案专利技术特征进行对比，二者均为女士勾心鞋跟，均由弧形勾心片与鞋跟立柱组成。但是，本案专利的弧形勾心片的右下端装有插头，并相互固定为一体，插到鞋跟立柱上端的孔内，而被诉侵权产品的弧形勾心片与鞋跟立柱为一整块材料弯折形成的带有凹槽整体结构，不具有本案专利弧形勾心片与鞋跟立柱通过插头连接的技术特征。因此，被诉侵权产品未落入本案专利权的保护范围。金自豪公司生产、销售使用了被诉侵权产品的凯森牌女鞋的行为，以及同升祥鞋店销售凯森牌女鞋的行为，均不侵犯本案专利权。

**【案例 2】模拟案例**

权利要求：一种电风扇，包括驱动电机和扇叶，其特征在于，该风扇还包括水平转向组件 1 和垂直转向组件 2。

说明书中记载，水平转向组件 1 用于使得驱动电机水平转向，而垂直转向组件 2 用于使得驱动电机垂直转向。通过驱动电机的水平转向和垂直转向，使得风向可以在水平面和垂直面内变化。

被控侵权产品 1：一种电风扇，包括驱动电机和扇叶，只有水平转向组件 1，而没有垂直转向组件 2。

被控侵权产品 2：一种电风扇，包括驱动电机和扇叶，还包括水平转向组件 1、垂直转向组件 2 和用于调节驱动电机高度的高度调节组件 3。

按照全面覆盖原则，被控侵权产品 1 未包含该权利要求中的垂直转向组件 2，也就是没有包含该权利要求的全部技术特征，不侵犯该专利权；而被控侵权产品 2 包含了该权利要求中的全部技术特征，可能会侵犯该专利权。

从以上案例可以看出：如果现有技术中，既没有公开水平转向组件 1，又没有公开垂直转向组件 2，则该专利的权利要求撰写可能是存在失误的。在权利要求中，同时包含了水平转向组件 1 和垂直转向组件 2，由于技术特征数量过多，导致了保护范围的缩小，从而导致了专利权人利益丧失。

**2. 等同原则**

等同原则在我国专利侵权诉讼实践中早已被应用，但直到 2001 年最高人民法院才在《关于审理专利纠纷案件适用法律问题的若干规定》[（2001）法释字第 21 号] 中第一次对等同原则作出了明确的规定。该规定明确指出，等同特征是指与所记载的技术特征以基本相同的手段，实现基本相同的功能，达到基本相同的效果，并且本领域的普通技术人员无需经过创造性劳动就能够联想到的特征。基于这一规定进行专利侵权判定的原则称之为等同原则。**等同原则的使用过程中，主观性较强，不同的技术特征划分方式以及不同的论述方式，可能对案件的审理结论产生较大影响。而且，等同原则的适用受经济环境和国家政策的影响比较大，例如，在金融危机背景下和经济向好的背景下，判断两个特征是否属于等同特征，结论可能会有所不同。**

**【案例 1】等同判断的个案性很强**

权利要求书：一种混凝土薄壁筒体构件，它由筒管和封闭筒管两端管口的筒底组成，其特征在于所述筒底以至少两层以上的玻璃纤维布叠合而成，各玻璃纤维布之间由一层硫铝酸盐水泥无机胶凝材料或铁铝酸盐水泥无机胶凝材料相黏结，筒底两侧板面亦分别覆盖有一层硫铝酸盐水泥无机胶凝材料或铁铝酸盐水泥无机胶凝材料。同样，所述筒管以至少两层以上的玻璃纤维布叠合而成，各玻璃纤维布之间由一层硫铝酸盐水泥无机胶凝材料或铁铝酸盐水泥无机胶凝材料相黏结，筒管内腔表面与外柱面亦分别覆盖有一层硫铝酸盐水泥无机胶凝材料或铁铝酸盐水泥无机胶凝材料。

**被控侵权产品1的主要技术特征：筒管由一层玻璃纤维布夹在两层水泥无机胶凝材料中，封闭筒管两端的筒底亦由水泥无机胶凝材料构成，其中没有玻璃纤维布。与涉案专利相比较，该薄壁管筒体部分少一层玻璃纤维布，筒底部分没有玻璃纤维布。**

**A. 法院经审理认为：**

涉案产品与涉案专利虽有不同，但不存在本质上的区别。该产品也是由筒管和封闭筒管两端管口的筒底组成，与涉案专利的前序部分相同。该产品筒管管壁的内部结构为两层水泥无机胶凝材料夹着一层玻璃纤维布，筒底不带玻璃纤维层，这与涉案专利关于筒管、筒底的构造在字面的描述上虽有不同，但涉案专利的主体部分是筒管，其采用水泥层间隔加有玻璃纤维布层，就使得管壁既坚固又薄，其内腔容积增加，从而大幅度减轻其构成楼层层面的重量，也就是说增加空腔容积，减轻重量，主要靠筒管壁的减轻、减薄，而筒底只起到防止水泥砂浆渗入的作用，起次要作用。同时，更说明在筒管管壁增加玻璃纤维布隔层，就能达到增加强度的功能作用，及减少壁厚增加空心体积的效果。涉案产品的具体技术特征与涉案专利独立权利要求中的必要技术特征相比，从手段上看，两者都是在水泥无机胶凝材料之间增设玻璃纤维布，本质都是在水泥层之间增加了玻璃纤维布结构，一层与两层只是数量的差别，这种差别不会引起质的变化，所以，两者的手段基本相同；从功能上看，两者增设玻璃纤维布层都起到了增加薄壁强度的功能作用，特别是起到增加薄壁受力变形拉伸强度功能，两端有堵头的薄壁筒体，受力变形主要发生在筒体管壁，两端的筒底主要起封堵作用，承受的是周向压力，壁层之间增加玻璃纤维层，并不增加筒底的抗压强度，只要在筒体管壁形成了水泥层间增加玻璃纤维层，就达到了增加变形的拉伸强度的功能，形成的功能与涉案专利的功能基本相同；从效果上看，两者都是有效地减轻了筒体的重量及楼层面的重量，效果基本相同。通过上述比较，可以看出，该领域的普通技术人员可以根据需要选择玻璃纤维层数量多少且不引起功能的本质变化的构造，无需经过创造性劳动就能想到，并达到基本相同的效果。所以，涉案产品在手段、功能和效果上，与涉案专利基本相同，构成等同。

**B. 法院在审理过程中，将案件的焦点归纳为二点：**

**第一，筒底壁层结构是否是专利的必要技术特征。**

根据专利法及实施细则，应当认为，凡是专利权人写入独立权利要求的技术特征，都是必要技术特征，都不应当被忽略，而均应纳入技术特征对比之列。不能轻率地借鉴适用所谓的“多余指定原则”。其次，从权利要求书的作用看，根据《专利法》第56条第1款的规定，发明或者实用新型专利权的保护范围以权利要求书的内容为准。权利要求书的作用是确定专利权的保护范围。即通过向公众表明构成发明或者实用新型的技术方案所包括的全部技术特征，使公众能够清楚地知道实施何种行为会侵犯专利权，从而一方面为专利权人提供有效合理的保护，另一方面确保公众享有使用技术的自由。只有对权利要求书所记载的全部技术特征给予全面、充分的尊重，社会公众才不会因权利要求内容不可预见的变动而无所适从，从而保障法律权利的确定性，从根本上保证专利制度的正常运作和价值实现。本案专利权利要求书只有一项权利要求，即独立权利要求。该独立权利要求对筒底和筒管的壁层结构分别给予了明确记载。所以，专利筒底壁层结构是必要技术特征。“筒底以至少二层以上的玻璃纤维布叠合而成，各层玻璃纤维布之间由一层硫铝酸盐水泥无机胶凝材料或铁铝酸盐水泥无机胶凝材料相黏结，筒底两侧板面亦分别覆盖有一层硫铝酸盐水泥无机胶凝材料或铁铝酸盐水泥无机胶凝材料”，是本案专利的一项必要技术特征。

故此，涉案专利的全部必要技术特征为：（1）筒管；（2）封闭筒管两端管口的筒底；（3）所述筒底以至少二层以上的玻璃纤维布叠合而成，各层玻璃纤维布之间由一层硫铝酸盐水泥无机胶凝材料或铁铝酸盐水泥无机胶凝材料相黏结，筒底两侧板面亦分别覆盖有一层硫铝酸盐水泥无机胶凝材料或铁铝酸盐水泥无机胶凝材料；（4）所述筒管以至少二层以上的玻璃纤维布筒叠套而成，各层玻璃纤维布筒之间由一层硫铝酸盐水泥无机胶凝材料或铁铝酸盐水泥无机胶凝材料相黏结，筒管内腔表面与外柱面亦分别覆盖有一层硫铝酸盐水泥无机胶凝材料或铁铝酸盐水泥无机胶凝材料。

涉案产品的筒底与专利筒底壁层结构该项必要技术特征相对比，被控侵权产品筒底的水泥无机胶凝材料中没有玻璃纤维布。显然，两者并不相同。又因被控侵权产品筒底的水泥无机胶凝材料中不夹玻璃纤维布，而专利筒底的水泥无机胶凝材料中间隔夹有至少二层以上的玻璃纤维布，两者不属于基本相同的手段，故亦不等同。仅被控侵权产品筒底的技术特征与专利相应技术特征既不相同又不等同一点，就足以判定涉案产品没有落入专利权的保护范围。

**第二，涉案产品筒管部分在水泥无机胶凝材料中夹有一层玻璃纤维布是否属于与专利相应技术特征的等同特征。**

首先，根据《专利法》第56条第1款的规定，发明或者实用新型专利权的保护范围以其权利要求的内容为准，说明书及附图可以用于解释权利要求。由于本案专利权利要求书在叙述玻璃纤维布层数时，明确使用了“至少二层以上”这种界限非常清楚的限定词，说明书亦明确记载玻璃纤维布筒的套叠层“可以少到仅两层”，故在解释权利要求时，不应突破这一明确的限定条件。应当认为，本领域的普通技术人员通过阅读权利要求书和说明书，无法联想到仅含有一层玻璃纤维布或者不含玻璃纤维布仍然可以实现发明目的，故仅含有一层玻璃纤维布或者不含有玻璃纤维布的结构应被排除在专利权保护范围之外。否则，就等于从独立权利要求中删去了“至少二层以上”，导致专利权保护范围不合理的扩大，有损社会公众的利益。其次，本案专利中玻璃纤维布层数的不同，不能简单地认为只是数量的差别，而是对于筒体构件的抗压能力、内腔容积以及楼层重量具有不同的物理力学意义上的作用。筒管部分含有“至少二层以上”玻璃纤维布，在增强抗压能力、减轻楼层重量、增加内腔容积方面达到的技术效果应优于筒管部分仅含“一层”玻璃纤维布的效果。应当认为，仅含“一层”玻璃纤维布不能达到含有“至少二层以上”玻璃纤维布基本相同的效果，故被控侵权产品筒管部分在水泥无机胶凝材料中夹有一层玻璃纤维布不属于与专利相应技术特征等同的特征，更不是相同特征。因此，被控侵权产品亦没有落入专利权的保护范围。

**被控侵权产品2的主要技术特征：一种混凝土构件，它由筒底（混凝土撑板）和筒管组成，其中筒底为仅由混凝土材料组成的圆形混凝土板；筒管仅由一层玻璃纤维束格网和水泥砂浆组成，玻璃纤维束格网和水泥砂浆胶结为一体；筒底内含于筒管管端。**

**C. 法院认为：**

被控侵权物的技术特征与本案涉案专利的技术特征相比较，可以发现，二者的制造手段都是采用水泥无机胶凝材料和玻璃纤维布层黏接、叠套而成，在功能上都是为了达到减轻楼层重量、提高防震能力、增强预应力，并具备良好的隔音效果。二者的区别在于水泥无机胶凝材料黏玻璃纤维布的层数不同，但这种区别只是数量上的增减或替换，而非产品性质的变化，这种区别作为该领域的普通技术人员无需经过创造性劳动就能联想到。

**D. 法院认为：**

涉案专利必要技术特征为（1）由筒管和封闭筒管两端管口的筒底组成的一种混凝土薄壁筒体构件；（2）筒底以至少二层以上玻璃纤维布叠合而成，各层玻璃纤维布之间由一层硫铝酸盐水泥无机胶凝材料或铁铝酸盐水泥无机胶凝材料相黏接，筒底两侧板面亦分别覆盖有一层硫铝酸盐水泥无机胶凝材料或铁铝酸盐水泥无机胶凝材料；（3）筒管以至少二层以上的玻璃纤维布筒叠套而成，各层玻璃纤维布筒之间由一层硫铝酸盐水泥无机胶凝材料或铁铝酸盐水泥无机胶凝材料相黏接，筒管内腔表面与外柱面亦分别覆盖有一层硫铝酸盐水泥无机胶凝材料或铁铝酸盐水泥无机胶凝材料。涉案产品由以下必要技术特征组成：A. 由筒管和封闭筒管两端管口的筒底组成的一种混凝土薄壁筒体构件；B. 筒底由水泥无机胶凝材料组成，没有玻璃纤维布；C. 筒管由一层玻璃纤维布夹在两层水泥无机胶凝材料中组成。将涉案产品的技术特征与涉案专利的技术特征相比较，涉案产品的必要技术特征A与专利权利要求书中记载的必要技术特征（1）是相同的，然而，涉案产品的必要技术特征B、C与专利权利要求书中记载的必要技术特征（2）、（3）并不相同。因为：第一，涉案专利的筒底以至少两层以上玻璃纤维布叠合而成，而涉案产品的筒底缺少玻璃纤维布这个技术特征；第二，涉案专利的筒管以至少两层以上玻璃纤维布叠合而成，而涉案产品的筒管仅仅有一层玻璃纤维布；第三，涉案专利的各层玻璃纤维布筒之间由一层硫铝酸盐水泥无机胶凝材料或铁铝酸盐水泥无机胶凝材料相黏接，但涉案产品由于筒底缺少玻璃纤维布和筒管仅仅有一层玻璃纤维布而不需要黏接手段。因此，被控侵权产品没有落入专利权的保护范围。

**E. 法院认为：**

涉案专利必要技术特征为：（1）一种由筒管和封闭筒管两端管口筒底构成的混凝土薄壁筒体构件；（2）筒底以至少两层以上的玻璃纤维布叠合而成，各层玻璃纤维布之间由一层硫铝酸盐水泥无机胶凝材料或铁铝酸盐水泥无机胶凝材料相黏接；（3）筒管以至少两层以上的玻璃纤维布叠套而成，各层玻璃纤维布之间由一层硫铝酸盐水泥无机胶凝材料或铁铝酸盐水泥无机胶凝材料相黏接；（4）筒管和筒底内外两面分别覆盖一层硫铝酸盐水泥无机胶凝材料或铁铝酸盐水泥无机胶凝材料。

被控侵权产品2的主要技术特征是：（1）一种由筒管和封闭筒管两端管口的筒底构成的混凝土薄壁筒体构件；（2）筒底材料为水泥和砂石，不含玻璃纤维；（3）筒管由水泥、砂石和包含其中的一层玻璃纤维束格网组成。

所以，（1）涉案产品不存在硫铝酸盐水泥无机胶凝材料或铁铝酸盐水泥无机胶凝材料相黏接；（2）涉案专利属于一项改进发明，而非开拓性发明，应严格按专刊、专利权利要求书文字记载，既然专利权利要求书中有关筒体由至少两层以上玻璃纤维布叠合、叠套组成的表述，就要严格按“至少”要求；（3）涉案产品筒体中的玻璃纤维层数没有达到至少两层以上，不构成侵权。

**3. 禁止反悔原则**

禁止反悔原则在我国专利侵权诉讼实践中早已被应用，并被“最高人民法院关于审理侵犯专利权纠纷案件应用法律若干问题的解释”第6条所明确。“最高人民法院关于审理侵犯专利权纠纷案件应用法律若干问题的解释”第6条规定：专利申请人、专利权人在专利授权或者无效宣告程序中，通过对权利要求、说明书的修改或者意见陈述而放弃的技术方案，权利人在侵犯专利权纠纷案件中又将其纳入专利权保护范围的，人民法院不予支持。

禁止反悔原则是指在专利审批、撤销或无效程序中，专利权人为确定其专利具备新颖性和创造性，通过书面声明或修改专利文件的方式，对专利权利要求的保护范围作了限制承诺或者部分地放弃了保护，并因此获得专利权。在专利侵权诉讼中，法院适用等同原则确定专利权的保护范围时，应禁止专利权人将已被限制、排除或者已经放弃的内容重新纳入专利权保护范围。即专利权人对其在申请专利、审查、无效过程中与国家知识产权局和专利复审委员会之间的往来文件中所作的承诺、放弃、认可的内容，专利权人在侵权纠纷中不得反悔。

该原则的实质是确保权利人在授权、无效宣告过程中与侵权纠纷案件中对于专利权保护范围的解释是前后一致的。专利权人对其在授权或无效宣告程序中已放弃的内容，不能在侵权纠纷案件中再纳入专利权的保护范围，也就是说，即使其客观上落入了权利要求记载的技术特征以及等同特征所确定的范围，也不应当被认定为侵犯了该权利要求的专利权。

**【案例】**

2001年12月19日，解文武向国家知识产权局申请了名称为“手机自动隐形拨号报失的实现方法”的发明专利（简称本专利）。2003年5月23日，国家知识产权局向解文武发出第一次审查意见通知书，载明：权利要求1、3、23、24、45相对于对比文件1（FR2791509）、对比文件2（JP10341281）不具备《专利法》第22条第3款规定的创造性。2003 年 7 月 25 日，解文武对专利申请文件部分内容进行修改后提交。2003 年 12 月 3 日，国家知识产权局授予专利权并予以公告，专利号为 ZL01802972. 8 号。本专利授权的权利要求书载明了 44 项权利要求，包括两项独立权利要求，即权利要求 1 及权利要求 23。

2005 年 3 月 14 日，解文武在大中电器中关村店购买海尔信鸽 3100 手机（海尔彩智星 Z3100 手机）一部，并取得大中电器公司销售专用票、发票及手机宣传单。经实际操作，解文武发现该手机具有的“智能防盗”功能，不仅是对其发明专利的仿制，且存在难以防盗报失的技术障碍，遂向北京市第一中级人民法院提起诉讼。请求法院判令海尔通信公司、大中电器公司停止销售海尔信鸽 3100 手机（海尔彩智星 Z3100 手机）。解文武主张该手机的智能防盗方法侵犯了本专利的独立权利要求 1。

根据法院当庭组织各方当事人对该手机智能防盗方法进行的勘验及手机用户使用指南记载的内容，将其与本专利权利要求 1 的 4 项必要技术特征相比较，存在以下区别：本专利在检测数据或电话号码不一致时，可正常使用并按设定的功能参数自动隐形拨号；海尔彩智星 Z3100 手机在插入非法用户卡后不能正常使用，并在预定时间内显形拨号。解文武主张非法用户不能正常使用的情形系对本专利的变劣，故海尔彩智星 Z3100 手机的智能防盗方法与本专利的技术特征等同，应适用等同原则判定该手机的智能防盗方法侵犯本专利权。海尔通信公司则主张由于解文武在专利审批阶段对权利要求 1 进行了部分限定和放弃，在侵权诉讼中应禁止反悔。

北京市高级人民法院于 2001 年 9 月印发的《专利侵权判定若干问题的意见（试行)》第 44 条规定：当等同原则与禁止反悔原则在适用上发生冲突时，即原告主张适用等同原则判定被告侵犯其专利权，而被告主张适用禁止反悔原则判定自己不构成侵犯专利权的情况下，应当优先适用禁止反悔原则。由于原告主张的等同原则与被告主张的禁止反悔原则在适用上发生冲突，参照北京市高级人民法院《专利侵权判定若干问题的意见（试行)》的规定，本案应优先适用禁止反悔原则。根据解文武在本专利实质审查阶段向国家知识产权局提交的第一次审查意见通知书的意见陈述书，可以认定，非法用户可以正常使用与非法用户不能正常使用是两种效果完全不同的技术方案。解文武系在明确将非法用户不能正常使用的情形排除在本专利保护范围之外的情形下，才获得本专利权。在侵权诉讼中，解文武主张非法用户不能正常使用的情形系对本专利的变劣，故被控侵权产品的方法与本专利的技术特征是等同的，该主张被法院认定为是解文武对自己在专利审批阶段陈述的反悔，不予支持。

**4. 捐献原则**

捐献原则是由“最高人民法院关于审理侵犯专利权纠纷案件应用法律若干问题的解释”第 5 条所明确的。“最高人民法院关于审理侵犯专利权纠纷案件应用法律若干问题的解释”第 5 条规定：对于仅在说明书或者附图中描述而在权利要求中未记载的技术方案，权利人在侵犯专利权纠纷案件中将其纳入专利权保护范围的，人民法院不予支持。

具体来讲，捐献原则是指，对于说明书记载而权利要求未记载的技术方案，视为专利权人将其捐献给社会公众，不得在专利侵权诉讼中主张上述已捐献的内容属于权利要求的保护范围。这一规定使得即使根据等同原则判断应该属于权利要求的技术特征的等同特征的技术信息，可能会因为仅被记载在了说明书中而不能被认定为属于权利要求的技术特征的等同特征。

结合全面覆盖原则分析，可以看出，对功能性限定的技术特征而言，除了要对说明书中记载的、用以支持该权利要求的多个具体实施方式进行合理布局，尽量多的记载差异较大、难以被认定为相互近似或等同的实施方式之外，还需要注意，将这些实施方式以合适的方式记载到权利要求书中，例如，将每一具体实施方式列为一项从属权利要求。

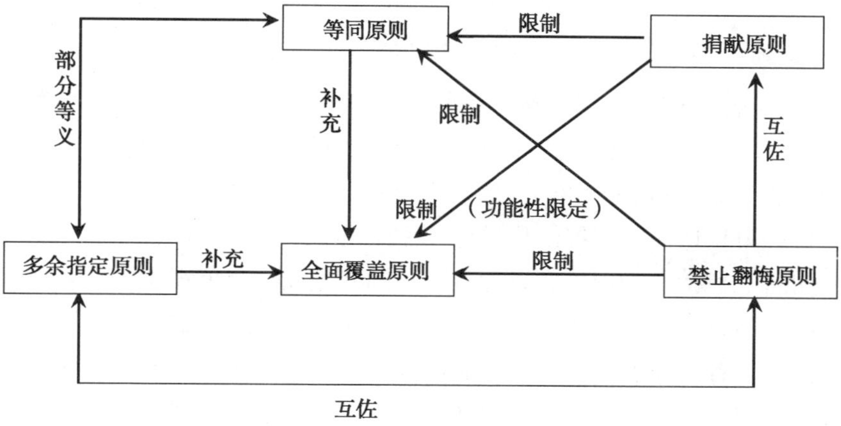


**图 4－2　专利侵权判定原则之间的关系简图**

图 4－2 中所显示出来的“多余指定原则不得被适用”，这本身也是一个原则。

**由以上内容可以看出，各侵权判定原则之间存在着相互补充和相互制约的关系。在实务操作中进行侵权判断的时候，应慎之又慎，需要对各侵权判定原则统一考虑，并结合当时的政策环境，再最终得出是否侵犯专利权的结论。尤其是在我国当前“加强保护、分门别类、宽严适度”的知识产权司法政策环境下，在技术特征等同和间接侵权等判断方面，结果的可预期性大大降低，所以，从严谨性和科学性角度出发，在相关司法判决生效前，对是否侵权可给出倾向性的结论，但不应轻易给出确定的结论。**

**5. 多余指定原则**

所谓多余指定原则，通俗讲，就是指，在进行侵权判定时，通过将权利要求中的某个技术特征认为是非必要的和多余的，从而使得在被控侵权物不包含该技术特征的情况下，仍被认定为侵犯专利权。多余指定原则在专利侵权诉讼的司法实践中得以适用，其典型案例莫过于周林频谱仪一案中的音乐伴奏被确定为多余的技术特征。由于多余指定原则与专利法以及其他专利侵权判定原则的冲突严重，最高人民法院在 2005 年提审的一个专利侵权纠纷案中指出“本院不赞成轻率地适用所谓‘多余指定原则’”，并在 2009 年 12 月 21 日通过的最高人民法院关于审理侵犯专利权纠纷案件应用法律若干问题的解释中予以了彻底否定。

**6. 变劣侵权**

变劣侵权是指，实施的技术故意省略专利权利要求书中个别必要技术特征，从而使其技术方案丧失与该必要技术特征相对应的功能或在其效果上不如专利技术方案优越的行为。该原则的理论基础与多余指定原则有些相同之处，也已经基本不予采用。但是，将变劣侵权的主张变更为等同侵权的主张，有时候则会获得法院的支持。只是，**在2009年12月21日通过的最高人民法院关于审理侵犯专利权纠纷案件应用法律若干问题的解释对全面覆盖原则再次明确之后，是否仍然可以借用等同原则来实现对变劣侵权的认定，是个值得关注的问题。**

**【案例】**

“颅内血肿粉碎穿刺针”实用新型专利涉及一种用于颅内手术的医疗器械，比较广泛地应用于临床。被告侵权产品为“微创硬通道颅内穿刺针”，与涉案专利比较，不包括“血肿粉碎器”这一部件。

一审法院经审理认为，被告销售的“穿刺针”与涉案专利比较，不包括“血肿粉碎器”这一部件，因此不构成侵犯万特福公司的专利权。二审程序中，被告承认，在实际使用时，必须同时使用普通注射器，才是一套完整的医疗器械。由于使用该产品的用户均为医疗单位，普通注射器可以随时取得，故该产品中无需配置。二审法院认为，在判断是否存在侵权行为时，不仅要考虑制造、销售时产品的状态，有时还要考虑该产品使用时的状态。被控侵权产品相对于本案专利技术而言，在技术效果上，基本上能够实现本案专利所提出的通过微创穿刺术来清除颅内固态血肿这一发明目的，但属于变劣技术方案。被控侵权物经省略“血肿粉碎器”这一必要技术特征后，用普通注射器加以替代之，虽然优于涉案专利申请前的已有技术，但其技术效果明显低于专利技术。因此，本案应当适用等同原则，认定被告销售“穿刺针”产品的行为侵犯了万特福科技公司的专利权。

**7. 间接侵权**

对于间接侵权，我国法规中并没有直接的规定。间接侵权是专利法中最棘手的问题之一。这是因为一方面它需要给专利权人提供充分的法律保护；另一方面又要防止出现专利权保护过度，以至于不适当地限制他人正常的生产经营活动。如何确定专利权保护的平衡点并不是一件容易的事情。我国在建立专利制度初期，因各方面经验相对欠缺，未规定专利间接侵权。在2001年第二次修订专利法时，国家知识产权局曾建议增加禁止专利间接侵权的条款，但由于这次修法是为了达到TRIPS协议之最低标准，而TRIPS协议又没有规定专利间接侵权，因此国务院在报全国人大常委会的《专利法》修改草案中删除了该建议条款，2008年的第三次修改中，也没有涉及该问题。虽然我国立法上没有明确规定专利间接侵权制度，但司法实践从1993年至今已审理了多起专利间接侵权纠纷。

**【案例1】ZL00103523.1号发明专利侵权纠纷案**

ZL00103523.1号发明专利的名称为“分体式冷热水机组”。

涉案产品与专利技术相比缺乏“制冷连接管”这个部件；涉案产品的循环泵的下面相应于换热器出水口的位置处有一个排水口，而涉案专利技术中没有这个排水口。

对此，专利权人提出的反驳主张为：虽然涉案产品中没有“制冷连接管”这个部件，但在被告约克广州空调冷冻设备有限公司销售的涉案产品的《安装、操作和维护手册》中对室内、外机组制冷连接有明确的技术提示，即须“配管连接通常先连接室内机，后连接室外机”。根据上述技术提示，“制冷连接管”是涉案产品在使用时不可或缺的一个部件，而且在市场上很容易就能买到，故不能因原告购买的涉案产品中没有“制冷连接管”这个部件就认为涉案产品缺乏一个必要的技术特征。另外，涉案产品虽然在循环泵的下面相应于换热器出水口的位置处有一个排水口，但根据专利侵权判定原则，涉案产品仅比专利技术多出一个技术特征，仍应认定约克公司制造、销售的涉案产品完全落入了原告专利保护范围内，构成侵权。法院支持了原告的主张，判定被告侵犯原告专利权。

**【案例2】ZL95200055.5号实用新型专利侵权纠纷案**

“缝纫机用拉布装置的安装装置（专利号为ZL95200055.5）”实用新型专利的专利权利要求是，一种缝纫机用拉布装置的安装装置，包含缝纫机、拉布装置及一安装构造。安装装置的特征在于其中所述的导槽为燕尾槽，且上述导轨为燕尾轨。专利的说明书中对该安装装置如何与各种缝纫机固有的构造相配合作了多处描述，并配有附图。拉布装置、安装结构和缝纫机共同构成原告实用新型的全部必要技术特征。

被告上海长江服装机械厂（以下简称长江厂）是被告上海航空测控技术研究所（以下简称航空所）下属分支机构。两被告生产、销售了TBJ－2产品，使用说明书封面印有缝纫机、拉布装置和安装装置组合形态的实物照片，说明书对如何组装安装装置以及如何将安装装置与缝纫机、拉布装置进行组合作了清晰的图文说明。将该产品特征与原告专利技术特征相比较，产品不具备缝纫机的技术特征，但具备其余所有技术特征。

法院认为，这种生产专利组件的行为构成专利间接侵权。首先，被告的产品是专利产品的主要组件，无其他用途。专利技术方案包括缝纫机、拉布装置、安装装置三大部分，同步牵引机涵盖了拉布装置、安装装置的技术特征，其和缝纫机组合即构成专利产品。而且根据专利文件，同步牵引机就是与缝纫机配合起来实现功能和效果的，故其脱离缝纫机并无独立使用的价值，也不能用作其他用途。被告同时生产、销售同步牵引机和缝纫机（被告分别销售两产品而没有组装是为了规避直接侵权）的行为本身也体现了同步牵引机的专用性。其次，被告主观上具有故意。被告在产品说明书中明确告知客户，该产品专用于同各种类型缝纫机的配合使用，并以图文结合的方式详细说明同步牵引机与缝纫机组合方法，故其在主观上完全具备促成直接侵权的意图。客户购买同步牵引机用于同缝纫机的组合使用或销售等结果也是显而易见的。再次，实用新型专利权被授予后，未经专利权人许可，为生产经营目的制造、使用、许诺销售、销售、进口其专利产品是专利侵权行为，故客户组合使用的行为构成专利法上的直接侵权，两被告生产、销售同步牵引机的行为自然导致侵权结果的发生，其间接侵权的责任不能免除。

实务中，对于间接侵权行为的起诉，一般借用有关共同侵权的规定。这必须以有直接侵权行为存在为前提。人民法院的审判实践中，认定行为人构成间接侵权并判决其承担侵权责任适用的法律依据为：

《民法通则》第 130 条：二人以上共同侵权造成他人损害的，应当承担连带责任。

《最高人民法院关于贯彻执行〈中华人民共和国民法通则〉若干问题的意见（试行)》第 148 条：教唆、帮助他人实施侵权行为的人，为共同侵权人，应当承担连带民事责任。

《侵权责任法》第 8 条：二人以上共同实施侵权行为，造成他人损害的，应当承担连带责任。

从我国目前认定专利间接侵权行为的法律依据上看，间接侵权人在性质上是共同侵权人，因此在法律认定上，间接侵权行为成立的前提应是被教唆或帮助的人实施了直接侵权行为。从我国的司法实践来看，专利权人提起侵权诉讼时，一般都把直接侵权人和间接侵权人列为共同被告。法院在审理侵权案件时，如果发现有间接侵权人的时候，通常会通知原告，由原告请求法院把间接侵权人追加为共同被告。如果专利权人只对间接侵权人提起侵权诉讼的话，专利权人必须向法院提供证据，证明直接侵权的存在。专利制度较为发达的美国也基本采用了这种做法。间接侵权行为与直接实施专利技术的行为之间必须具有某种“密切”的因果关系，只有这种因果关系的存在，行为人才需要承担一定的连带责任。

虽然间接侵权很可怕，但是也不应盲目悲观。虽然对付间接侵权的办法不多，但总还是有办法的。就目前来看，因为相关法规还不完善，**可以有效回避间接侵权风险的最好办法就是在申请之初就把专利申请文件写好，写到每一个中间专用部件（产品）都单独获得保护的程度，不给间接侵权的存在留机会。**

最典型的例子就是化学领域的“中间体”，如果在专利文件中只是保护了最终化合物或者其制备方法，而没有对中间体单独进行保护，无疑就是给间接侵权打开了方便之门。对于一个存在漏洞的专利文件，最终的结果不只是“中间体”得不到保护了，而且极有可能是对最终产品的制备方法的保护也形同虚设了，因为最终实施该专利技术的人完全可以通过购买中间体的办法来回避全面覆盖制备方法专利权的全部必要技术特征。甚至在部分产品上可能会发生产品保护也形同虚设的情况，例如，对于一些专利保护的产品，可能会有人通过生产其上游产品出售后让消费者自己完成由此上游产品获得最终专利保护产品的过程的办法来回避专利权。

## 四、不侵权之诉

确认不侵权之诉在一些发达国家是相当普遍的，是指被指控侵权的一方请求法院作出宣告式判决。这种宣告式判决的意义在于将潜在的被控侵权人从权利人的威胁之下解脱出来。由于专利相关法律法规以及司法解释规定的都是权利人在受到他人的不法侵害以及即将发生的不法侵害时，权利人可以请求法院给予相应的法律保护，却没有规定权利人滥用权利或对被控侵权人不正当限制时，被控侵权人可以采取哪些法律手段来保护自身的权利。导致一些权利人为了干扰竞争对手，发布警告信、在公开媒体上发表声明，或以起诉相要挟。但是何时启动诉讼完全取决于权利人，也许权利人根本没打算起诉，从而使被控侵权人处于被动地位，是否侵权处于不确定的状态。为了平衡专利权人和被控侵权人之间的利益冲突，使专利侵权不确定状态予以明确，越来越多的被控侵权人请求法院确认不侵权。

以前，我国法律并无关于确认不侵权之诉的任何规定。2002 年 7 月 12 日最高人民法院民事审判第三庭作出的《关于苏州龙宝生物工程实业公司与苏州郎力福公司请求确认不侵犯专利权纠纷案的批复》，被认为是我国确认不侵权之诉的法律依据。该批复认为，该案已经符合《民事诉讼法》第 108 条之规定，即，原告与本案有直接的利害关系、有明确的被告、有具体的诉讼请求和理由、属于人民法院受理民事诉讼的范围和受诉人民法院管辖，人民法院应当受理。该批复进一步明确，原告向人民法院提起诉讼的目的，只是针对被告发函指控其侵权的行为而请求法院确认自己不侵权，并不主张被告的行为侵权并追究其侵权责任，因此，以请求“确认不侵权纠纷”作为案由，更能直接地反映当事人争议的本质，体现当事人的请求与法院裁判事项的核心内容。然而，该批复并未明确确认不侵权之诉的制度设计目的，这也为以后法院对此类案件的处理产生分歧埋下了伏笔。自 2008 年 4 月 1 日施行的《民事案由规定》中的第 152 个案由为确认不侵权纠纷，最高法院并将此类纠纷定义为“利益受到特定知识产权影响的行为人，以该知识产权权利人为被告提起的，请求确认其行为不侵犯该知识产权的诉讼”。至此，确认不侵权纠纷作为三级案由正式为最高人民法院所认可，最高人民法院审判委员会也在 2009 年 12 月 21 日通过的“最高人民法院关于审理侵犯专利权纠纷案件应用法律若干问题的解释”第 18 条中对此予以了明确。该条规定：权利人向他人发出侵犯专利权的警告，被警告人或者利害关系人经书面催告权利人行使诉权，自权利人收到该书面催告之日起 1 个月内或者自书面催告发出之日起 2 个月内，权利人不撤回警告也不提起诉讼，被警告人或者利害关系人向人民法院提起请求确认其行为不侵犯专利权的诉讼的，人民法院应当受理。

**专利权人在处置专利纠纷时，一定要注意避免促成不侵权之诉的成立要件。**例如，在一案件中，B 公司在发起对 A 公司的专利侵权诉讼之后，在 A 公司口头同意进行和解谈判之后，B 公司随即将诉讼案件撤诉。然而，两个月后，B 公司等到的不是和解谈判，而是法院转来的 A 公司请求确认不侵犯 B 公司专利权之诉的起诉书。该案件是在

“关于审理侵犯专利权纠纷案件应用法律若干问题的解释”出台之前的2007年。**由此案件也可以看出，“关于审理侵犯专利权纠纷案件应用法律若干问题的解释”中有关确认不侵权之诉的规定可能是存在值得商榷之处的。**权利人向他人发出侵犯专利权的警告后不起诉可以触发不侵权之诉的成立，权利人对他人发起专利侵权诉讼后又撤诉，被诉侵权人却不能发起不侵权之诉，这明显是不合适的。发起专利侵权诉讼与发出侵犯专利权的警告相比，性质要严重得多，但是，被诉侵权人却不能在专利权人撤回专利侵权诉讼之后发起不侵权之诉。如果专利权人过一段时间就起诉一次，然后撤诉，再过一段时间再起诉一次，又撤诉，如此循环，给他人的生产经营活动造成的影响，要比发出侵犯专利权的警告岂不是会严重得多？虽然司法解释中没有将专利权人起诉后又撤诉作为发起不侵权之诉的条件，但是，举轻以明重，在专利权人发动专利侵权诉讼之后又主动撤回诉讼的情形下，法院应当也会赋予被诉侵权人对专利权人提起确认不侵权之诉的权利。但司法解释中还是有必要直接对该情形予以明确。

## 五、专利诉讼技巧

专利侵权诉讼是一个对抗性很强的法律事件。在这个过程中，原被告双方为了尽量增大获胜的概率，一般会预先制定良好的诉讼策略，大量使用各种诉讼技巧。

**作为起诉方，一般会从证据的获取、证据链的形成、起诉法院的选择、起诉的时机、起诉对象的选择、起诉的诉求、起诉所用权利的选择、不侵权之诉的避免和司法鉴定制度的运用等多角度综合考虑。**

在证据获取方面，除了公证购买这一主流方式外，对于一些特殊产品，还可以通过海关扣押、行政执法等手段获取侵权证据。为此，对于涉及出口的产品，将相关专利进行海关备案就是十分必要的。当专利权人要获取侵权证据存在困难时，通过行政执法程序，由行政执法机关协助进行证据获取，也不失为一种选择。

在起诉法院的选择方面，由于实务中，各地法院对专利侵权案件的审理标准存在差异，一般会通过制造销售行为发生地的方式来选择对专利权人比较有利的管辖法院。

在起诉时机的选择方面，一般有在侵权行为尚未获得利润之前和待侵权行为获得大额利润之后两种时机的选择。在侵权行为尚未获得利润之前，对侵权人发动专利侵权诉讼，有助于及时遏制侵权行为的扩散，但由于侵权人尚未获得利润或所获利润较少，所能主张的侵权赔偿额会较低，甚至难以补偿侵权诉讼的成本支出，而且，专利产品的市场培育工作需要由专利权人自己来完成。待侵权行为获得大额利润之后，对侵权人发动专利侵权诉讼，虽然可以借用侵权人的力量来培育专利产品的市场，并可能会获得较大数额的赔偿，但是，此时的侵权行为往往会已经呈蔓延之势，很难实现对侵权行为的全面清除。

在起诉对象的选择方面，一般有起诉实力比较雄厚的侵权人还是起诉实力比较薄弱的侵权人，以及单独起诉一个侵权人还是同时起诉多个侵权人这两方面的选择。在同时存在多个侵权人时，起诉实力比较雄厚的侵权人，可以在打击该侵权人的同时，对其他实力较弱的侵权人起到敲山震虎的效果，但是，由于被诉方实力较强，专利权人赢得诉讼的难度一般较大；如果起诉实力比较薄弱的侵权人，由于被诉方实力较弱，专利权人赢得诉讼的概率较大，同时也可以在一定程度上对实力较强的侵权人造成杀鸡骇猴的效果。在同时存在多个侵权人时，如果单独起诉一个侵权人，一般会比同时起诉多个侵权人更容易赢得诉讼，然后通过既有案例来影响后续案件的审理，则相对比较容易获得预期的判决结果。同时起诉多个侵权人，比单独起诉一个侵权人影响力要大得多，对企业的宣传效果也就会好得多，但较难成功，例如威尔曼专利案和解百纳商标案。

在起诉的诉求方面，比较简单，当前专利侵权诉讼的诉求主要就是停止侵权和赔偿损失。但是，对于赔偿损失诉求的灵活运用，有时候也会取得不错的效果，例如在企业宣传方面。

在起诉所用权利的选择方面，主要是指在侵权人同时侵犯多项专利权的情况下，用发明专利权还是用实用新型/外观设计专利权去起诉，用经过了专利权无效宣告程序维持有效的专利权还是用没有经过专利权无效宣告程序的专利权去诉讼，以及只用一项专利权去起诉还是同时用多项专利权去诉讼等方面的选择。与用实用新型/外观设计专利权起诉相比，用发明专利权去起诉，涉案专利权被无效掉的概率会小得多，而且，一般而言，判定的赔偿数额也会略高一些。与用没有经过专利权无效宣告程序的专利权去诉讼相比，用经过了专利权无效宣告程序维持有效的专利权去发动专利侵权诉讼，案件以涉案专利被宣告无效的方式结案的概率会小得多。相对于只用一项专利权去起诉而言，同时用多项专利权去诉讼时，被诉侵权方的应诉压力会大得多，专利权人在诉讼审理以及和解谈判中的优势也就会更明显，但是，同时用多项专利权去诉讼所获得赔偿数额累加可能会比多项专利权前后多次发动专利侵权诉讼所获得赔偿数额累加要少一些。

不侵权之诉的避免，主要是专利权人有在发动侵权诉讼前与侵权人进行和解谈判意愿时应当注意考虑的一个方面，尤其是采取发送警告函等可能会对对方的正常经营活动造成负面影响的行为时，更应当注意考虑该问题。一定要在将包括侵权证据和技术特征对比等起诉材料都准备齐全的情况下，再让对方知晓该事件，而不应轻易发出警告函或律师函，以防止在对方发出催促起诉的函件之后，因为准备不足而无法及时起诉，导致对方发起确认不侵权之诉。同时，在各种起诉材料都准确齐全的情况下再让对方知晓该事件，可以增加对方的压力，使得专利实施许可谈判能够速战速决，以有效压缩对方进行回避设计的时间，从而为许可谈判赢得更大优势。

恰当运用司法鉴定制度，对于取得预期的专利侵权诉讼案件判决结果，也可能会有重大的帮助。

**作为被诉方，要对被诉专利侵权案件有个正确的认识。俗话说，常在河边走哪有不湿鞋。在当今这个专利林立的社会中，作为经营主体，偶尔被诉专利侵权是很正常的事。只要从管辖权异议，质疑涉案专利的有效性，诉讼时效，诉讼主体资格，被诉资格，法规的适用，证据的三性，责任的性质，侵权认定、依据《专利法》第 69 条的免责，现有技术抗辩，合同抗辩、赔偿的数额，改头换面、另起炉灶，反诉对方侵权，以**

**及不侵权之诉的应用等多角度综合考虑其应诉策略即可。**

不管是起诉方还是被诉方，都应对最高人民法院发布的相关指导性案例给予足够的重视。

## 第四节　专利诉讼案例

**【案例1】起诉用权利及起诉对象的选择**

**三一重工股份有限公司与莱阳市鸿达筑路机械制造有限公司、烟台汽车制造厂侵犯专利权纠纷案**

原告三一重工股份有限公司（以下简称三一公司）于2001年11月1日向国家知识产权局申请名称为“易更换砼活塞的泵送机构”实用新型的专利，该申请于2002年12月18日予以公告授予实用新型专利权，专利号为ZL01257266.7。该专利独立权利要求为：“一种易更换砼活塞的泵送机构，包括输送缸、砼活塞、水箱、主油缸活塞杆、主油缸、其在于砼活塞直接与主油缸活塞杆连接，将主油缸的行程加长，主油缸的尾端连接限位活塞油缸，限位活塞油缸内有限位活塞，限位活塞油缸连接换向阀，由换向阀通过单向阀连接压力油源。”

被告莱阳市鸿达筑路机械制造有限公司（以下简称机械公司）、烟台汽车制造厂（以下简称汽车厂）、山东鸿达建工集团有限公司（以下简称建工公司）利用原告的专利技术制造混凝土泵车并进行销售获取了巨额利润。被告烟台市莱阳公路管理局（以下简称公路局）购买了专利侵权产品进行生产经营。四被告的行为侵犯了原告的专利权，给原告造成巨大的损失。故诉至法院，请求判令四被告立即停止侵犯原告专利权的行为并赔偿原告经济损失50万元等。

被告机械公司和被告建工公司辩称，被告机械公司使用的与原告ZL01257266.7“易更换砼活塞的泵送机构”专利技术中的“油缸”产品，属于“使用不知道是未经专利权人许可而制造并售出的专利产品，并且能证明其合法来源”，依法不承担赔偿责任。被告机械公司在混凝土泵车上所使用的与原告ZL01257266.7“易更换砼活塞的泵送机构”专利技术特征相同的的产品中的“油缸”是从常德鼎力液压油缸制造有限公司购买的。被告机械公司的行为是使用不知道是未经专利人许可而售出的专利产品，根据《专利法》第63条规定，被告机械公司的行为不构成专利侵权或者不承担赔偿责任。请求依法驳回原告对被告机械公司和被告建工公司的诉讼请求。

被告汽车厂答辩意见与被告机械公司、被告建工公司一致。

被告公路局辩称：（1）被告公路局没有“假冒”和“冒充”对方专利，不构成侵权；（2）被告公路局购买使用的产品，手续齐全，渠道正当，来源合法，不承担“专利侵权赔偿”责任。

一审法院判决：

被告莱阳市鸿达筑路机械制造有限公司和被告山东鸿达建工集团有限公司于本判决生效之日起，立即停止生产、销售含有侵犯原告三一重工股份有限公司 ZL01257266.7 专利权的被控侵权物的混凝土泵车的行为；

被告莱阳市鸿达筑路机械制造有限公司和被告山东鸿达建工集团有限公司于本判决生效之日 10 日内赔偿原告三一重工股份有限公司经济损失 30 000元；

被告烟台汽车制造厂于本判决生效之日起停止销售含有侵犯原告三一重工股份有限公司 ZL01257266.7 专利权的被控侵权物的混凝土泵车的行为；

被告烟台市莱阳公路管理局于本判决生效之日起停止使用含有侵犯原告三一重工股份有限公司 ZL01257266.7 专利权的被控侵权物的混凝土泵车的行为。

[参见烟台市中级人民法院民事判决书（2006）烟民三初字第 6 号]

依据 ZL01257266.7 专利权，三一重工股份有限公司还分别启动了与莱阳市鸿达筑路机械制造有限公司、烟台汽车制造厂、山东鸿达建工集团有限公司、龙口市中允混凝土有限公司侵犯专利权纠纷案［参见烟台市中级人民法院民事判决书（2006）烟民三初字第 16 号］，和与莱阳市鸿达筑路机械制造有限公司、山东鸿达建工集团有限公司、龙口市众力市政工程有限公司侵犯专利权纠纷案［参见烟台市中级人民法院民事判决书（2006）烟民三初字第 22 号］。与烟台市中级人民法院（2006）烟民三初字第 6 号案件相比，除被告存在差别外，其他案情基本相同，判决结果也基本相同。

**通过以上系列案件，可以看出，在 ZL01257266.7 号实用新型专利权的稳定性得到确认后，三一公司在系列案件中，对该实用新型专利实现了重复利用。**

**被告鸿达公司面对三一公司的起诉，似有应对乏力之状。三个案件中，赔偿主体均为鸿达公司，赔偿原因均为落入 ZL01257266.7、名称为“易更换砼活塞的泵送机构”的实用新型专利权保护范围的同一产品，被告并没有对此提出异议，而是分别被三个判决责令赔偿了三个 30 000元。这种状况，是否与鸿达公司与三一公司的实力对比有关，是个值得思考的问题。**

### 【案例 2】对证据的合理质疑与起诉资格抗辩

原告对一款放大镜分别拥有一项实用新型专利权和一项外观设计专利权，是专利权人。

被告为被诉侵权之放大镜的销售商。

原告分别依据其所拥有的实用新型专利权和外观设计专利权向法院提起诉讼。在两个案件中，分别请求法院判令被告停止侵权行为并赔偿损失 30 000元和原告为本案的合理支出 21 800元（律师费 20 000元，公证费 1 800元）。

原告为证实其主张，提供了购买被诉侵权产品的公证书及公证费发票（ 1 800元）、律师费发票（记载的收费项目为律师费，单价为 20 000元，数量为 1，金额为 20 000

元）以及实用新型专利权和外观设计专利权的专利实施许可合同各一份。其提供的实用新型专利权和外观设计专利权的专利实施许可合同中均记载有如下信息：许可方式为独占实施许可，许可费 10 000元人民币，许可期限 10 年，专利实施许可合同有效期内，若发现侵权行为，由被许可方负责向人民法院提起诉讼。

被告在庭审过程中，提出了如下质疑：

专利实施许可合同有效期内，若发现侵权行为，由被许可方负责向人民法院提起诉讼。所以，本案原告（专利权人）无起诉资格。

专利实施许可合同中约定的许可费为 10 000元人民币，许可期限为 10 年。也就是说，每年的许可费平均只有 1 000元。所以，即使按照司法解释规定的，专利实施许可费的 3 倍这一最高标准，按侵权期限 2 年计算，也不应超过 6 000元。故原告所主张的 30 000元赔偿没有依据。

由于原告所提供的专利实施许可合同中约定的许可费为 10 000元人民币，所以，即使其在该专利侵权诉讼中获胜，可预期的赔偿金额也不超过 6 000元，两个案件合计也不超过 12 000元。而原告所提供的律师费发票所标明的律师费却高达 20 000元，远远超出原告在本案中的预期收益。这明显不符合常理。而且，原告所提供的律师费发票所记载的收费项目并没有标明其收费为本案的律师费，其所记载的数量为“1”，而原告在诉状中主张，该律师费发票为实用新型专利权和外观设计专利权两个侵权纠纷案件的律师费。所以，被告对原告所提供的律师费发票与本案的关联性提出质疑。

原告所提供的购买侵权产品的公证书及公证费发票（ 1 800元）、律师费发票（20 000元）均只有一份，而原告却在侵犯实用新型专利权和外观设计专利权的两个案件中分别主张，要求被告支付这些费用，属于明显地对同一费用的重复主张。故原告要求被告支付公证费和律师费的主张不能成立。

### 【案例3】先用权抗辩

**申请再审人江西银涛药业有限公司（以下简称银涛公司）与被申请人陕西汉王药业有限公司（以下简称汉王公司）、一审被告西安保赛医药有限公司（以下简称保赛公司）侵犯专利权纠纷案【（2011）民申字第 1490 号】**

本案的基本案情是：汉王公司是名称为“一种具有降压、降脂、定眩、定风作用的中药组合物及其制备方法和其用途”的发明专利（即本案专利）的专利权人。汉王公司发现银涛公司生产、销售的“强力定眩胶囊”药品处方、工艺、剂型以及主治功能等与本案专利相同，遂提起本案诉讼，请求判令银涛公司承担侵权责任。经技术特征比对，“强力定眩胶囊”药品处方、制备方法和用途均落入本案专利权保护范围。银涛公司对此提出先用权抗辩，并提交了如下证据：一是江西省食品药品监督管理局于本案专利申请日前向其出具的“强力定眩胶囊”药品注册申请受理通知书以及银涛公司申请药品注册时所报送的《“强力定眩胶囊”申报资料项目》资料，该资料的药学研究资料部分记载了“强力定眩胶囊”的处方、制备方法、用途；二是江西省药检所《药品注册检验报告表》及附件，该报告表及附件显示银涛公司于本案专利申请日前生产了三批“强力定眩胶囊”样品供申请注册检验使用；三是《药品生产许可证》和《药品 GMP 证书》，表明其在申请注册“强力定眩胶囊”时即已具有“胶囊剂”生产线。陕西省西安市中级人民法院一审认为，证据一中的“药品注册申请受理通知书”中注明“本件不得作其他证明使用”，同时银涛公司不能证明其所有的“胶囊剂”生产线是为生产被诉侵权药品所购买，银涛公司先用权抗辩不成立，故判决银涛公司承担侵权责任。银涛公司不服，提起上诉。陕西省高级人民法院二审认为，银涛公司虽然在本案专利申请日前申请注册被诉侵权药品，但是能否获得批准有待审查。而且，银涛公司是在本案专利申请日之后才取得药品注册批件，获准生产被诉侵权药品。因此，银涛公司的主张不符合先用权抗辩的条件。遂判决驳回上诉，维持一审判决。银涛公司不服，向最高人民法院申请再审。最高人民法院于 2011 年 12 月 13 日作出裁定，指令陕西省高级人民法院再审本案。

最高人民法院审查认为：根据《最高人民法院关于审理侵犯专利权纠纷案件应用法律若干问题的解释》第 15 条第 2 款的规定，先用权是否成立，关键在于被诉侵权人在专利申请日前是否已经实施专利或者为实施专利做好了技术或者物质上的必要准备。从银涛公司提交的主张先用权抗辩的证据来看，在本案专利的申请日前，银涛公司已经完成了生产被诉侵权产品的工艺文件，具备了相应的生产设备，应当认定银涛公司在本案专利申请日前为实施本案专利做好了制造、使用的必要准备。至于银涛公司何时取得“强力定眩胶囊”药品生产批件，是药品监管的行政审批事项，不能以是否取得药品生产批件来判断其是否做好了制造、使用的必要准备。

# 第五章　企业专利工作

## 本章应掌握的重点

1. 专利挖掘的主体
2. 专利挖掘的原则与方法
3. 专利挖掘的注意事项
4. 商业秘密与专利的差别
5. 针对单一产品的专利申请策略
6. 单项专利申请的申请策略
7. 从专利应用本身区分的专利战略
8. 从专利为技术创新服务的角度区分地看专利战略
9. 两种常见的知识产权管理团队组织架构
10. 集团型企业的专利管理模式
11. 专利检索的常规方法
12. 被诉专利侵权风险的评估因素
13. 降低被诉专利侵权的考虑因素
14. 专利文献的利用
15. 知识产权保护方式的选择
16. 技术交底书
17. 对外部服务机构的监督与管理
18. 专利收购与许可相关协议

# 本章思考题

## 思考题 1

### 【案例简介】

A 和 B 同时从厂家 C 拿货，然后通过阿里巴巴进行销售。B 在 2009 年第一次拿到货后，就将 C 产品各个型号申请实用新型和外观设计专利，获得专利授权后，直接提供相关的授权文件要求阿里巴巴将 A 公司的货物下架。现在 A 的货物被下架后，虽然损失不算多也不算少，但是感觉想维权很难，因为想无效其一个专利权，每个案子的代理费都不低，而且对方申请的成本很低，专利数很多，全部无效的话，维权成本很高。

另外，还有几家从 C 处拿货的经销商，但是，B 就盯着 A 打，别家一概不打，当然也不打 C 家。

### 【问题】

1. B 为什么只打 A？把 A 干掉，是不是就结束了？C 是否就会一直都是安全的？
2. 这个案例中，涉及了以下知识点中的哪几个？
①申请专利的目的；②专利的特性；③专利诉讼策略；④专利申请策略。

## 思考题 2

### 【案例简介】

A 公司在某技术研发项目取得初步成果之后，及时申请专利，并提前公开。B 公司看到该专利信息后，从 A 公司挖走了该项目的几名技术骨干，开展相同的项目研究工作。A 公司对其研发成果仍然及时申请专利并提前公开。B 公司对其研发成果也是尽早申请专利，但是不提前公开，并一直关注并借鉴 A 公司所公开的信息，调整研发方案，研发进度一直领先于 A 公司。B 公司在 A 公司之前完成该项目的研发工作，但 A 公司仍然不知道 B 公司已经对其研发成果申请了专利，而且 A 公司除了对该研发项目的第一份专利申请之外，其他所有专利申请的申请日均在 B 公司之后。更为可怕的是，A 公司的第一份专利申请因为专利申请文件的撰写质量原因，被专利局给驳回了。

### 【问题】

1. 本案例对专利申请提前公开的利弊及专利申请时机选择有何具体体现？

2. 本案例对技术研发过程中，申请专利和商业秘密保护行为的配合有何具体体现？

3. 这个案例中，涉及了以下知识点中的哪几个？

①申请专利的目的；②专利的特性；③专利诉讼策略；④专利申请策略。

## 思考题 3

**【案例简介】**

A 企业近几年一直特别重视对 PCT 国际申请的检索工作。一旦发现有他们认为市场前景比较好的化合物专利申请，他们就开始研发这些化合物的制备方法或其衍生物，并将其研发成果提交 PCT 申请，然后将其专利申请转让给该化合物 PCT 申请的申请人。

**【问题】**

A 企业的该行为所体现的专利申请目的是什么？

## 第一节　企业专利工作概论

随着全球经济一体化程度的加深，企业所面对的市场竞争越来越激烈，知识产权在市场竞争中的地位也越来越重要，专利侵权纠纷越来越多，所涉及的市场利益也越来越大。在我国，武汉晶源诉华远和日本富士化水海水脱硫专利侵权案、华立诉三星专利侵权案、德国尼奥普兰诉中威等三公司外观设计侵权案的侵权赔偿额都在千万元级别，而正泰诉施耐德“小型断路器”实用新型专利案的侵权赔偿额更是数以亿计。在海外，涉及亿元以上市场份额的专利侵权纠纷屡见不鲜。我国在2006年就提出了建设创新型国家的口号，《中华人民共和国国民经济和社会发展第十二个五年规划纲要》中更是提出，到2015年要实现每万人口发明专利拥有量3.3件的目标。作为创新型国家建设的主力军，我国企业申请专利的数量正在以每年20%以上的增速快速增长，并且企业对专利质量的重视程度也越来越高。在此背景下，建立一个高效的企业专利管理体系的重要性和必要性也就越来越凸显。

要建立一个高效的企业管理体系，就需要从企业专利管理政策、管理组织和管理制度的规划、企业人力资源规划与培训、专利产出能力的培养与提升、专利布局策略与实施、专利申请管理与质量控制、专利资产管理与运用、专利情报的获取与运用以及专利风险管控等各个方面，结合企业自身的特点，进行综合考虑和设计。例如，专利管理部门在归入技术研发部门、归入法务部门、与技术研发部门和法务部门独立平行设置这三种方式之间，就需要企业结合自身特点进行选择。而所有的这些工作，又都需要在统一的专利战略指导下完成。

作为企业的重要职能部门之一，企业专利管理部门的工作不仅涉及的内容相当繁琐和复杂，而且工作开展过程中，还要与企业内部的技术研发部门、市场部门、法务部门以及公关部门等其他部门协同作业，以及与外部专利代理机构、价值评估机构合作，这使得企业专利管理部门的绝大部分工作内容需要结合企业的实际情况来设计，很难有统一的、能够适用于所有企业的标准模式。

本章将针对企业专利工作的若干重要环节进行重点介绍。对前面章节中已经涉及的与企业专利工作相关的内容，不再重复介绍。

## 第二节　专利战略

专利战略根据制定者的层次不同，又分为国家专利战略、行业专利战略和企业专利战略等。其中，企业专利战略是企业面对市场竞争，结合自身特点，主动对如何增强企业的专利实力，如何利用专利制度在更好地保护自己的同时打击竞争对手，以不断增强企业的竞争优势地位而进行的总体性谋划。以下所称专利战略是指企业专利战略。

专利工作的主要目的是为抢占、扩展和巩固市场，确立企业的竞争优势，并为最终实现企业利润的最大化服务。所以，企业的专利战略作为企业经营战略的组成部分，一般需要与研发战略和市场战略相适应。因此，企业专利战略的制定和实施过程一定需要企业经营者、研发部门和市场部门的参与，而不是知识产权部门单独进行。例如，有长远经营规划的企业一般会根据技术的发展趋势，制定研发和专利策略。对于尚处于不断成熟中的技术而言，其更新换代的速度一般比较快，所以，企业一般会将相当比例的研发实力用于进行技术进步的研发，一般也会特别重视对最新技术研发成果的专利保护（即所谓基础专利），以实现对市场的预先抢占。此时，如果将研发精力主要集中到了已有技术的应用上，从而大量申请已有技术的应用专利，则很容易由于技术更新而做无用功，从而给企业经营带来不利影响。而对于已经基本成熟的技术，由于再次获得技术突破的难度已经很大，企业一般会将研发实力更多地投入到产品应用层面的研发，专利申请开始在某一技术层面上大量集中，以实现对已有市场的巩固和拓展。此时，如果将大量的研发精力集中到了技术突破上，而放弃了对现有技术应用的研发和应用专利的申请，则很容易由于研发项目的失败和专利对抗实力的下降，而给企业经营带来不利影响。

一般来说，不断增强企业的竞争优势地位这一专利战略的最终目标，是通过不断增强企业的专利实力、在利用专利制度更好地保护自己的同时打击竞争对手的方式来实现的。其中的保护和打击均应进行广义地理解。此处的保护不仅包括通过专利制度对企业自身的发明创造进行专利保护，以阻止他人实施该发明创造，同时也包括通过专利制度来保护企业自身的经营行为不被他人以专利权攻击，如专利预警、技术公开目的的专利申请以及专利对抗等。此处的攻击既可以是技术保护目的的攻击，也可以是其他目的的攻击，如企业宣传目的的攻击。

## 一、从专利应用本身划分

**从专利应用本身来看，专利战略可划分为防御战略、进攻战略和进攻/防御兼顾战略 3 种。当然，从严格意义上讲，还应该包括第 4 种，那就是没有战略。我国当前绝大部分企业都属于第 4 种。**

所谓进攻战略，是指积极、主动、及时地取得专利权并对竞争对手主张专利权，以使企业在激烈的市场竞争中取得主动权，为企业争得更大的经济利益的战略。由于实行进攻战略的过程中，经常会与竞争对手发生激烈的对抗，所以，实行进攻战略的企业一般是那些拥有基础专利以及相当数量的外围专利的企业，如技术领先型企业以及不易被反诉专利侵权的企业，例如“Patent Troll”。在进攻战略中，取得专利权的途径并不局限于通过企业自身的专利申请，而是会通过专利权转让、专利权实施许可等各种可能的方式来进行。实施进攻性专利战略的企业一般是在商业上比较成功、而且科技水平比较高的企业。因此，其主张专利权的形式呈现出明显的多样化，不仅有专利侵权诉讼，还有利用其优势地位“强制”其他企业实施其专利权的多种形式。例如，利用其在商业上的优势地位，强制产品零部件提供商实施其专利技术；利用其在科技水平上的优势地位，对他人的专利进行消化吸收、创新后，形成新的专利，再转让给原专利权人。

所谓的防御战略，是指通过专利权无效宣告程序等将竞争对手的专利权排除掉，通过各种方式将技术信息公开以防止被竞争对手申请专利，或者虽然也在积极取得专利权但一般不对竞争对手主张其专利权，而只是为了积累与竞争对手对抗的实力，以尽量减少被竞争对手打击的概率，有效降低企业经营风险的战略。对于奉行防御战略的企业来讲，需要注意的是，只是一味地消极防守是没用的，即使你没有侵犯竞争对手的专利权，竞争对手一样可以通过诉讼来拖垮你，所以，还必须要有反击的武器。实行防御战略的企业以技术跟进型企业为主，一般较少拥有核心专利。

所谓进攻/防御兼顾战略，顾名思义，就是同时兼有以上两种战略的战略。

**商场如战场，知己知彼，方能百战不殆。**只有清楚地认识到自己的研发实力和知识产权发展阶段，清楚自己在关键技术和市场上所面临的主要竞争对手及其竞争实力，才可能制定出正确的专利战略，并在激烈的知识产权竞争中获得成功。当前，对我国已经拥有一定技术研发实力和专利数量的企业来讲，与发达国家的大型企业相比，科技水平、专利数量以及专利运营能力方面仍存在相当的差距，所以，对发达国家的大型企业应以防御战略为主。但是，在面对专利侵权行为，尤其是面对一个大企业周围密布一批黑作坊这一“众星揽月”的现状时，适当采取一些进攻行为，也是十分有必要的。不仅可以通过维护自己的权益，提高企业的营利水平，而且可以积累专利纠纷和专利交易方面的处理经验，这都无疑是有助于增强企业的对抗实力的。企业不仅在面对不同的竞争对手时要采取不同的专利策略，而且在面对不同的技术或产品时，根据自己企业的专利实力在其中所占的份额不同，也可能需要采取不同的专利策略。

以目前国内企业的规模和研发投入看，不可能大规模进行专利布局，而只能有针对性地构建自己的专利组合。作为技术相对落后的后来者，与其经营策略中的产品差异化策略相适应，专利战略一般也是以尽量避开技术先进企业的优势技术领域为基本原则（已有的差距太大难以弥合），而在与之存在差异化的技术领域上寻求突破（已有的差距较小，较容易弥合）。例如，针对竞争对手的软肋进行布局，通过在竞争对手相对薄弱的技术上加大专利权的拥有量，或在竞争对手的专利布局相对薄弱的国家加大专利权的拥有量，以谋求利益交换。其取得专利权的途径同样并不局限于通过企业自身的专利申请，而是会通过专利权转让、专利权实施许可等各种可能的方式来进行。对于奉行防御战略的企业而言，在排除竞争对手的专利权的过程中，需要注意不同国家/地区对专利无效、异议或再审程序规定的不同。例如，在欧洲，如果不能在授权后 9 个月的异议期内及时对授权专利提出异议，就只能到各个生效国去分别启动无效程序；在美国，错过了启动单方复审程序的时间，可以用于否定专利的理由会仅剩新颖性和创造性等很少的几个。

不管是采取哪种战略的企业，只要具备相当的专利意识和实力后，一般都会有使其专利技术参与到技术标准中去的努力。因为，一旦企业拥有专利权的技术被纳入技术标准中，就意味着企业拥有了进可攻退可守的竞争利器，从而更有利于其专利战略的实施。

专利战略作为企业整体的大策略，对企业的专利工作具有很强的指导性，但只有被具体分解为可执行的小策略之后，才能具备可执行性。对技术而言，专利战略基本包括技术研发方向的确立、对技术研发成果保护类型的选择、专利申请策略和专利运营策略以及专利技术标准化等几个方面的小策略。

技术研发方向的确立，也就是通过专利检索与预警分析等工作，确立被诉侵权风险最小、成果产出最容易、成本投入最小、预期收益最大的研发方向的策略。

对技术研发成果保护类型的选择又主要涉及专利与商业秘密两个方面的内容，也就是，一定时期内，对企业的技术研发成果是商业秘密保护优先还是专利保护优先。

专利运营策略又包括发动专利无效与诉讼的策略，应对专利无效与诉讼的策略，专利宣传，无形资产管理与运作等多个方面。从防御战略、进攻战略和进攻/防御兼顾战略的字面来看，主要是针对专利运营策略而言的。中国当前绝大多数企业专利工作的重点，甚至全部都是专利申请，而忽视了专利运营工作。殊不知，**专利申请是 0，专利运营是 1，专利申请再多再好，缺了专利运营，一切都将归零。**

专利技术标准化策略基本就是尽量避开技术标准中的专利技术和努力使自己的专利技术被纳入技术标准中这两个看似矛盾的努力方向。

专利申请策略的主要内容在前边的章节中已经进行了介绍，在此，需要再次强调的是专利申请成本考量和市场交换策略。

当前，中国企业要申请一件中国发明专利，从专利挖掘到专利授权，大约需要花费 1 万元左右，要申请一件外国专利，更是需要花费近 10 万元。所以，如何将有限的知识产权经费更好地应用于知识产权战略实施工作中，已成为一件值得谨慎筹划的事情。企业专利管理部门应当根据企业当前的科技水平、市场扩展以及面临的侵权风险等实际情况，结合所确定的经费，对国内与国外申请、重点申请与一般性申请进行统筹规划，既不能为了保证重点申请而导致一般性申请工作开展困难、为了保证涉外申请而导致国内申请工作开展困难，又不能搞费用平均。为此，企业专利管理部门有必要设置专利申请级别审评机制，对专利挖掘的成果进行审评，从而赋予专利申请不同的等级，根据预先的规划进行费用支出。

**如果把专利纠纷比作一场战役的话，这场战役一般情况而言，都是伏击战。**在这场伏击战中，纠纷的发起方当然是预谋已久，经过了周密计划后发起伏击。例如，发动专利纠纷的一方为了获得尽可能大的伏击成果，一般会在起诉目标物、起诉地点和起诉时机等方面，提前进行周密的计划，从而作出最佳选择。而被动接受这场纠纷的一方对于这场伏击，则无疑可以使用“遭遇”一词来形容，对决定战役胜负的天时和地利等各因素都几乎没有选择的机会。在此情况下，很明显，被伏击方要想在本伏击战中获得成功突围，概率很小，而且，所付出的成本会相当大。这时候，利用围魏救赵的战略战术，通过反诉对方专利侵权，来解救被伏击的技术实施行为，就显得尤为重要。围魏救赵的战略战术能够得以实施的一个重要前提条件就是需要有能够用于发起专利侵权纠纷的专利权存在。

根据与被伏击技术实施行为是否相关，可以分为利用与被伏击技术实施行为相关专利发起的反诉和与利用被伏击技术实施行为不相关专利发起的反诉。

根据反诉行为发起地的不同，可以分为在被诉地发起的反诉和在其他地发起的反诉。

在确定反诉地点和反诉用专利权的时候，一个国家的司法环境、专利权的同族情况等都是需要考虑的因素。在一个司法环境相对较好的国家，用一个在其他国家存在较多同族专利的专利权去进行反诉，在多数情况下都是优先方案。同时，在该国家中，专利权相关产品的己方市场占有率与对方市场占有率，某些情况下，也可能会成为一个重要的考虑因素。

虽然市场交换策略的最终体现是在专利运营阶段，但其准备工作无疑需要在专利申请策略中进行。

## 二、从专利为技术创新服务的角度划分

**从专利为技术创新服务的角度来看，专利战略可划分为外围战略、外围兼顾核心战略、核心兼顾外围战略和核心战略。**

外围战略是指，企业不独立研发新技术，而只是对已有专利技术进行改进，从而获取外围专利，如专利产品的新制备方法或化合物的衍生物等。经营规模和研发实力有限的企业，一般奉行外围战略。

外围兼顾核心战略是指，在对已有专利技术进行改进、获取外围专利的同时，投入对新技术的研发，以谋求获得核心专利。企业发展到一定阶段，随着科技水平的提升和研发实力的增强，为了摆脱只能被动挨打的局面，会逐渐由外围战略转型为外围兼顾核心战略。

核心兼顾外围战略是指，以新技术研发为主，以谋求获得核心专利，并同时不断对已有专利技术进行改进。奉行核心兼顾外围战略的企业，一般是那些科技水平较高、处于行业领先地位的企业，尤其是那些以专利许可费为主要营业收入的企业，如“Patent Troll”。

核心战略是指，基本以新技术研发、谋求核心专利为主的战略。这种战略的市场主要在高端的科研院所，在以盈利为目的的企业界很少有实际应用。

企业的专利战略不是一成不变的，会随着企业的发展状况而不断调整。例如，中兴通讯 1996 年将公司知识产权战略纳入企业八大核心战略之一，结合通信产业竞争态势以及自身实力，规划制定了知识产权三步走的战略，即知识产权战略防御、知识产权攻

守兼备、知识产权竞争超越，通过分步式推进知识产权战略在公司的落实及优化，在确保中国市场的知识产权竞争优势同时，不断加大知识产权/专利的国际布局，尤其是优势领域、技术的基本专利、核心专利部署，最终完成“进可攻，退可守”的战略转型。

当前，我国科技创新已经有了一定的基础，但整体上，距离欧美日等发达国家仍然有一定差距。所以，我国整体上应当采取外围兼顾核心的专利战略。要想实现科技赶超，就要先赶上，赶上才能有超越。不能只是外围而忘了核心，外围是为了赶上，核心是为了超越，只有外围没有核心，是不可能有超越的。我国企业，大多适合采取外围兼顾核心的专利战略。但对于一些特殊领域，如新兴的生物技术领域，奉行核心兼顾外围战略的环境条件则相对良好。当然，要想获得商业上的成功，并不必然需要以对前沿技术进行研发和获得核心专利为前提，例如，美国的苹果公司，每年的研发投入只占其销售收入的不足3%，我国的华为公司虽然每年的研发投入占其销售收入高达10%，但却仍声称无一原创产品发明，即使这样，仍然没人怀疑这两家公司在商业上的成功。它们的成功是以其拥有的大量外围专利、应用专利为基础，运用恰当的专利战略和市场营销战略，尤其是知识产权战略与市场营销战略相配合的结果。苹果公司通过其专利战略（基本不投入基础专利的研发）、品牌战略和饥饿营销的市场策略的结合，在无线通信领域中获得了飞速发展。华为公司中，市场份额做到全球前几位的产品，涉及的很多专利，甚至核心技术专利都是通过购买和许可的方式获得实施权的。**由此来看，当前，过分强调所谓“自主知识产权”的行为，是值得商榷的。**

当前，我国大部分企业还没有制定明确的专利战略，在专利实务工作中，对外围专利的投入过大，有限的人力物力财力被占用，而没有谋求核心专利的规划。一般认为，这种策略下，基本无法有获得高额垄断利润的机会，一般而言，核心专利拥有高额垄断利润的概率远远大于外围专利。而且，一旦外围专利策略在实施过程中出现偏差将会面临极其不利的局面。人无远虑必有近忧，对于一个企业来说，同样适用。外围专利是近，核心专利是远。但是，**现实中，也不乏通过外围专利策略而取胜者，**例如日本的企业。大家普遍认为，日本的技术是很先进的，其实，日本的技术首创和领先性发明并不多，如液晶显示屏，最先并不是日本企业发明的，但是现在这类产品的大部分核心应用技术专利都属于日本。1888年，奥地利科学家F. Reinitr发现了液晶。发现液晶可用于显示的是RCA公司的GeorgeHeilmeier。此后，日本、英国、瑞士及德国均开始液晶显示方面的研究。然而，当时，使用寿命及可靠性之类的基本问题尚未解决，显示不到1个小时就会消失。夏普发现，如果在液晶材料中加入离子性掺杂物，使导电率增高，就可以通过交流驱动获得良好的显示特性。这成为全球首款液晶应用产品“液晶计算器”得以投产的决定性因素，即DSM（Dynamic Scattering Mode）模式。但是，因为DSM的点阵（Dot Matrix）显示扫描线存在条数限制，要采用DSM制造液晶电视十分困难。在RCA及瑞士罗氏（Hoffmann-La Roche）公司从事液晶研究的Wolfgang Helfrich、罗氏公司的Martin Schadt于1970年12月4日申请的TN（Twisted Nematic）模式专利，成为了解决这一问题的突破口。通过使液晶分子在电场中移动，对光线实现了开/关操作。这一工作原理，几乎目前所有的液晶显示器都在使用。目前唯一在亮度、对比度、功耗、寿命、体积和重量等综合性能上全面赶上和超过 CRT 的显示器件是 TFT-LCD，它的性能优良、大规模生产特性好、自动化程度高、原材料成本低廉、发展空间广阔，将迅速成为新世纪的主流产品，是 21 世纪全球经济增长的一个亮点。虽然 TFT-LCD 技术的研究最早开始于欧美，但产业化是由日本完成的。因此最早的理论研究和基础专利基本集中于欧美，而产品和工艺方面的技术专利则主要掌握在日韩手中。电动汽车蓄电池领域，从世界范围内的专利申请的总量来看，日本拥有的纯电动汽车用蓄电池及其管理系统相关专利申请数量也已经成为全球第一。**日本人特别善于把别人的东西拿来进行改造，他们通常先给美国等科技发达国家的专利拥有者一些使用费，把专利经过改进和完善后再申请专利，从而拥有自己的专利，这些专利可能会比其原本缴纳使用费的专利更适于实用。对于科技明显落后于欧美等发达国家企业的中国企业而言，这无疑是值得借鉴的策略。**

再如美国的苹果公司。苹果公司的滑锁开机专利说明，一个专利是否有价值与是否是核心专利没有必然的联系，而是要看能否为客户带来方便。苹果公司往往把最符合人体操作习惯的动作，全部提前申请专利，使其竞争对手陷入被动。因为一项主要用途为用户可以直接在电子邮件及短信中点击电话号码拨打电话的专利，美国国际贸易委员会（ITC）裁决，禁止在美国销售宏达电子（HTC）侵犯苹果公司专利权的部分智能手机。而此前，普遍认为这项专利的技术含量不高。美国专利和商标局（USPTO）的资料库显示，苹果拥有 70 多件触控相关专利。2007 年 12 月，苹果提交的一项与 iPhone 相关的名为“便携式多功能设备改变显示内容的方法与图形界面”的多点触控专利，在 2011 年 6 月获得授权之后，即垄断了“两手指一分、放大网页”这一触控技术。由于苹果是最近几年消费电子产品最重要的推动者，因此苹果的产品往往直接影响着消费者的使用习惯，当它的竞争对手因为忌惮专利壁垒被迫改用其他操作方法时，其用户体验受到了明显的影响，从而直接影响了其市场份额。虽然看似苹果公司的专利布局中，更多的是创意专利而非核心专利，如滑动解锁专利，但是，就是这些看似技术含量不高的创意专利，却极大地打击了同样使用滑动解锁的竞争对手，例如使用 Android 系统的厂商。此类创意类专利的布局技术门槛低，所需要花费成本也低。所以，**中国企业在核心技术相对落后的现实情况下，在此类创意专利上加强布局，以应对各种纠纷，也不失为一种选择。**

不管最终采取哪种专利策略，都应当是通过对相关技术和市场的全面检索，并在对检索结果的科学分析的基础上，对市场外部环境和企业自身情况综合考虑的结果。

## 第三节　企业知识产权管理体系建设与工作模式

当今社会，知识产权已经成为最重要的企业竞争武器之一。因此，如何制定与企业实际情况相适应的知识产权战略，以及如何高效而又精准地实施既定的知识产权战略，对企业的研发成果进行有效保护的同时，又有效降低企业被诉侵权的风险，就显得尤为重要。

专利管理团队的合理设置和高效运行，以及与公司其他部门，尤其是研发部门、法务部门和市场部门之间良好的协调配合，无疑是完成以上工作的重要保障。

根据企业专利工作的发展阶段不同，企业专利管理团队有设置于技术研发部门下，设置于法务部门下，以及与技术研发部门和法务部门平行设置等不同的设置方式。不管哪种设置方式，专利管理团队既然是一个团队，就具备团队的一般属性，具有确定的组织架构，包括帅、将和兵等多种不同的工种和岗位。其中，帅，要的是组织管理和统筹协调的能力；将，需要在某个方面具有专长，能够在所擅长的领域冲锋陷阵；兵，则是根据领导安排，在领导的监督和指导下，进行具体事务的作业。

### 一、两种常见的知识产权管理团队组织架构

当前，对一般性企业而言，常见的知识产权管理团队组织架构有两种。

**1. 将帅合一型**

所谓将帅合一型，就是说，在这个团队中没有将才，其领导人物是个全才，集组织管理、统筹协调和冲锋陷阵的能力于一身，直接带着一帮子兵去打拼。

这种模式的优点是：

层级少，在业务量不大的情况下，执行效率高。

这种模式的缺点是：

（1）同时精通多个方面的业务，又同时精通团队管理的人很少，存在一定的招聘困难；

（2）因为职能和权力的高度集中，核心人员一旦发生变动或者决策失误，容易引发较高的风险；

（3）因为上升空间被封闭，一线人员的流动性大；

（4）面对较大的业务量，由于只有一个核心人物，分身无术，无法实现多团队并行作业，会出现业务处理的瓶颈。

**2. 将帅分立型**

所谓将帅分立型，就是在这个团队中，一个具备组织管理能力的帅外加几个各有绝活的将，在帅的组织协调下，几个各有绝活的将各自带领一帮子兵在自己的领域冲锋

陷阱。

这种模式的优点是：

（1）对各层次人才的要求相对单一，容易招聘；

（2）各种职能相对分散，个别人员变动对整体业务操作的影响较小；

（3）对错误的决策具有一定的矫正能力，风险控制能力强；

（4）进行大批量作业时，由于可以多团队并行作业，效率优势明显；

（5）由于各部分作业之间相对独立性强，有利于企业分步骤、分阶段完善专利管理工作。

这种模式的缺点是：

层级相对较多，在工作量较少时，执行成本略高，执行效率也会略有下降。

俗话说，“金无足赤，人无完人”，所谓的“木桶理论”适用于组织和团队，但不适用于个人。如果总是希望物理学家的生物学水平是一流的，生物学家又对无线通信领域无所不知，也就只能在求才不遇的失落之中空悲切。**对团队成员“取其所长，补其所短”，通过团队建设，最终使得整个团队“尽现长而不见短”，才是切实可行的管理之道。**综合考虑以上两种模式，对大多数企业来说，比较适合采取将帅分立型团队模式，也就是说，招聘一个对知识产权的各个方面都比较懂，而且具备相当管理能力的人做总管，然后在知识产权各个方面分别招聘对某一方面相当精通的部门主管，例如，专利申请主管，专利无效与诉讼主管，专利许可主管等。

俗话说，兵熊熊一个，将熊熊一窝。不管哪种模式，兵都是最基层的，没有将帅的正确指挥和指导，就很难有好兵。所以，在知识产权管理团队的组建过程中，首先要解决的应当是帅和将的问题，而不可能是兵的问题。

## 二、集团型企业的专利管理模式

对于存在多个相对独立的子公司或事业部的集团型企业而言，对专利工作，又存在着各子公司或事业部分散管理与集团集中式管理两种不同的管理模式。下文，将以专利管理工作的内容为根本，对专利管理团队建设与工作模式，以及与公司其他部门，尤其是研发部门、法务部门和市场部门之间如何协调配合进行分析，以期能为集团型企业的专利管理工作提供参考。

专利管理工作的内容包括了为专利战略的制定提供支撑、专利检索与预警分析、研发成果的挖掘、专利申请与维护、专利无效与诉讼以及专利运营与许可等若干个方面。

**1. 为专利战略的制定提供支撑**

企业专利战略的制定，毫无疑问，是需要专利管理部门提供支撑的。

由于集团内各子公司或事业部相对独立，各子公司或事业部设置有独立的专利管理人员，有利于各自制定适合本子公司或事业部的专利战略。但由于各子公司或事业部的规模和实力较整个集团来讲，处于弱势，一般较难建立强有力的专利管理团队，甚至由于工作量小，部分子公司或事业部的专利管理人员可能只是兼职负责本单位的专利管理工作，并不具备相应的专利知识和能力，因此一般对专利战略制定工作的支撑作用有限。而且，由于各子公司或事业部的专利战略为各自独立制定，在集团整体层面的统一性和协调性较差，甚至可能会存在冲突。

对于集团型企业，如果对专利管理团队实行集中化管理，专利管理部门能够站在集团整体的角度，为集团领导提供建议和支撑，比较容易制定出集团整体层面的专利战略。但如果管理不当，导致与各独立的子公司或事业部的实际情况之间发生脱节，则容易导致集团整体层面的专利战略与企业实际情况出现偏差，从而遭遇实施过程中的困难。

**2. 专利检索与预警分析工作**

要高质量地完成专利检索与预警分析工作，专利数据库（尤其是针对企业所涉及的技术领域而专门设计的数据库）和具备丰富检索经验的专利检索人员就成为必备条件。此外，还需要有对专利无效与诉讼精通的人员来进行专利稳定性和侵权风险方面的分析工作。在这个过程中，一般需要有技术人员的参与。

各子公司或事业部建立独立的专利管理团队，有利于与其技术人员进行沟通。但由于各子公司或事业部较难建立强有力的专利管理团队，仅有的专利管理人员多是集专利各方面的工作于一身，不但导致业务的杂而不精，甚至由于工作量小，部分子公司或事业部的专利管理人员可能只是兼职负责本单位的专利管理工作，并不具备相应的专利知识和能力，要组建专利预警分析团队，更是不现实的。尤其是对于具备专利无效与诉讼专长的人员来说，每个下属公司都设置这样的岗位，无疑会大大增加成本支出。对于集团型企业而言，各子公司或事业部对于专利预警分析方面的需求，自然要比整个集团的需求小得多。如果每个下属公司都设置一个专利分析团队，明显会导致工作量严重不饱和，不利于相关经验的积累。

对于集团型企业，如果对专利管理团队实行集中化管理，有助于通过分工的细化，从而在整体上增强专利事务各个环节的处理能力，比较容易组建出作业能力较强的专利预警团队。由于面对的是整个集团的专利预警分析需求，因此工作量比较有保障，也有利于相关经验的积累。但如果管理不当，导致与各独立的子公司或事业部的技术部门沟通不畅，则容易导致由于技术支撑不到位而出现工作推进上的困难。

**3. 研发成果的挖掘**

研发成果的挖掘，当然涉及专利管理工作与研发部门的协同作业。从这个角度来看，在相关人员的数量和业务能力都没问题的情况下，好像专利管理人员分散在各子公司或事业部是比较合适的。如果对专利管理人员实行集团集中化管理，一旦管理不当，导致与各独立的子公司或事业部的技术部门沟通不畅，则容易导致由于技术支撑不到位而出现工作推进上的困难。

**4. 专利申请与维护**

专利申请与维护工作中涉及繁琐的流程性工作。

各子公司或事业部的专利管理人员各自独立，就需要在有限的时间内承担专利计划、统计、挖掘、审核、申请、缴费、奖励发放、资助报奖申报、档案管理等方方面面的工作，花费到专利申请审核把关方面的时间和精力就会大打折扣，最终导致专利申报了，但是质量无从保证。而且，由于工作太杂，各方面的能力都难以得到快速提升。从集团整体层面看，专利管理显得杂乱无章，难以全面把握、布局，不利于制定系统、长远的专利攻防策略。

对于集团型企业，如果对专利管理团队实行集中化管理，则有助于通过分工的细化，实现各岗位的专业化，从而在整体上增强在专利事务各个环节的处理能力。由于面对的是整个集团的专利申请需求，工作量比较有保障，也有利于相关经验的积累。

**5. 专利无效与诉讼**

专利无效与诉讼工作，无疑是专利工作中技术含量比较高的部分，需要相当的经验积累。一般企业的专利无效与诉讼事务并不多，但是，专利预警分析过程中还是需要进行类似工作的。

如果各子公司或事业部的专利管理人员各自独立，要积累专利无效与诉讼方面的经验是很难的。而且，专利无效与诉讼的影响一般会比较大，不但会对具体的公司产生影响，还可能会对整个集团产生影响，也不适合由散布于各子公司或事业部的专利管理人员来操作。

对于集团型企业，如果对专利管理团队实行集中化管理，有利于在集团整体角度上对专利无效与诉讼工作进行权衡，从而对相应案件制定恰当的应对策略并贯彻执行。同时，由于面对的是整个集团的专利无效与诉讼业务，也有利于相关人员的经验积累。

**6. 专利运营与许可**

专利工作的一个重要目标就是通过专利运营，促进产品销售，提升市场份额，打击竞争对手和赚取许可费。这个方面的工作，一般在专利工作相对成熟的企业才会出现，需要相应的专利管理人员具备一定的市场意识和较强的法律素养。如果各子公司或事业部的专利管理人员各自独立，要分别配置这样的人员是存在较大难度的，而且也不利于在集团整体层面进行通盘考虑。如果对专利管理团队实行集中化管理，通过工作分工的细化，设置相应人员，不但有利于在集团整体层面进行通盘考虑，而且，也有利于相关人员的经验积累。

**通过以上分析可以看出，对于集团型企业来讲，专利工作开展初期，员工的专利意识几乎为零，企业的专利工作以专利产出为主要、甚至全部工作内容的情况下，分散式管理模式，是有助于在员工的专利意识养成和专利产出方面快速取得突破的。但是，专利工作发展到一定阶段，企业研发人员已经具备了一定的专利意识，需要在一定的战略指导下开展专利申请以及更高层次的专利无效与诉讼和专利运营工作的时候，则有必要设置统一的专利管理部门，对专利管理人员实行集中化管理。但是，为了加强对各子公司或事业部专利工作实际情况的了解和充分发挥现场作业的优势等，又不应过于集中。而是应该向各子公司或事业部派驻知识产权工作小组，包括向各职能部门派驻专利专**

**员，以形成对企业专利信息的管控网络，以提高专利管理部门对企业专利信息的敏感度，并提高企业专利管理部门与其他智能部门之间联系沟通的效率。此处还值得一提的是，一旦一线的专利管理人员与技术研发人员之间发生了矛盾冲突，将对专利工作的开展产生非常不利的影响。对专利管理人员实行集中化管理后，由于缓冲空间加大，通过设置良好的矛盾解决机制，不仅有助于矛盾冲突激化之前的及时化解，而且也方便通过人员调配的方式来回避矛盾冲突。**

从现实情况来看，绝大多数的集团型企业，尤其是跨国型企业，大多对专利管理工作实行集中化管理，例如华为、IBM 等。华为公司的法务部门在经过了“分散—集中—再分散—再集中”的演变过程后，最终决定实行与其发展阶段相适应的集中化管理并持续至今。IBM 公司则是通过制度规定，将 IBM 旗下所有公司、所有员工所完成的发明创造产生的知识产权均归属于 IBM 总公司所有。然后再由总公司负责处理有关使用、授权等事项。这样，就为公司知识产权战略的实施奠定了基础。

## 三、企业专利管理制度建设

现代化企业的专利工作，必然是需要进行制度化管理的。企业的专利管理制度，应该是依企业规模、性质、经营方针策略与产业特性、环境、竞争对手等因素的不同而作出的、与企业实际情况相适应的专利管理规划。

由于专利保护作为知识产权保护的一种类型，与其他知识产权保护类型，尤其是商业秘密保护之间存在着极为密切的关系。而且，专利保护工作需要企业专利管理部门与其他部门、尤其是技术研发部门之间相互配合、协同作业才能完成。所以，企业专利管理制度中，就需要一个能协调不同知识产权保护类型以及企业内不同职能部门协同作业的总纲性文件为核心，一般将之命名为《知识产权管理办法》。企业的《知识产权管理办法》一般由对企业各职能部门都具有管理权限的机构，组织相关职能部门共同编写。其内容大多以企业整体知识产权战略、不同知识产权保护类型的配合（如专利与商业秘密保护的选择等），企业内各职能部门在知识产权工作中的职责及相互间的协调与配合（如专利管理部门对其他部门进行专利知识培训工作的开展以及技术研发部门对专利管理部门提供技术支持的责任等）以及对知识产权管理工作中带有普遍性的问题进行原则性规定为主，而较少涉及与部门内具体作业方式相关的规定。

在《知识产权管理办法》的基础上，各职能部门还需要根据实际工作需要，制定《商业秘密管理办法》、《专利工作管理办法》、《专利评审管理办法》、《专利申报及审查流程管理》、《知识产权奖励办法》、《知识产权考核评价管理办法》、《信息利用及竞争情报管理办法》、《技术合同管理办法》、《无形资产管理办法》、《科技创新奖励管理办法》、《研发项目管理办法》、《科技合作管理办法》、《科技档案管理办法》等各种细化的规定。

例如，在《研发项目管理办法》中，通过严格设置对研发记录的填写和工作进度的汇报制度并具体限定记录和汇报的内容和形式要求，不但有利于专利挖掘工作的开展，还可用于证明权利的存在以及不存在侵害他人权利的故意等，如用于应对美国的“337 调查”等。为了避免被认定为故意侵害他人的专利权，还应要求员工尽量避免在书面交流中提及可能存在侵犯他人专利权的风险。为了避免因为研发记录的不完整导致其证明力的下降，还应要求员工在指定的研发记录簿上进行连续、不间断的记录，签署每次记录的时间和记录人，并不得造成研发记录簿的缺损。另外，为了维护企业研发与经营的秘密性，不仅要对企业研发和经营信息的公开设置严格的审批制度，还必须要对人员进出研发区域切实做到记载与管制。此处应特别注意的是，对于离职员工的保密要求。相关保密制度或者协议对员工的保密要求不应仅限于在职期间，还应延伸到其离职后。

再如，知识产权管理工作需要多部门、多工种的协同作业，而工作移交过程又是最容易发生问题的环节，且不容易查找原因和落实责任。因此，为了尽量减少由于工作移交过程中的失误而导致的权益丧失，就有必要设置标准的“知识产权工作移交单”，并要求相关工作人员之间进行知识产权工作移交的时候必须填写，不但有利于将相关工作移交清楚，还有利于提高员工的责任意识。

## 第四节　专利培训

由于企业专利工作的开展需要企业专利管理部门与企业技术研发部门、企业市场部门等其他部门协同作业才能完成，对其他部门的人员进行相关专利知识的培训就显得十分必要。**专利培训应按照分级、分类、分段培训的总体原则进行。**分级培训是指，对企业高层人员、中层管理人员、一线工作人员和新入职员工分为不同的组分别进行培训。对企业高层人员的培训以战略方面的内容为主，对中层管理人员的培训则以策略方面内容为主，对一线工作人员的培训又以专利基本知识为主，对新入职员工则主要进行专利常识以及专利归属和专利奖励等制度方面的培训。分类培训，是指对企业的专利工作人员、技术研发人员和市场人员等分为不同的组进行培训。对专利工作人员进行系统和全面的专利培训，对技术研发人员则主要进行专利检索、专利文献利用、专利常识、专利挖掘和技术交底书撰写等方面的培训，对市场人员则主要进行专利常识方面的培训即可。分阶段培训是指，将相关的专利培训课程按照由浅入深，分门别类，逐一讲解的原则进行系列化设置，按阶段、有计划地进行，而不是搞运动式培训。

在对非专利工作人员的培训中，最主要的目的之一就是让企业的非专利工作人员感觉到，企业的专利工作并非只是企业专利管理部门的事，而是企业的任何部门都应当积极参与其中的一项工作。因此，就需要在培训过程中将各职能部门在企业专利工作中可做什么事、如何做、做了有什么好处、不做有什么坏处都介绍清楚。通过调动其他职能部门的力量，实现企业专利管理工作任务在各职能部门之间的适当分拆，是专利管理工作得以顺利开展的重要的保障。

在所有对非专利工作人员的培训中，对企业高层人员的培训是最重要的。企业专利工作只有在自上而下地重视和推动下，才能顺利开展。因此，通过培训，使得企业高层人员对企业专利工作的一般发展规律有个正确的认识，对企业专利工作形成合理的预期，制定出与企业实际情况相适应的专利战略，并对企业专利工作的开展给予恰当的投入和支持，包括给予单独的经费预算就显得尤为重要。当前，业界普遍认为，只有在企业确实发生了一些糟糕的情况（尤其是因为专利纠纷而导致经营困难）之后，专利工作才会得到管理层的注意。在这些糟糕的情况发生之前，就让企业管理者意识到专利工作的重要性，是对企业高层人员进行专利培训的终极目标。

技术研发部门是企业专利产出的主要源泉，对技术研发部门加强专利培训，不仅会对专利申请的数量和质量发挥积极作用，而且也会对研发本身的质量和效率产生直接的影响。从专利挖掘、专利文献的利用和专利侵权的回避等角度来看，技术研发人员至少应当对专利的新颖性判断、专利检索、专利文献的用途、专利侵权判定的基本原则以及技术交底书的撰写等方面具备常识性的了解。

在对技术研发人员进行专利相关知识培训的时候，应当注意使用技术研发人员习惯的思维方式和语言习惯，尽量避免使用专利领域的专业术语，不应使用专利人的思维和语言习惯进行。

要想让技术研发人员掌握专利相关知识，达到能在实际工作中加以运用的程度，就需要技术研发人员对相关专利知识进行系统的学习。为了让技术研发人员能够积极参加相关的专利培训。除了通过专利奖励制度的培训增加技术研发人员自身的内部动力外，部分企业还将参加专利相关知识培训的次数作为技术研发人员绩效考核的指标之一，有的企业甚至对技术研发人员规定了每月专利文献阅读量，并将其作为绩效考核的指标之一。

外来的案例远没有身边的案例有教育意义和仿效的价值。所以，培训过程中，应对企业自有案例给予重点介绍，例如，企业内部技术研发人员从专利文献中获得创新灵感，利用专利文献解决了技术问题的案例，企业内部撰写比较好的技术交底书案例等。

在对企业内非专利工作人员进行专利知识培训的同时，更应该加强企业专利从业人员的业务能力培训。对企业专利从业人员的业务培训，包括内训和外训两种形式。对企业专利从业人员的业务内训，既要有针对特定工作岗位的专门知识培训，又要有面向全部专利从业人员的专利常识培训，以保证各岗位之间能够进行有效沟通和对话，有效保障各岗位衔接环节的畅通。对企业专利从业人员进行内训的一种重要形式就是，及时对实际工作中的典型案例展开分析讨论，以总结经验教训和及时掌握行业动态。对企业专利从业人员的业务外训，有聘请外部人员进入企业进行培训和派员参加外部培训两种形式。对于相关职能部门（如专利局）组织的培训活动或以企业知识产权工作为主要议题的高规格会议，均应尽量派人参加，既有利于及时掌握行业动态，又有利于企业专利工作的宣传。

# 第五节 专利信息利用

## 一、专利信息概述

世界知识产权组织（WIPO）1988 年编写的《知识产权教程》阐述了现代专利文献的概念：专利文献是包含已经申请或被确认为发现、发明、实用新型和工业品外观设计的研究、设计、开发和试验成果的有关资料，以及保护发明人、专利所有人及工业品外观设计和实用新型注册证书持有人权利的有关资料的已出版或未出版的文件（或其摘要）的总称。

该概念包含的内容是：

专利文献所涉及的对象是提出专利申请或批准为专利的发明创造；

专利文献不仅仅是关于申请或批准为专利的发明创造技术内容的资料，也是关于申请或批准为专利的发明创造权利持有相关内容的资料；

专利文献所包含的资料有些是公开出版的，有些则仅为存档或仅供复制使用的。

综上所述，专利文献主要是指实行专利制度的国家及国际专利组织在受理、审批、注册专利过程中产生的官方文件及其出版物的总称。其中不仅包括有大量的技术信息，还包括有大量的法律信息和经济信息。

专利文献是一个信息量非常大的宝库，其中记载了数以千万的发明创造。根据世界知识产权组织的统计，有效运用专利情报，可缩短研发时间 60%，并可节省研发费用 40%；90% ~95% 的研发成果包含在专利文献中，专利文献公开的技术有 80% 以上未出现在其他技术文献中。世界主要国家都在互职网上公告专利文献，使得公众可以方便而又及时地获取这些信息。

是否能够对专利文献中的技术信息进行有效利用，将会对企业的技术研发工作产生重要影响。

第一，专利文献按照统一的格式，详细地记载了大量的发明创造成果信息。通过对相关专利文献的阅读，可以快速而全面地了解某一技术方向上的发展趋势及最新研究成果。不但能有效避免重复研究现象的发生，帮助确立正确的研发方向，还能及时站到巨人的肩膀上，提升企业的起点。

第二，技术人员通过阅读专利文献，可以获得创新的灵感。专利文献中记载了千奇百怪的发明创造，很多代表了未来的技术发展趋势，甚至有很多是你原本认为不可能的事。通过阅读这些专利文献，可以大大扩展研发人员的创新思维和眼界。例如，在语音通信领域，长久以来，运营商都是通过按语音通信时长计费的方式来获取收益，运营商都习以为常，不容易想到在此之外还能以其他方式跟客户收费，但是，技术人员通过阅读专利文献，发现有专利文献公开了一种在语音通话接通之前的提示音中播放音乐（即彩铃），并通过对该音乐的下载收费的方式来获取收益的技术方案，则技术人员就很容易获得启发，从而跟进对彩铃业务进行研发，甚至可以通过发散性思维，扩展到对通话过程中设置背景音以及通话结束后提供广告服务等方式进行研发，从而大大扩展企业的盈利模式。

第三，专利文献中记载了对不同技术问题的各种各样的解决办法，研发人员在遇到技术难题时，可以通过阅读相关专利文献，找到解决技术难题的思路和方法。思路决定出路，格局决定结局。不是去研究别人的解决方案，而总是局限于自己的思维里边，结果会很受限制。技术创新 = 他人发明创造 + 自主研究开发。相关统计表明，充分利用专利文献信息进行技术创新，可以节约资金 40%，节约时间 60%。著名的 TRIZ 理论（发明问题解决理论）就是从专利文献中抽象出的解决技术问题的基本方法，这些方法又可以普遍地适用于新出现的技术问题，协助人们获得这些技术问题的最有效的解。其实，所谓的 TRIZ 理论的本质也就是发散性思维，在遇到技术问题时，对可能与该问题的解决相关的各种因素及其组合进行全面考虑，而不是一条道走到黑或者钻牛角尖。

第四，部分外国发明人由于对中国市场的认识不足，虽然将其发明创造在其本国申请了专利，但并没有将其发明创造在中国申请专利，鉴于专利保护的地域性特性，也就不能在中国获得专利保护。通过阅读相关专利文献，找到这些发明创造，在中国予以实施，对中国企业而言，无疑是可以节省大量研发投入的。

第五，一项技术只有当其相应专利权存在的时候，才是得到专利保护的。一旦专利申请最终没能获得授权、相应专利权终止或者被宣告无效，则就意味着该技术进入了公有领域。因此，通过阅读相关专利文献，找到这些技术并选择其中仍然具有开发价值的技术加以利用，无疑是非常有价值的事情。由于失效专利的有关技术细节已经在专利说明书中进行详细的记载，仿制企业可以方便、快捷地进行相关产品的仿制或创新，省去了一笔可观的专利转让费用或使用费，从而达到低投入、高产出的效果。企业在这些失效专利的基础上进行二次研发，开发出更具实用性和前瞻性的新技术，并形成新的专利，还可以为企业带来更多的经济效益。此外，对那些由于专利申请质量的瑕疵，导致未能对其说明书中所公开发明创造实现实质保护的专利加以利用，也是很有价值的。

1972 年，美国一位风险投资家费莱·瓦尔丁在美国专利商标局查阅到一份微电脑技术失效专利。他决心与人合伙，投资成立微电脑公司，后来发展成为全球瞩目的高科技企业——苹果电脑公司。磁带录音机是由荷兰飞利浦公司最早发明的，但飞利浦公司以为此时发展录音机产业没有市场，先后主动放弃了盒式磁带录音机在多个国家的专利。而精明的日本人即利用失效专利战略，在其专利技术的基础上，先后开发出品质不一的各式录音机，受到消费者普遍欢迎，获得了巨大的经济利益。日本一位叫石川的工厂主，准备投资生产一种轻型隔热建筑材料，当时，日本存在一些有关这种材料的专利，但有效期即将届满。石川掌握了这些信息后，立即开始着手准备，待这些专利的保护期限一满，立即开始大规模地制造和销售根据这些专利研制和改进成功的新型建筑材料，并获得了成功。这被日本发明协会誉为中小企业合理利用专利文献的典型案例之一。

专利文献中的法律信息和经济信息对企业经营活动的作用也不可忽视。通过对专利文献中法律信息的阅读，知晓专利是否仍然处于保护状态以及剩余的保护年限等信息，不仅可以为技术引进工作提供重要参考，还可以通过专利预警分析，对侵权风险进行预估，从而将侵权风险控制在可控范围内。通过对专利文献中的经济信息进行分析，可以了解某一技术或产品的主要竞争态势以及各主要竞争敌手的技术发展动向，洞察竞争对手的经营发展策略和战略意图，为企业的生产经营活动提供参考，甚至可以利用专利文献中的专利发明人信息，对特定技术领域进行主要技术人员构成分析，为人才引进工作提供参考。利用专利文献中的技术信息和经济信息，还可以发现那些位于技术上下游，以及存在技术互补的企业，从而为发掘潜在合作伙伴提供重要参考。

## 二、专利检索

专利检索，就是通过技术手段，利用一定的资源，对已公开的专利文献进行筛选，以了解是否有相关的专利文献存在，并获取所希望的专利文献的过程。

根据检索方式和检索结果的呈现形式不同，专利检索包括了查全检索和查准检索两个相对的概念。所谓查准检索是指，通过使用恰当的布尔逻辑检索式，准确地查找到所希望的专利文献。将所有查准检索的检索结果合并，去除重复项，得到的结果即为查全检索的结果。对于专利新颖性和创造性判断、专利预警分析等工作中的检索，一般为查准检索，也就是说，通过检索，准确地找到与已有技术方案相关度最高的专利文献，而不是将与已有技术方案相关的所有专利文献都检索出来。根据检索目的不同，具体的检索方式方法也有所不同。例如为研发立项前的技术搜集目的进行的技术性检索，为对某项专利权提出无效宣告请求而进行的对比文件检索，为了对技术成果进行有效的专利保护而进行的专利新颖性检索，为专利预警分析而进行的专利侵权检索等。

对于一般性的专利检索而言，利用免费的专利检索网站就可以实现。绝大多数国家/地区的专利审批部门的官方网站都对自己负责审批的专利申请提供免费的专利检索服务，部分官方网站还提供了多国专利的免费检索服务以及专利族信息服务，例如欧洲专利局的网站。部分官方网站，不仅提供专利（申请）文档的检索，而且还提供专利（申请）法律状态以及中间审查文档等方面的检索。中国国家知识产权局也正在陆续开放对中国专利（申请）审查文档的检索。此外，还有一些其他的网站提供免费的专利检索服务，例如，提供专利公报信息的中国知识产权网，以及提供语义检索的 patentics 等，都是不错的选择。传统的检索模式为布尔逻辑检索，主要通过关键词、分类号等进行检索。这种检索方式对检索人员的检索技能要求较高，一般需要编制多个复杂的检索式方能得到理想的结果。随着搜索引擎技术的发展，语义检索方式逐渐得到了用户的认可。例如，在 patentics 网站上，用户只需输入跟要检索的技术内容相关的词句或文章，或者一个专利号，即可检索出按照相关度排序的相关专利。当然，用户也可根据需要同时输入关键词命令，得到指向性更强的结果。

由于专利申请人名称的不唯一，以及技术术语的不统一和不规范等各方面的原因，有时候，使用免费的专利检索服务进行专利检索时，存在漏检的概率可能会比较高。如果要想比较快速地获得较准确的专利检索结果，选择一些商业数据库是个不错的选择，如德温特专利数据库。

具体的检索方法，各数据库一般都有自己自成体系的检索方法，在各专利数据库中都附带有相关的说明，在此不予赘述。

**此处需要特别说明的是：**

（1）这些专利检索数据库并非是专利权的法律依据源，绝大部分提供专利检索服务的数据库都不保证检索信息的准确性，虽然这些数据库已经在尽量提高所提供数据的准确性，尤其是所检索到的专利（申请）法律状态信息。

（2）国际专利分类（IPC）号由于国际专利分类表本身的局限性以及分类号的准确性等方面的原因，使用 IPC 分类号进行专利检索和专利文献的聚类分析时应谨慎，尤其是对于申请时间比较早的专利。因为欧美日在国际专利分类体系之外，还各自有自己的专利分类体系，所以，在对欧美日的专利进行检索时，可考虑使用其独有的专利分类体系。在使用专利分类号作为检索要素时，专利分类号可从初步检索到的相关专利文献中获得。因为一份专利文献可能有多个专利分类号，所以，应进行适当地汇总和选择。

（3）在确定检索关键词时，应对同义词和自造词给予特别关注，可以通过阅读相关申请人的相关专利文献来获取。例如，通过同族专利的阅读来确定国外申请人在中国申请专利时所用的中文名称，以及相关技术术语在不同语言中的表达方式等。

（4）合理设置各检索要素之间的逻辑关系。例如，在通过“NOT”去除掉某些文献时，该逻辑词与其他检索要素的全部还是部分产生限定作用，导致的检索结果之间可能会差别很大。

## 三、专利分析

在完成专利检索工作之后，只有通过对获取到的专利文献进行分析，得出相应的分析结论，并将这些分析结论应用到对企业经营活动的指导中去，专利检索工作才能更好地发挥其作用。

根据专利分析的手段、方法和目的不同，专利分析主要包括技术空白点分析、技术发展路径分析、技术/产品的竞争态势分析、针对竞争对手的分析、权利稳定性分析、以及专利预警分析等不同类型。

所谓技术空白点分析是指，通过对检索结果进行综合分析，尤其是聚类分析，从而发现那些当前仍未被专利保护的技术点。这些技术点一旦确定，对企业确定技术研发方向具有重要参考价值。

所谓技术发展路径分析是指，通过对检索结果进行综合分析，尤其通过按照专利申请的时间先后进行排序，揭示技术的起源和发展过程，明确技术的发展现状，并对技术的生命周期和发展方向进行合理预测。根据对技术生命周期的合理预测，确定技术当前在“技术起步—技术发展—技术成熟—技术衰退”这一技术发展过程中所处的位置，有助于企业对是否切入该技术作出正确的判断。一般来讲，对技术研发实力较强的企业，会选择在技术起步和发展期切入，而对于技术研发实力不足的企业，则会选择在技术发展和成熟期切入。通过技术发展路径分析，明确已有的专利并对技术发展方向进行合理预测，不仅可以防止由于重复研发而导致人力物力和财力的损失，降低经营风险，又可以站在巨人的肩膀上，在正确的研发方向上，以已有研发成果为基础，百尺竿头更进一步，抢占技术制高点。

所谓技术/产品的竞争态势分析是指，通过对检索结果进行分析，对该技术或产品的竞争态势以及被诉侵权的风险进行评估。通过技术/产品的竞争态势分析，明确了该技术或产品的相关专利主要集中在谁的手里，清楚了技术或产品的来源主要有那几家，对技术引进或产品招标工作来讲，无疑具有重要的积极作用。

所谓针对竞争对手的分析是指，通过对检索结果进行分析，搞清楚竞争对手的专利布局、研发方向以及技术人员构成，从而对其展开有针对性的竞争。例如，绕开其专利布局较好的产品，而在其专利布局相对薄弱的产品上大量设置专利，以谋求实现对该产品的共同开发；在明确竞争对手的研发方向后及时跟进；以及对竞争对手的主要研发人员实施定向招聘等。

## 四、专利预警

当今社会，专利的数量越来越多，企业的专利保护意识越来越强。在技术的专利地图上，已经很难看到大片的技术空白区域存在。也就是说，在当今形势下，企业要想进行生产经营，已经很难完全绕开所有的既有专利。但是，如果因为无法完全绕开，就干脆不管不顾，先干了再说，又是非常容易被诉专利侵权的。2006 年，曾获 6 笔国家项目拨款、共计投资 20 亿元的贵州省微硬盘项目，在上马不到 4 年后即彻底停产。原因之一为竞争对手日立公司持有的 5000 项专利技术已经把微硬盘技术全部覆盖，导致其产品一进入市场就遭遇知识产权侵权诉讼，产生了 8.7 亿元不良银行贷款。在国内装备制造业中，徐工并购案、大连电机厂外资并购案、西北轴承厂外资并购案等，一再重演着中方痛失专利、品牌、市场和产业平台的残酷场景。专利预警工作，主要就是为了解决这个问题而来的。所谓的专利预警，基本就是通过检索相关专利，寻找它们之间的缝隙或薄弱部分，为企业的研发和生产经营活动提供指导，从而将风险控制在一个相对安全的范围内，保证公司的核心业务和主流产品能进行正常经营，而不是将风险彻底排除。从广义上讲，一个企业的专利预警工作也还可以包括对他人侵犯其专利权行为的提前或及时发现，以为企业应对策略的及时出台提供帮助的过程。

专利预警分析，既可以是发生在技术研发项目立项之前，也可以是发生在技术研发过程中，还可以是发生在产品上市前以及产品销售过程中，甚至可能会贯穿于技术研发项目立项到产品退市的整个过程。虽然在预研阶段，一般都已经进行了专利检索与预警分析的工作，但不等于在研发过程中就不用再进行专利检索与预警分析工作了。因为，随着时间的推移，会不断有新的专利申请被公开出来。通过及时获取这些新公开的专利申请并对其进行分析，实现对研发方向和技术路线的及时调整，不但能够防止研发项目因为在被诉专利侵权风险很高的道路上投入太大而积重难返，还可以通过对他人技术成果的借鉴来降低研发成本。专利预警分析工作应该是以实现专利预警分析的目的为宗旨，其具体的流程和步骤，应根据具体分析目标的不同，以及作业人的作业习惯不同等而有所不同。

**在此，需要特别强调的是：**

第一，专利预警分析工作的作业团队应该是由专利人员和研发人员共同组成的团队，而不是完全的专利人员去组团队，否则，极容易造成专利漏检和等同误判。虽然说大部分的专利从业人员都是具备相应技术背景的（也有部分从业人员不具备理工科教育背景），但是，一名专利从业人员，要具备相当的专利业务处理能力，需要在长期的专利工作中不断积累经验才可能实现。由于长期从事专利工作，而非技术研发工作，一般会导致其对具体技术领域的最新研究发展情况和方向的了解和掌握存在欠缺。所以，在制作专利地图或行业分析报告的工作中，相关技术人员的参与和配合就显得十分必要。当前，我国具有专利地图或行业分析报告需求的企业，大部分都认为既然委托了专利从业人员去制作专利地图或行业分析报告，就应该由他们自行完成，一般都不会再有相关技术人员予以配合，这种做法是值得商榷的。由于专利检索工作是一项很难获得完全准确的检索结果的工作，由于当前我国的专利从业人员中能够在某个技术领域内很好地把握专利无效认定与侵权纠纷判定标准者仍然紧缺，由于我国专利侵权纠纷审判实务中的审判标准仍时常出现较大差异，以及具有专利地图或行业分析报告需求的企业对相关工作的认识偏差因素，导致我国当前在专利地图或行业分析报告方面的工作开展并不顺利，作业质量偏低。

第二，通过专利预警分析工作得到规避设计后，应当对所得到的规避设计重新进行专利预警分析工作，直至所作出的规避设计将存在的侵权风险降低到可以容忍的限度内。

第三，对于大的专利预警分析项目，一般应对检索到的专利文献设置多级筛选过程，只是对筛选出的重点专利（申请）进行详细分析。粗分的筛选指标例如可以包括技术相关度（例如以专利分类号来分类），是否为授权专利，是否经历过无效程序，独立权利要求的区别技术特征数目，与独立权利要求的差别技术特征数目等。在工作量特别大的时候，专利无效和侵权诉讼经验丰富的高级专利工程师的工作应主要集中在对重点专利（申请）的分析上，粗分过程可以由初级专利工程师、甚至由技术人员来完成。

专利预警分析工作的模拟流程图见图 5－1。

**针对稳定有效的专利权，要评价被诉侵权的风险时，至少应当对如下因素进行考虑：**

（1）专利产品在该专利权有效地域内的销售利润在专利权人整体利润来源中所占份

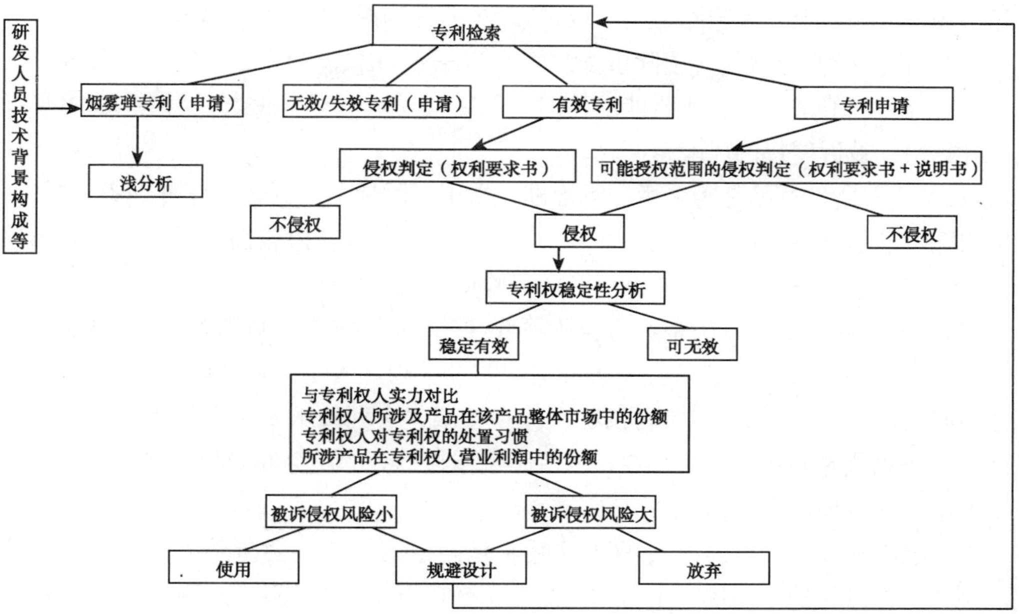


**图5－1　专利预警分析模拟流程图**

额大小。越大份额的利润被侵犯，发动诉讼的概率越大。

（2）专利产品在该专利权有效地域内的销售利润在地域内同类产品市场中所占份额大小。如果除了专利产品之外，没有其他同类产品存在，也就是说，在该类产品上，专利权人是绝对垄断地位，那么，一旦发现侵权行为，发动侵权诉讼的概率大。

（3）专利权人对该产品的专利布局情况。如果专利权人拥有很多件专利，但是，在该产品只有一件专利，则起诉他人的概率小。

（4）专利权人对专利权的处置习惯。从来没有发起过侵权诉讼的，则起诉的概率低。习惯于许可他人的，一般不会贸然起诉。

（5）专利权人的经营现状及逾期的经营状况。在利润率很高，收入很高的情况下，发动专利侵权诉讼的概率低。在利润率下滑，经营陷入困难的时候，发动侵权诉讼的概率高。

（6）企业与专利权人的关系。两个企业之间的关系，既可能是长期和平共处，也可能会是摩擦不断。不同的关系状况，发生专利侵权纠纷的概率自然也不同。

（7）侵权行为的发现和举证难度。例如，相对于产品专利而言，实施方法专利的行为就比较难以被发现，且难以被举证。

（8）企业与专利权人的对抗能力。一般而言，面对一个毫无还手之力的侵权者，和面对一个具备强大反击能力的侵权者之间，专利权人是否作出提出专利侵权诉讼决策，会有不同选择。

（9）企业的经营规模、发展速度、国际化进程以及国际市场销售额的上升趋势和国际市场区域是否逐渐扩大等。一般来说，企业规模越大，发展速度和国际化进程越快，国际市场销售额的上升和国际市场区域扩大越快，被诉侵权的风险越高。

（10）企业所涉产品的（国际市场）占有率是否较大，（国际市场）销售额是否呈上升趋势等。一般来说，企业所涉产品的（国际市场）占有率越大，（国际市场）销售额上升越快，被诉侵权的风险越高。

（11）企业所涉产品是否采用国际标准，采用国际标准是否获得许可等。一般来讲，采用国际标准的产品，由于侵权举证较容易，被诉侵权的风险较高。但是，如果采用国际标准时获得过专利许可的，被诉侵权的风险则会大大降低。

（12）该专利权的有效国是否为企业的重点市场国。若是，则被诉侵权的风险高。

（13）专利权人是否为类似“Patent Troll”的公司。若是，则被诉侵权的风险高。

（14）其他因素。例如，专利权所在保护年限，专利技术是否即将被替代，以及是否已经有侵犯该专利权的行为存在，也就是说侵权行为的广泛性如何，以及自己在这些侵权者中的地位如何等。

以上因素在综合考虑时所占的比重并非是确定的，而是会与外界的大环境密切相关。例如，在以保护专利权为主导方向的政策环境下，和在以保就业为主导方向的政策环境下，以上各因素之间的相对重要性关系可能就会发生变化。

以上内容均是以授权专利为目标进行论述的。所以，如果检索到的是专利申请应对其可能的授权范围进行评估，然后才能结合以上内容进行预警分析。

当今社会，专利的数量越来越多，一件电子产品涉及的专利数量可能会有上万件，企业要想开展生产经营活动而绝对不侵犯他人的专利权，越来越成为不可能的事情。所以，专利预警工作一般无法实现完全避免侵犯他人专利权，而只能是尽可能地降低被诉专利侵权的风险。在专利预警工作的基础上，要想进一步降低被诉专利侵权的风险，还需要进行其他方面的工作。

例如，为了进一步降低被诉专利侵权的风险，可以从以下几个方面进行考虑：

（1）加大在相关产品销售地专利权的拥有量，努力通过专利对抗和市场交换来实现与相关专利权人的和平共处。相关产品销售地不仅包括企业自身产品的销售地，也可以包括竞争对手有相关产品销售但企业自身并没有销售的国家或地区。所拥有的专利权不仅可以是与企业自身产品相关的专利权，也可以是与竞争对手的产品相关但与自身产品无关的专利权。

（2）在知识产权制度发达的国家，市场竞争的最主要形式就是专利对抗，这是双方专利实力对抗的过程。鉴于专利权的地域性特点，加大涉外专利申请的力度，增加在产品出口国的有效专利拥有量，无疑会大大增加在专利对抗中的实力。弱国无外交，这句话同样适用于企业。只有企业自身的专利实力增强了，才可能有与竞争对手进行交涉的可能。虽然加大涉外申请的力度，对于降低被诉专利侵权风险，缓解专利许可费的问题是十分必要的，但是，鉴于涉外专利申请的费用较高，我国企业目前仍很难大批量在国外申请专利。因此，如何围绕企业的出口动向，将有限的资金精准投放，就显得尤其重要。某些情况下，“产品走到哪，专利就走到哪”的说法是不适用的。

（3）专利是有地域性的，但是，产品市场是全球性的。而我们国家当前毫无疑问是成为了全球市场中，分量非常重的市场之一。因此，我们就需要在考虑专利交叉许可的时候，充分考虑市场交错叉可的可能性。通过大量申请中国专利，优化专利申请结构，争取通过对竞争对手中国市场的许可来换取竞争对手对中国企业在国外市场的许可。这需要我们放开眼界，而不能只是盯着本企业的产品和技术去进行专利申请工作。例如，通过专利预警工作，发现了竞争对手手中握有无法回避的基础专利时，我们可以通过对这一竞争对手在中国销售前景比较好的产品进行分析，对其所涉及的技术快速大量设置专利，然后一揽子许可回去。用正泰对施耐德案做范例，威胁对方，以实现专利错地域交叉许可。

（4）与拥有相关专利权的竞争对手在市场竞争方面，应尽量以比较缓和的方式进行。例如，尽量避免低价竞争现象的发生等。与价格中包含了专利附加值的产品打价格战的侵权产品，显然是更容易被诉侵权的。

（5）通过评估，对认为被诉专利侵权风险较高的产品，预先聘请专业机构或律师出具不侵权的意见书。不仅有助于提前了解风险，降低诉前/诉中禁令的影响，有效降低被判恶意/故意侵权的概率，还可以在诉讼程序中，对法官的主观认知产生一定程度的影响，尤其是对于被诉侵权的外国人而言。

（6）尽可能通过事前许可的方式化解潜在的侵权风险。并且，相对于发生纠纷后的许可谈判，作为被许可方，在事前的许可谈判中的主动权要大得多。

（7）提高对与供应商之间知识产权相关协议的重视程度。在发生专利侵权纠纷时，通过知识产权相关协议，将相关企业拉入自己的战团，通过集团作战，无疑会大大提高获胜的概率。尤其是对于美国“337 调查”而言。例如，当产品组装厂商因为产品中的芯片侵犯他人专利权而被启动“337 调查”时，通过将芯片提供商拉入战团，不但可以增强应诉实力，而且，还可以有效避免因为产品组装厂商对芯片技术的不了解而导致的应诉不利。

（8）加强技术标准的参与力度。通过将企业的专利技术标准化，能够大大提升相关专利权的价值。将自己拥有专利权的技术揉入产品标准中，无疑会大大增强与竞争对手对抗时的实力。因此，各企业都在努力使自己的专利技术标准化。鉴于我国企业研发实力的现实情况，我国企业的专利技术目前仍较难进入标准中的核心专利行业。对技术跟进者而言，外围专利对抗核心专利是其通常采用的专利策略。一般规律而言，一个企业要介入一个产品标准，也都需要一个由量变到质变的过程。我国企业一般需要首先从加大标准中外围专利的数量入手。

（9）对重点技术领域的专利申请进行监控，适时对相关专利申请提交第三方意见，对相关授权专利启动异议或再审相关程序。

（10）其他方面。例如，与具备较强知识产权实力的公司结成技术联盟，为了尽量降低在海外被诉专利侵权的风险，尽可能提高企业在海外本土化的程度，以尽量避免司法者、执法者和陪审团的民族主义情绪等因素的影响等。要提高企业在海外本土化的程度，除了对海外企业进行并购，与海外企业合资，与海外研究机构合作，在海外注册实体公司和/或雇佣所在国居民之外，还可以通过与所在国知识产权相关机构，例如法律事务所或大学法学院，建立知识产权方面的合作关系，开展知识产权相关的宣传或研究工作等。

## 第六节　专利挖掘

今天，社会已经发展到了科技竞争的时代，一个企业，要想在激烈的市场竞争中获胜，需要具备相当的科技水平。但是，只是具备相当的科技水平是不够的，如果没有对其科技成果进行专利保护，在技术公开之后，就意味着竞争对手可以无偿使用这些技术，激烈的市场竞争导致投入的大额研发资金无法进行有效回收，这无疑会对企业经营产生非常不利的影响。所以，企业一定要对科技创新过程中的专利挖掘工作给予足够的重视。

专利挖掘，就是从一大堆的研发成果中找到可以申请专利的点，为专利申请程序奠定物质基础的过程。科技研发成果浩瀚如海，如何从中找到那些可以申请专利的点，这需要在正确的专利战略框架下的专门技术与专利知识的有机结合。

以下所论述的专利挖掘仅针对发明和实用新型专利而言。

### 一、专利挖掘的客体

既然发明和实用新型专利保护的客体是技术方案，专利挖掘的对象当然就是技术方案。根据发明和实用新型的新颖性和创造性的要求来看，**可用于申请专利的研发成果，一般具备如下共同特性：**

**（1）采用的技术实现过程与现有技术不同；**

**（2）取得的技术效果比现有技术有进步；**

**（3）解决了现有技术没能解决的技术问题。**

### 二、专利挖掘的主体

进行专利挖掘的主体，首先应当包括对技术背景、技术研发现状都非常了解的技术研发人员。专利挖掘，只是将可以申请专利的技术找出来，而不是将技术转化成专利。虽然第一线的研发人员可能对专利制度的了解有限，但是，他们对技术的敏感性远比专利管理人员高，也就比较容易在第一时间发现差别点和创新点。

另外，进行专利挖掘的主体，还应包括专利管理人员。他们虽然对技术的掌握没有技术研发人员清楚和全面，但是，长期的专利工作培养了他们对可申请专利的常见技术手段的敏感性，并且在考虑实现某一技术效果的技术手段及其用途时，其思维具有很强的发散性。这对由所实现的技术效果倒推回去进行专利挖掘的工作来讲，是十分有利的。

### 三、专利挖掘的时机

基于专利的先申请制原则，专利挖掘的时机是，在满足专利法有关公开充分要求的前提下尽早进行，而不是等产品已经生产出来，或者方法已经投入生产才申请专利。

作为一个研究课题，不是把所有的工作都做完才申请专利，而是在研究过程中，每获得一个发明点就提出一份专利申请。例如，研发电动汽车，传动系统研究出来成果就先对传动系统申请专利，电池研究出来成果就先对电池申请专利，而不会等到整部汽车都研发完成，都可以在路上跑了才去申请专利。

### 四、专利挖掘的原则与方法

**根据与研发方向的关系不同，专利挖掘包括了正向挖掘和反向挖掘两部分。**

正向挖掘就是，在技术研发过程中，找到那些与现有技术的差别。其总体原则是：只要感觉跟现有技术有差别，就顺藤摸瓜，看看差别是否导致了技术效果，只要有技术效果，就将其确定为待审查方案。在这个总体原则下，以已经申请专利的技术为原点，以该技术的发展方向为藤，以与现有技术的差别为瓜，对摸到的每个瓜进行总结，就是一个简单实用的方法了。正向挖掘，一般以技术的经度（深度）挖掘为主、以技术研发人员为主来完成。

反向挖掘就是，以技术研发取得的技术效果或者是想要取得的技术效果（一般与对现有技术缺陷的发现相关）为立足点，通过逆向思维，去发掘那些可以实现该技术效果的技术手段。反向挖掘的过程中，一般可以技术研发项目的目标为立足点，通过将目标的逐级分解，最终发现实现项目目标的各种技术元素；或者以技术研发项目所要解决的技术问题为出发点，通过对导致这些技术问题出现的各种技术元素进行改变和调整，来获取技术问题被不同程度解决的技术方案。反向挖掘，一般以技术的维度（广度）挖掘及专利管理人员为主来完成。

一般来讲，通过正向挖掘发现的创新成果，通常还需要通过反向挖掘过程来予以丰富和扩展，才能实现完全的保护目的。当以竞争对手的专利文献作为现有技术的参照进行专利挖掘，或者以竞争对手的专利（申请）技术存在的技术缺陷或技术问题为立足点，进行专利挖掘时，专利挖掘工作就直接演变成为针对竞争对手的专利挖掘。

**【案例1】与技术研发项目进展同步的正向挖掘**

当前，由于能源危机，电动汽车成为汽车业的一个重要研发方向。电动汽车的最大瓶颈是电池。

体积小、能量大、耐力强、循环用、无污染等综合要求，当前的几种电池尚无能满足者。铅酸电池是目前唯一能大批量生产的电动汽车用电池。越来越多的研究人员选用锂离子电池作为电动汽车的动力电池，磷酸铁锂电池是首选。

不管是什么电池，都不是在最终研究到可量产汽车的时候才能申请专利，而是每产生一个技术进步就可以申请一个专利。例如，发现锂离子电池比锂电池安全（锂容易起火），可以申请专利；继续研究发现磷酸铁锂比钴酸锂效果更好且无毒便宜，又可以申请专利；进一步发现磷酸铁锂包敷碳技术可以解决磷酸铁锂材料导电性不佳的难题，还可以申请一个专利；通过进一步应用开发，设计出有助于该材料能量稳定存储和稳定释放的结构，还可以申请专利。

如此下去，随着这一技术的不断发展，就会不断地有专利产生。

而不是在发明钴酸锂电池后，因为钴有毒且价格高，就一定要等到发明磷酸铁锂电池，然后又因为磷酸铁锂材料导电性不佳而等到发明磷酸铁锂包敷碳技术才去申请专利。

这样，就对相关技术成果实现了及时挖掘和专利化，不仅大大增强了保护力度，还能有效防止因为他人对相关技术在先专利化而导致技术实施受阻情况的发生。

**【案例 2】通过研发项目配套或关联技术实现的反向挖掘**

在电动汽车电池的研发项目进行中，通过对与所研发电池相适应的充电技术、与所研发电池相适应的驱动和传动技术以及与所研发电池相适应的汽车空间设计，甚至是所研发电池在汽车之外领域的应用等配套和关联技术方面进行周到的考虑，实现对电动汽车电池研发项目配套或关联技术中可申请专利技术点的挖掘。

这样，通过对配套或关联技术中可申请专利技术点的挖掘并专利化，形成专利布局，对技术形成网状保护，不仅大大增强了保护力度，还可有效防止因为他人对配套和关联技术拥有专利而导致技术实施受阻情况的发生。

**【案例 3】通过对技术元素的改变和调整实现的反向专利挖掘**

基于一个用于治疗肺炎的，含四味中药的组方进行专利挖掘。

首先，对组方所含四味中药中，哪味是不可或缺的主要组分，哪味是可以没有的次要组分进行确认。得出结论：其中，三味药为主要组分，另一味药是起辅助作用，加则效果更好，不加也可以。

其次，对组方中各组分的配比关系进行扩展。得出结论：作为主要组分的三味药的配比关系在 1：2：1 到 2：3：1 之间变动，都能实现治疗肺炎的目的。

再次，对该组方的用途进行扩展。得出结论：通过对组方中各组分的配比关系进行调整，以及增加新的组分，分别可以治疗肺炎、气管炎和支气管炎，从而得出用于治疗呼吸系统炎症的上位概括。

最后，提出继续进行有效部位研究的建议。

这样，通过对技术可实施性和应用范围的扩展，大大扩大了专利保护的范围。

**【案例 4】通过对技术研发项目标的分解实现的反向专利挖掘**

如图 5－2 所示，在安防监控系统的开发这一技术开发项目中，根据“开发安防监控系统”这一项目目的，结合安防监控系统的常见系统构成，对研发目的进行逐级分解，将可能对该研发目的产生影响的各种因素进行筛查，并最终将这一总的研发目的分解为十多个子研发目的。不仅可以对每一子研发目的所获得的技术进步申请专利，还可以将这十多个子研发目的所获得的技术进步进行各种形式的组合后申请专利，甚至还可以为最终研发出来的有形产品谋求外观设计方面的保护。也就是说，通过专利挖掘工作，可以从这一研发项目中产出数十件专利申请，从而为这一安防监控系统开发项目的技术成果提供网式保护。

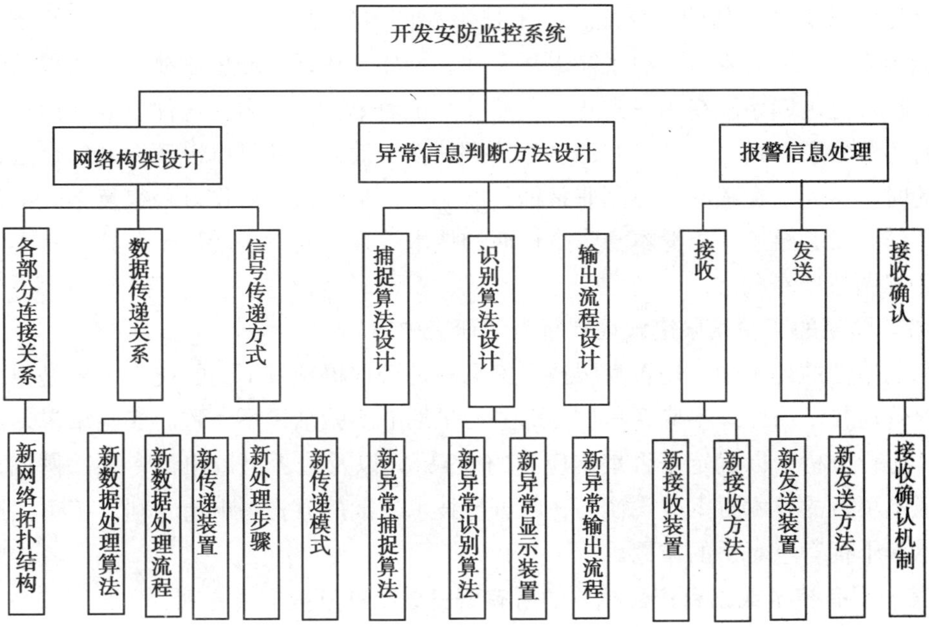


**图 5－2 安防监控系统开发项目专利挖掘示意图**

这样，通过对每个子研发目的专利化，对该研发项目进行专利布局，实现对研发成果的网状保护，不仅大大增强了保护力度，还可有效防止因为他人对相关技术的专利化而导致技术实施受阻情况的发生。

## 五、专利挖掘的注意事项

专利挖掘工作中，应当对如下事项给予特别注意：

**1. 切忌完美主义**

完美主义，在很多技术研发人员思维中是根深蒂固的。但是，正如人无完人一样，也不可能有完美的技术，所以，在专利挖掘工作中要特别注意避免完美主义。不要认为只有那些什么缺陷都没有的技术才能申请专利，而是只要能克服现有技术中的某个技术缺陷或者在某个方面取得了较现有技术更好的技术效果就可以了。

**2. 自我低估与自我否定**

技术研发思维与专利思维存在的一个重大差别就是，技术研发思维一般会将与现有技术的差别往小里看，而专利思维则一般会将与现有技术的差别往大里看。所以，从专利的角度来看，技术研发人员就往往会存在对其研发成果的自我低估和自我否定。总是认为自己的研发成果与现有技术的差别不是很大，应该达不到申请专利的要求。这是专利挖掘工作中应当注意避免的。

**3. 是否能够获得专利权与技术的复杂程度无关**

一项技术是否能够获得专利权与技术的复杂程度无关，而只是与这个技术本身是否产生了好的技术效果有关。只要这个技术能产生好的技术效果，能带来好的社会效益，绝大部分是可以申请专利的。反之，一个技术即使再复杂，如果不能产生好的技术效果，不能带来好的社会效益，也不能申请专利。例如，在现有的板凳都是四条腿的社会背景下，将板凳由四条腿变为三条腿，虽然技术很简单，但是因为这种改变在增加稳定性的同时还节省了材料，产生了好的技术效果和社会效益，就可以申请专利。反之，花费很多的时间，人工在板凳上雕刻非常细致的花纹，虽然这个工作过程很复杂，但是因为这种工作并没有给这个板凳本身带来任何的技术效果，而只是增加了美感，就不能申请发明和实用新型专利。

**4. 将非预期的实验结果错误地判断为“研究失败”**

专利创造性的评价中，是否克服技术偏见和是否取得预料不到的技术效果是很重要的两个评价途径。因此，不应轻易放弃那些与预期的实验结果不一致的实验结果，而应积极对其进行分析，以确定是否是“应当的结果”，以及是否可以申请专利。例如，将已经验证不可行的技术方案改头换面，以可行技术方案的方式去申请专利，正可以用于发挥迷惑和干扰竞争对手的作用。

**5. 某一现有技术或已有产品相关的所有研发成果都不能申请专利**

这一问题与专利的交叉性和组合性特点相关。不能因为某种技术是已有技术或某类产品是已知产品，就直接否定在该种技术或该类产品上产生新专利的可能性。

**6. 先发表论文后申请专利**

以发明人自己发表的论文为对比文件，否定掉专利申请的新颖性或创造性。这是在当前仍然经常出现的问题。所以，不仅要对技术研发人员进行专利相关的培训，还要在企业内部对论文发表等技术公开行为设置审批机制。一般来讲，应通过制度规定，在技术保密部门和专利管理部门签字同意公开某技术研发成果之前，任何人不得以任何形式公开该技术研发成果。

**7. 专利申请目的的多样性**

正如前边所提及的，可以基于很多种不同的目的去申请专利。但是，这基本上是企业管理人员和专利管理部门的事。技术研发人员一般只会考虑技术保护目的的专利申请，也就经常会错失那些基于其他目的提交专利申请的机会。所以，不仅要对技术研发人员进行专利相关的培训，专利管理人员还应深入到研发项目中去。

### 六、专利挖掘工作的开展

在专利挖掘工作的开展过程中，建议将技术研发部门的主动挖掘和专利主管部门的宏观指导相结合。

技术研发部门的主动挖掘工作中，各技术研发小组在进行技术研发的过程中，应对技术研发进展进行定期总结，并将总结结果以技术研发进展汇总表的形式传送至专利管理部门。技术研发进展汇总表中应至少包括技术研发方向、技术研发背景、当前的技术研发成果介绍、项目的预期完成时间和专利申请建议等。专利管理部门在收到技术研发部门传送的技术研发进展汇总表后，对技术研发成果的创新高度进行判断，对于能满足专利法有关创造性要求的研发成果，进入技术评审程序；对于经技术评审确认采取专利方式保护的，安排进入申请专利程序。对于技术研发部门的专利申请建议中不能满足专利法有关创造性要求的研发成果，提供评审意见并通知技术研发部门。评审意见应包括不能满足专利法有关创造性要求的情况说明和下一步的处理建议，例如，增加新的研发成果后申请专利。在这个过程中，技术研发部门是否需要对获得的研发成果进行初步筛查和评审，需要根据技术研发部门对专利知识的掌握程度来确定。

专利管理部门的宏观指导工作中，专利管理部门定期向各个研发部门发出预研、在研和完成项目情况汇总调查表，由各研发部门填写，包括但不限于项目实施阶段、预期完成时间、预期公开时间等信息。专利管理部门根据汇总的情况，对各研发项目提出专利挖掘建议，包括但不限于在什么时间内就什么技术信息提供技术说明书等建议。例如，在研发项目已经接近尾声时，建议技术研发小组提交技术研发进展汇总表。

在这个过程中，专利主管部门还应当及时对研发成果是否属于职务发明进行判断，以防止企业知识产权流失。

## 第七节　技术研发项目中的专利产出

### 一、专利挖掘工作应贯彻到企业研发项目的各个阶段

为推动企业更好地进行技术创新和研发管理，保证技术研发项目中的专利产出，专利挖掘工作应贯彻到企业研发项目的立项、计划、执行、结项等各个阶段。

在项目的预研阶段，专利管理部门就应及时切入，在技术研发部门的配合下，进行专利检索和分析工作，了解技术发展现状及趋势、竞争态势及主要竞争对手的情况等。从而为明确合适的研发方向，确立合适的研发起点，控制侵权风险等提供重要信息依据。

一般来讲，为每个技术研发项目配备一名甚至数名专利工作人员，使其能够自始至终参与技术研发过程，这对于技术研发过程中的专利挖掘、专利回避等工作的顺利开展，进而防止知识产权流失和保障专利战略的顺利实施都十分必要。

专利权归属协议/条款，在所有可能产生新知识产权的合同中都应当予以约定，例如合作开发合同、委托开发合同、知识产权许可合同和劳动合同等。典型的专利权归属协议/条款一般包括对权利归属、申请权利、使用权利、利益分配和权利转让等内容的约定。

专利权归属协议/条款中，需要特别注意的是，职务发明创造所产生专利权的归属问题，以及委托开发和共同开发活动所产生专利权的权利归属问题。根据相关法规的规定，职务发明创造申请专利的权利属于该单位；申请被批准后，该单位为专利权人。依据委托开发和共同开发活动所完成的发明创造获得的专利权，如无约定，申请专利的权利属于完成或者共同完成的单位或个人；申请被批准后，申请的单位或个人为专利权人。共有专利权的专利权人没有约定时，共有人可以单独实施或者以普通许可方式许可他人实施该专利；许可他人实施该专利的，收取的使用费应当在共有人之间分配。

项目立项之后，在执行之前，专利工作人员需要结合已有的专利检索和预警分析报告，制定项目专利布局规划、专利产出目标、专利申请计划及费用预算等。

在技术研发项目的执行阶段，专利工作人员需要引导技术研发人员利用专利文献进行再创新，协助技术研发人员进行专利挖掘，并将研发项目的技术创新成果，在专利申请策略的指导下，按照专利申请计划进行专利申请工作。

在技术研发项目的结项阶段，专利工作人员应对整个技术研发项目进行梳理，查找疏漏掉的研发成果，并及时采取补救措施。

## 二、技术交底书

对确定采取专利保护的创新成果，应提供技术交底书给专利撰稿人员。根据技术交底书人员对专利了解的程度不同，技术交底书可以有法律型和科研型两种不同类型。

所谓法律型技术交底书，就是指，基本按照专利申请文件的格式提供的技术交底书，其要求基本参照《专利审查指南》对专利申请说明书的要求。这种技术交底书一般适用于对专利了解程度比较高的技术研发人员。如果要求对专利了解程度不够的技术研发人员提供此类技术交底书，技术研发人员为了将其技术说明写成所规定的形式，往往会按照他自己的理解对技术说明材料进行拆分，这极容易导致专利申请文件撰稿人员出现对技术理解的偏差。而且，由于技术研发人员按照这个要求提交技术交底书所需要付出的工作量比较大，可能会导致技术研发人员提交技术交底书的积极性下降。

所谓科研型技术交底书就是指，技术研发人员按照其擅长的技术逻辑思维，将（1）为什么要进行这一技术研发，也就是，进行这一技术研发是为了解决什么问题（相当于科研论文的综述部分）；（2）具体的研发过程及研发成果（相当于科研论文的实验部分）；（3）研发成果的意义，也就是研发成果相对于已有技术的优势（相当于科研论文的结果与分析部分)，这三个方面介绍清楚即可。对于机械领域和电学领域，一般需要有图示，而对于化学领域，则一般不需要图示。对于具备理工科技术背景，尤其是具备研发工作经历的专利撰稿人来讲，阅读这样的技术交底书，会较少出现对技术理解的偏差。

不同的技术研发人员可能会喜欢采用不同的技术交底书类型。例如，对于从来没申请过专利的技术研发人员来说，可能会倾向于采用科研型的技术交底书，但是，对于具备较为丰富专利申请经验的技术研发人员来说，则可能会比较喜欢采用法律性技术交底书。**企业内部，应当给予技术研发人员选择使用以上两种技术交底书中任意一种来撰写技术交底书的权利，从而尽量避免因为形式上的限制因素而影响到专利的产出。**

## 三、技术评审

由于技术研发成果的知识产权保护方式并非只有专利一种，而且，不同技术研发成果对企业发展以及技术发展的重要性也不同，因此，专利管理部门在收到研发部门提供的技术说明后，应对其进行技术评审，主要包括保护方式的选择和专利申请等级的确定等工作。

知识产权的保护类型，包括专利、商标、著作权、商业秘密、集成电路布图设计和植物新品种保护在内的若干种不同的类型。在不同的保护类型之间，在保护客体上经常会存在不同程度、不同形式的重叠。对某一客体而言，有时候会存在几种不同保护方式之间的相互排斥，有时候又会存在几种不同保护方式的相互补充。例如，对某一技术诀窍而言，技术秘密保护和专利保护两种保护方式之间呈现出较大的相互排斥特性，只能择其一，一般不能同时采取这两种保护方式进行保护；对于软件而言，则是既可以通过著作权来保护其具体的表现形式，又存在通过专利制度保护期设计构思的可能；对于集成电路，则是既可以通过集成电路布图设计的方式来保护，又存在通过专利制度保护其设计构思的可能。毫无疑问，作为知识产权运作成熟的企业，在当前环境下应当具体地分析各种知识产权保护制度的特点，对于重点技术或重点产品，采取取长补短、综合运用的方式，通过多种知识产权保护制度，实行多方位保护是很有必要的。

专利管理工作人员在跟进技术研发项目进行专利挖掘的过程中，不应对挖掘到的技术创新成果一概申请专利，而是应该通过对各种知识产权保护方式的利弊进行评估，确定合适的知识产权保护策略。此过程，一般应由专利管理部门与技术研发部门，以及法务部门或企业内部专门的商业秘密管理部门共同完成。

### （一）商业秘密保护与专利保护的综合运用

因为专利与商业秘密两种保护方式的保护客体都涉及技术信息，所以在对自己的技术信息进行知识产权保护的时候，应该注意商业秘密与专利的综合运用。

商业秘密与专利的综合运用包括申请专利还是采取商业秘密保护的选择以及商业秘密到专利的转化两个方面的问题。

要对这两个方面的问题作出准确的判断，就需要首先对商业秘密及其特点充分掌握。

根据《中华人民共和国反不正当竞争法》第10条的规定：商业秘密是指不为公众所知悉、能为权利人带来经济利益、具有实用性并经权利人采取保密措施的技术信息和经营信息。最高人民法院《关于审理不正当竞争民事案件应用法律若干问题的解释［法释〔2007〕2号］》对此定义进行了进一步的解释：有关信息不为其所属领域的相关人员普遍知悉和容易获得，应当认定为《反不正当竞争法》第10条第3款规定的“不为公众所知悉”；有关信息具有现实的或者潜在的商业价值，能为权利人带来竞争优势的，应当认定为《反不正当竞争法》第10条第3款规定的“能为权利人带来经济利益、具有实用性”；权利人为防止信息泄漏所采取的与其商业价值等具体情况相适应的合理保护措施，应当认定为《反不正当竞争法》第10条第3款规定的“保密措施”；人民法院应当根据所涉信息载体的特性、权利人保密的意愿、保密措施的可识别程度、他人通过正当方式获得的难易程度等因素，认定权利人是否采取了保密措施。

由以上法规内容可以看出，商业秘密与专利相比，主要具有如下特点。

**1. 商业秘密的保护期限可以无限期**

专利是在一定期限和条件下才受到法律保护的，而商业秘密的保护期限则是可以无限期的。可口可乐公司之所以能够畅销世界百余年而盛久不衰，其原浆配方的成功保密功不可没。试想，可口可乐的配方如果最初是以专利的形式进行保护的，在其保护期限过后，可口可乐公司显然会失去其垄断地位。但另一方面，商业秘密的保护期限可以无限期并不意味着必然会无期限。这是因为，作为商业秘密保护客体必须具有几个要素：不为公众所知悉、能为权利人带来经济利益、具有实用性并经权利人采取保密措施，缺一不可，一旦失去某个要素，“商业秘密”将不复存在。所以准确地说，商业秘密的保护期限可以无限制地延长，同时也随时有可能终止。

**2. 商业秘密要求的保护措施复杂**

相对于专利保护而言，商业秘密成立的条件比较复杂，需要在其成立条件，尤其是在保密措施方面付出大量的持续性工作。为了有效实现对商业秘密的保护，企业至少需要在以下几个方面提供必要的保密措施：

（1）对企业办公环境的要求（硬件要求）。企业需要单独配置涉及商业秘密的设备、人员，如为企业高级管理人配备单独放置的专用传真机和打印机；对办公用品要进行必要的防泄密设置，如对涉密电脑设置进入密码（包括开机密码和屏保密码）、对涉密文件设置打开密码并设置禁止复制、关闭涉密电脑的对外数据传输通道（包括软驱、光驱和usb接口等）、杜绝涉密电脑的混用（尤其是在人员交接的时候）、实现企业内部网络和外部网络的物理隔离等。

（2）对企业作业行为的要求（软件要求）。企业需要对所有涉密人员进行涉密教育，制定严格的涉密信息内部操作规范，例如，对涉密文件实行取阅登记制度和废旧纸张的处理制度、商业秘密的密级划分及保密制度、档案管理制度、门禁管理制度、合同管理制度、人事管理制度、计算机及网络管理制度等，并严格执行、指定严格的对外联络行为规范。

（3）对企业经营理念和管理方式的要求。当前，拥有自己商业秘密的企业大多会与员工签订竞业限制协议，以防止离职人员使用其掌握的商业秘密与企业进行竞争。但是，大多数企业并没有对该竞业限制协议约定补偿金，更不会支付补偿金，导致该竞业限制条款因为违反公平原则而被视为无效条款。这就需要企业在追求利润最大化的同时，还应该努力实现以人为本，通过签订长期劳动合同和适当提高劳动待遇等方式，给予员工人格和待遇上的尊重，或者给予涉密人员以《公司法》第 148 条所规定的董事、监事、高级管理人员等相应身份，或者向涉密人员支付适当的保密费用，以此培养员工、尤其是涉密员工以企为家的意识。

（4）其他方式，如将商业秘密的技术分解后由不同人保管等。

**3. 商业秘密保护的相关法规尚不完善**

与专利具备相对完善、独立的法规文件不同，有关商业秘密保护的法规散见于多份法规文件中，并且至今尚无具体、详细的操作规范。

**4. 商业秘密保护具有相对性**

专利权的义务主体是不特定的，具有排他性、专有性、独占性和绝对性；而商业秘密是通过“采取了一定的保密措施”产生的，这种前提条件决定了这种权利是在保密范围内相对特定人的一种权利，不能对抗特定人之外的采用正当手段掌握该秘密的人，没有明显的排他性，不具有专有性和独占性，是一种相对权，无法阻止他人通过自主研发或者反向工程的方式获取该技术。

**5. 商业秘密保护不受法域限制**

例如可口可乐的配方在全球都是秘密，而专利权则受限于特定地域范围。

**6. 商业秘密保护的是非公知信息**

商业秘密方式保护的是非公知信息，前提是不为公众所知悉，不容易被竞争对手所获知，也就容易阻断竞争对手的参考借鉴甚至是侵权行为，而其他知识产权都是公开的。但是，由于商业秘密保护的是非公知信息，所以，也就决定了，其难以对产品的外在信息（例如产品的尺寸、结构、材料等），以及他人容易获得（自行研发或反向工程方式获得等）的技术信息进行保护。而且，由于商业秘密保护的是非公知的技术信息，所以，也就无法阻止他人对该非公知的技术信息申请专利，因为处于保密状态的信息不能构成现有技术的一部分。

**7. 商业秘密权利丧失风险大**

专利权是针对公开的信息被赋予一定时间长度的权利，在该时间长度内权利相对稳定。而商业秘密保护则是以其非公知性等成立条件为基础的，一旦这些基础不存在了，“商业秘密权”也就随之消失了。商业秘密权益的丧失途径主要有以下几种：（1）泄密事件；（2）反向工程；（3）合法途径，比如授权使用；（4）第三人通过独立研发获知技术信息。

**8. 权利的取得方式不同**

专利权需要经过行政审批，是由相关行政审批机关授予的权利，而商业秘密的产生则是基于权利人的合法劳动或其他正当手段而自动产生的。

**9. 商业秘密的保护成本与其他方式不同**

由于其不需要通过行政审批，所以商业秘密保护也就不需要向行政部门缴纳审批、授权、保护等方面的费用，同时，商业秘密保护一般是由企业自行实施的，不需要委托代理机构。但这并不意味着商业秘密是一种低成本的保护方式，相反，为了有效地保护商业秘密，企业往往会将更多的资金持续地投放在软硬件方式保密措施上。

**10. 商业秘密的取得门槛较低，保护范围较广**

现有法规并没有要求技术发明达到一定的创新高度，才可以享有技术秘密保护的权利，因此，相对于专利保护而言，其对创新高度的要求明显偏低，其保护范围也就自然要广泛得多。此外，《反不正当竞争法》第10条所称技术信息包括技术本身和技术的应用等不同角度和层面，而不应仅仅理解为技术本身。例如，虽然可口可乐公司一直对可口可乐的配方保密，但我们并不能肯定可口可乐的配方本身不是已知的饮料配方中的一种，假设可口可乐配方其实就是已知饮料配方中的一种的情况下，虽然这种配方已经是公众所知悉的，但并不意味着可口可乐就不再拥有商业秘密，因为“可口可乐是使用这一配方配制的”这一公知配方的使用信息并非为公众所知悉。

综合专利与商业秘密保护这两种知识产权保护方式各自的特点，在确定某技术研发成果是申请专利还是采取技术秘密方式保护时，通常需要综合考虑以下因素。

（1）该技术信息的可保密性：可保密性强的，以技术保密保护为主；可保密性弱的，以专利保护为主。

通常来讲，无形技术的可保密性要大于有形技术的可保密性，例如，工艺参数的可保密性比机械产品的可保密性要高。

（2）该技术的预期生命周期：预期生命周期不超过专利保护期限的，以申请专利保护为主；预期生命周期超过专利保护期限的，以技术秘密保护为主。例如，可对技术的生命周期按5年以内，5至20年，20年以上等几个阶段。技术的生命周期在5年以内的，首选技术秘密保护。技术的生命周期在5至20年的，首选专利保护。技术的生命周期在20年以上的，首选技术秘密。

（3）专利维权难度系数：专利保护的技术特征比较容易取证的，以申请专利为主；技术特征（技术创新点）不容易取证的，以技术秘密保护为主。

（4）技术研发难度系数：他人比较容易研发成功的技术，以申请专利为主；他人不容易研发成功的技术，以技术秘密保护为主。

（5）技术成果的创新高度：对于创新高度达到专利对创造性要求的，可考虑申请专利；对于创新高度达不到专利对创造性要求的，应考虑是否暂时予以保密，而不是简单的公开了事。

（6）与其他技术成果的关系：一般来讲，在一项技术研发行为中所产生的技术成果之间会存在密切的关联性。很多情况下，基于一项技术成果，就会比较容易地得到另一项技术成果。因此，与其他技术成果的关联性如何，以及相关联的技术成果是否公开，也就成为考虑是否采取商业秘密保护的重要考虑因素之一。

（7）其他因素：例如上级主管部门或政府对知识产权保护类型的当前倾向以及当前的保护环境、保护力度等因素。

在确定采取专利保护还是技术秘密保护时，因为涉及技术的生命周期、技术的研发难度等多方面的因素都可能是专利工作人员难以准确把握的，所以，专利管理部门应与技术研发部门和市场部门等进行有效沟通。

在进行以上判断时，均应以技术研发成果的最小单位，即平常所说的技术点或技术诀窍，为判断对象。在某一技术研发成果中，某些技术点或技术诀窍适合申请专利，某些技术点或技术诀窍又适合采用商业秘密方式保护时，也就出现了业界常用的“在申请专利的同时保留技术诀窍”的做法。当采取“在申请专利的同时保留技术诀窍”的做法时，应注意根据所保密技术成果与所公开技术成果之间的关系等因素，对所保密技术成果是否以及何时转化为专利申请等方面进行规划。

对于“在申请专利的同时保留技术诀窍”的做法，当前主要的操作方式是，在申请专利时，将可对所公开技术方案实现优化的附加技术特征不予公开。此处需要注意的是，对技术秘密不恰当地保留，可能会使得专利申请因公开不充分，或者失去新颖性/创造性等原因而被专利局驳回，从而导致该技术成为公知公用技术。另外，如果对技术秘密的保留不当，万一他人将该技术信息申请了专利，会使得该技术秘密持有者处于被诉专利侵权的风险中，如果先用权主张不成的话（主张对技术诀窍先用权的难度较大），损失可能会很大。对于从属专利所保护的技术方案而言，一般来讲，如果双方不能达成专利许可或转让协议，则基础专利的专利权人和从属专利的专利权人都是不能实施的。所以，采取专利保护与技术秘密保护相结合的方式，对某一技术进行保护时，应特别注意。如果所保密的技术诀窍被他人研发出来并申请了专利，则会陷入被动。

**对于可申请专利的技术主题而言，商业秘密持有者还可通过定期向专利局提交专利申请文件但不促成其公开的方式，来对商业秘密泄露后果产生一定的弥补作用。**因为实用新型专利申请文件是只有在专利申请被授予专利权之后才会公开的，而专利局对于未公开的专利申请是赋有保密义务的。因此，在所涉及技术具备专利法所要求的授权条件的前提下，商业秘密持有人只要保证有“只要想被授权就可以被授权”的、尚未公开的专利申请存在，就可以在该商业秘密被泄露后再通过专利保护的方式延长其对该技术垄断实施的时间。同理，因为发明专利申请的默认公开时间为发明专利申请之日起18个月时，所以，只要对所递交的发明专利申请及时主动撤回，就不会造成其技术信息的公开。为了增加其保险系数，此策略还可与优先权制度相结合使用。

综上所述，商业秘密与专利作为企业保护其技术成果的有效方式在企业技术管理战略中起着举足轻重的作用。选择适当的方式将有利于企业发展，而不顾实际情况盲目选择则可能导致丧失自身优势，在竞争中处于不利地位。

在确定以专利方式进行保护后，还应根据技术成果对企业发展以及技术发展的重要性不同，例如，是否能够引领技术发展的趋势，是否在与竞争对手的对抗中有针对性，是否有希望进入到技术标准中，是否容易规避或绕过以及预期的市场价值等因素，确定该专利申请的等级。除此之外，评估参考因素还可参照技术秘密与专利保护的方式选择过程中的参考因素。**一般来讲，专利申请的等级可分为特别重要申请、重要申请和一般性申请三级。**

由于技术评审的多个参考因素的确定需要以了解现有技术的情况、掌握技术发展的趋势以及掌握竞争对手的现状等为前提。这就需要在技术评审进行前，或者进行中开展相关的专利检索工作。

对技术研发成果采取商业秘密保护还是专利保护进行选择时，如果确定某技术成果更适合采取技术秘密的方式进行保护，企业专利管理部门应作出建议对该技术成果采用技术秘密进行保护的建议函，发送技术研发部门，由技术研发部门提交企业商业秘密管理部门处理，或直接转送企业商业秘密管理部门处理。或者部分企业的技术研发成果会先经过商业秘密管理部门的审核，确认不采用商业秘密方式进行保护的，才会转送到专利管理部门。企业会先由商业秘密管理部门，还是先由专利管理部门对是否采取商业秘密保护进行判断，与企业的整体知识产权战略以及商业秘密管理部门对技术的把握能力有关。一般来讲，以商业秘密为主要知识产权保护形式的企业，会采取先由商业秘密管理部门判断的方式，如涉密较多的军工企业；而以专利保护为主要知识产权保护形式的企业，则多采取先由专利管理部门判断的方式。

### （二）专利与软件著作权的综合运用

虽然对软件专利化问题的争论一直没有停止过，但软件专利化一直在被进行着。国家知识产权局对软件专利化的审查标准也由必须与硬件结合放宽为不再要求必须与硬件结合。对于非开源软件来讲，其软件代码往往被软件开发者视为商业秘密，可进行软件著作权登记。但是，软件著作权的保护力度明显偏弱，因此在对其软件代码进行软件著作权登记的同时，对软件的设计思想谋求专利权的保护，以实现对其软件产品的综合保护是十分必要的。

### （三）专利与反不正当竞争的综合运用

根据反不正当竞争法的规定，使用知名商品特有包装、装潢的行为，是一种不正当竞争行为。毫无疑问，通过专利权的保护，通过对特定专利产品市场的垄断，是使得相关商品成为知名商品的重要途径。而一旦相关商品成为知名商品，被反不正当竞争法所保护，则意味着对其产品的保护获得了延伸。尤其是对于外观设计专利权，如包装盒的外观设计专利权而言。例如，在美国，已经通过判例将所谓的包装解释为包含产品外观本身。在我国的“晨光笔特有装潢”不正当竞争案【（2010）民提字第16号】中，最高人民法院认为，外观设计专利权终止后，该设计并不当然进入公有领域，在符合条件时还可以依据反不正当竞争法关于知名商品特有包装、装潢的规定而得到制止混淆的保护。该案中，最高人民法院认为，凡是具有美化商品作用、外部可视的装饰，都属于装潢，通常包括文字图案类和形状构造类两种类型；与外在于商品之上的文字图案类装潢相比，内在于商品之中的形状构造类装潢构成知名商品的特有装潢需要满足更严格的条件；这些条件一般至少包括：（1）该形状构造应该具有区别于一般常见设计的显著特征；（2）通过在市场上的使用，相关公众已经将该形状构造与特定生产者、提供者联系起来，即该形状构造通过使用获得了第二种含义。

## 第八节　专利申请的准备与实施

### 一、专利申请策略与布局

专利申请策略分为企业整体的专利申请策略、具体产品的专利申请策略和单项专利申请的申请策略三个层面。

**1. 企业整体专利申请策略与布局**

**企业整体专利申请策略是指企业根据自身的科技水平、研发能力以及在市场中的地位和企业发展规划等因素综合考虑，制定出的、对后续一段时间内的所有企业专利申请具有普遍适用性的策略。企业整体专利申请策略的制定过程中，专利申请的目的是其主要的考量因素。**

对医药领域而言，在化学制药领域，我国医药企业的科技水平和研发能力均较发达国家的医药企业存在较大差距，而且，一段时间来看，也大多不具备对发达国家出口化学药品的可能性。由于生物制药领域是新兴技术，我国部分医药企业实现了与发达国家医药企业基本同步的发展水平。在中药领域，我国医药企业借助传统优势，具备较强的竞争能力。所以，我国部分医药企业采取了化学药物维持企业运营，中药实现企业利润，生物制药保障企业长远发展的经营策略。与此相适应，这些医药企业在专利申请策略的规划上，呈现出在数量上以中药专利为主、化学制药和生物制药为辅的特点。适当数量的化学药物外围专利，有助于企业维持在化学药物领域的已有市场份额。大量的中药相关专利，则有助于对核心产品的体系化保护。前瞻性的生物制药专利，又为企业参与日益成熟的生物药品市场的竞争提供了有力的武器。

对于日用家电而言，由于日用家电的更新换代速度很快，大部分的日用家电企业采取了以实用新型和外观设计专利为主，发明专利为辅的专利申请策略。

**这其中，也应当包括针对主要竞争对手的专利申请策略。**例如，对与竞争对手存在较强竞争关系的产品或技术进行重点申请；对竞争对手的核心专利或基础专利进行围堵；或者对我方没有，但在竞争对手的市场利润占据较大比例的产品提交大量专利申请等。

**2. 具体产品的专利申请策略与布局**

发明人在获得某一发明创造之后，往往会对应推出某一产品，随着对该发明创造的不断改进，还可能会对该产品进行持续改进，不断推出新的更新换代产品。那么，在该发明创造之后，如何实现对该发明创造及其后续改进的专利保护，以及如何尽可能地延长对该发明创造的专利保护期限，通过围绕相关产品进行专利布局，从而在市场上实现对该专利产品及其更新换代产品尽可能长远的绝对垄断，这就涉及对该发明创造的专利申请策略问题。**针对具体产品的专利申请策略的制定，需要充分考虑专利的特性，尤其是，专利的组合性、交叉性和时间性等方面，在专利分析的基础上，结合技术和产品的特点，以及竞争对手的情况来完成，并根据情况变化进行适时调整。例如，将产品和（优选）方法专利申请先后提交而不是同时提交；将技术研发成果按照所实现效果差别，从良到优，先后提交专利申请；将技术研发成果分拆为若干个独立的子技术，分别提交专利申请；优先选择对竞争对手没有专利的产品或产品的关键技术提交专利申请，针对竞争对手的专利，大量提交外围专利申请，甚至是技术替代专利申请等。**

**【案例1】美国海丽思体育用品有限公司通过轮滑鞋专利保护体系对产品保护时间的延长**

以美国6450509专利为起点，对美国海丽思体育用品有限公司的轮滑鞋专利进行检索，对检索结果分析可以看出其在轮滑鞋技术上的专利申请策略。

1999年4月1日，美国海丽思体育用品有限公司（Heeling Sports Limited）将发明人罗杰·R. 亚当斯（Roger R. Adams）发明的“滑行装置”向美国专利商标局递交了一份临时专利申请，其临时申请号为60/127459。

2000年3月31日，该公司同时向美国专利商标局提出非临时专利申请和以该美国临时专利申请为优先权的国际申请。国际申请的申请号为：PCT/US00/08633，申请名称为：滑行装置及方法。该专利申请于2000年10月12日首次由WIPO国际局公布，公布号为WO00/59323A1。此后，该国际申请先后进入到加拿大（CA），澳大利亚（AU），芬兰（FI），瑞典（SE），丹麦（DK），英国（GB），欧洲（EP），巴西（BR），德国（DE），中国（CN），土耳其（TR），日本（JP），奥地利（AT），新西兰（NZ），西班牙（ES），俄罗斯（RU），南非（ZA），挪威（NO），墨西哥（MX）等国家、地区和组织。美国非临时专利申请的申请号为：09/540125，申请名称为：滑行装置及方法；该美国专利申请于2001年9月6日由美国专利商标局公布，申请公布号为US2001/0019195A1。

在2000年3月31日提出非临时专利申请09/540125后，专利申请人又以该专利申请及其临时专利申请为国内优先权，提出了多次分案、继续和部分继续申请。

2001年8月14日，专利申请人针对美国专利申请09/540125提出分案申请，申请号为09/930318，申请名称仍为：滑行装置及方法。2001年12月27日该分案申请被公布，申请公布号为US2001/0054802A1；2002年6月18日公告授权，专利号为US6406038B2。

2002 年 2 月 1 日，专利申请人就该滑行装置和方法又提出两个临时专利申请，申请号分别为 60/353868 和 60/353871。

2002 年 2 月 7 日，专利申请人又针对美国专利申请 09/540125 的分案申请 09/930318 提出继续申请，申请号为 09/930318，申请名称为：滑行装置及方法。2002 年 6 月 13 日由美国专利商标局公布，申请公布号为 US2002/0070511A1。

同日，专利申请人还针对美国专利申请 09/540125 提出继续申请，申请号为 10/071931，申请名称为：滑行装置及方法。2002 年 6 月 20 日由美国专利商标局公布，申请公布号为 US2002/0074748A1；2004 年 5 月 25 日公告授权，专利号为 US6739602B2。

2002 年 2 月 15 日，专利申请人再次针对美国专利申请 09/540125 提出继续申请，申请号为 10/076954，申请名称为：滑行装置及方法。2002 年 6 月 20 日申请公布，申请公布号为 US2002/0074749A1；2004 年 6 月 8 日公告授权，专利号为 US6746026B2。

2002 年 2 月 18 日，专利申请人再次针对美国专利申请 09/540125 提出三项分案申请，申请号分别为 10/077895（A32）、10/077964（A33）和 10/077911（A34），申请名称均仍为：滑行装置及方法。

2002 年 2 月 22 日专利申请人就该滑行装置和方法再次提出临时专利申请，申请号为 60/358908。

2002 年 4 月 5 日，专利申请人再次针对美国专利申请 09/540125 提出分案申请，申请号为 10/117802，申请名称仍为：滑行装置及方法。

2002 年 9 月 3 日，专利申请人以 60/353868 和 60/353871 两项美国临时专利申请为优先权，向中国台湾提出专利申请，申请号为 91120067，申请名称为：用于步行和转换到滑行的滑行鞋。

2002 年 9 月 9 日，专利申请人以 60/353868 和 60/353871 两项美国临时专利申请为优先权，向中国国家知识产权局提出实用新型专利申请，申请号为 02252503.3，申请名称为：用于步行和转换到滑行的滑行鞋。

2003 年 2 月 3 日，专利申请人再以 60/353868 和 60/353871 两项美国临时专利申请为优先权，向巴拿马专利局提出专利申请，申请号为 P20038565801，申请名称为：用于步行和转换到滑行的滑行鞋。2003 年 11 月 12 日申请公布，申请公布号为 PA20038565801。

同日，专利申请人以美国临时专利申请 60/353868 为基础，针对美国专利申请 09/540125 的分案申请 10/077895 提出部分继续申请，申请号为 10/357765，申请名称为：多轮滑行装置。

同样在 2003 年 2 月 3 日，专利申请人以 60/353868 美国临时专利申请为优先权提出国际申请，申请号为 PCT/US03/03404，申请名称为：多轮滑行装置。申请公布号为 WO03/063972A3。

此后，国际申请 PCT/US03/03404 先后进入到澳大利亚（AU）和日本（JP）国家阶段，并被公布出来。

澳大利亚专利局于2003年9月2日公布该国际申请的国家阶段文本，申请号为2003208990，公布号为AU2003208990A1，申请名称为：多轮滑行装置。

日本专利局于2005年6月9日公布该国际申请的国家阶段文本，申请号为P2003-563657，公布号为JP2005-516651A，申请名称为：多轮滑行装置。

2003年2月18日，专利申请人再次针对美国专利申请09/540125分案申请10/077895提出部分继续申请及美国临时专利申请60/358908的正式申请，申请号为10/369063，申请名称为：外部轮式滑行装置及方法。

同日，专利申请人以60/358908美国临时专利申请为优先权，向中国台湾提出专利申请，申请号为92103266，申请名称为：具有外部滚轮的脚后跟滑行装置及在一个表面上从一个静止状态转移到一个滚动状态的方法。2004年4月11日公告授权，专利号为TW582992B。

2003年2月19日，专利申请人以60/358908美国临时专利申请和美国专利申请09/540125的分案申请10/077895的部分继续申请10/369063为优先权提出国际申请，申请号为PCT/US03/04901，申请名称为：外部轮式滑行装置及方法。

此后，国际申请PCT/US03/04901先后进入到澳大利亚（AU）、欧洲（EP）、日本（JP）和中国（CN）等国家/组织，并被公布出来。

澳大利亚专利局于2003年9月9日公布该国际申请的国家阶段文本，申请号为2003213117，公布号为AU2003213117A1，申请名称为：外部轮式滑行装置及方法。欧洲专利局于2004年11月17日公布该国际申请的国家阶段文本，申请号为03709162.6，公布号为EP1476228A0申请名称为：外部轮式滑行装置及方法。日本专利局于2005年6月23日公布该国际申请的国家阶段文本，申请号为P2003-570946，公布号为JP2005-518259A，申请名称为：外部轮式滑行装置及方法。

中国国家知识产权局于2005年7月27日公布该国际申请的国家阶段文本，申请号为03808290.X，公布号为CN1646197A，申请名称为：外部轮式滑行装置及方法。

2004年6月7日，专利申请人又针对美国专利申请09/540125的继续申请10/076954提出继续申请，申请号为10/863090，申请名称仍为：滑行装置及方法。2005年12月22日，专利申请人又针对美国专利申请09/540125的继续申请10/076954的继续申请10/863090提出继续申请，申请号为11/317977，申请名称仍为：滑行装置及方法。

2006年6月19日，专利申请人再次针对美国专利申请美国专利申请09/540125的分案申请10/077895的部分继续申请10/369063提出继续申请，申请号为11/471365，申请名称为：外部轮式滑行装置及方法。

**从1999年4月1日首次提出临时申请至2006年6月19日最后一次提出继续申请，美国海丽思体育用品有限公司通过5项美国优先权，或单独或联合，在20多个国家/地区申请了滑行装置及方法、多轮滑行装置和外部轮式滑行装置及方法三个不同技术发展层次的专利数10项。不仅使轮滑鞋发明创造从开始的“滑行装置”到“多轮滑行装置”再到“外部轮式滑行装置及方法”在技术上有了发展，同时也使对相关技术保护**

**期限得到了延长。**

**虽然轮滑鞋并不是一个复杂的发明创造，但是美国海丽思体育用品有限公司为使自己获得最大市场利益，达到有效保护这样一种技术上很容易实现的发明创造的效果，充分利用国际、国内的专利保护规则，编织出了一张复杂的专利保护网，从而有效地抑制了竞争对手涉足该市场的冲动。**

**【案例2】天士力集团通过复方丹参滴丸和养血清脑颗粒的专利保护体系实现了对这两个产品的绝对垄断**

复方丹参滴丸和养血清脑颗粒是天士力集团的主打产品和主要利润来源。天士力集团也分别对这个产品提供了庞大的专利保护网。

自2001年11月09日申请01136155.7号，名称为“一种预防和治疗冠心病心绞痛的药物及其制备方法和其他用途”的第一件复方丹参滴丸相关专利开始，至2006年的6年时间里，天士力集团围绕这一产品申请的专利已有数10项之多，涉及组方、制备工艺、剂型及用途等各个方面，尤其是以丹参、三七和冰片为组分的组方为基础，通过增减组分的方式，进行了大量衍生专利的申请。例如，2003年02月17日申请的，名称为“复方丹参滴丸在制备抑制白细胞黏附药物中的应用”的03104507.3号专利，保护了复方丹参滴丸在制备抑制白细胞黏附药物中的应用；2010年02月23日递交的，名称为“复方丹参滴丸胶囊”的201010112014.4号专利申请，则是要求保护复方丹参滴丸的胶囊剂型；2004年11月24日申请的，名称为“一种制备肝脏疾病的药物组合物及其用途”的200410072858.5号专利中，所保护的药物就只含有丹参和三七的提取物；2004年11月26日申请的，名称为“治疗冠心病心绞痛的药物滴丸”的200410072944.6号专利中，所保护的药物则是在丹参、三七、冰片的基础上增添了人参或党参。天士力集团通过大量专利申请，建立起了一个庞大的“复方丹参药物”的专利保护体系，实现了对复方丹参滴丸相关市场的独占。

复方丹参滴丸作为天士力集团的独家产品，自2002年起成为国内药品市场单品种销售额最大的品种，迄今为止一直保持这一绝对优势地位。该产品在2005年实现销售额为8.6亿元，2010年含税销售额即已达15亿元之多。目前，复方丹参滴丸已经在美国FDA和欧盟EMEA进行临床试验，有望成为第一例以药品身份进入西方发达国家医药主流市场的现代中药。

自1993年01月09日申请名称为“活血清脑冲”的93100050.5号专利以来，天士力集团已经先后围绕“养血清脑颗粒”申请了10余项相关专利，涉及组方、制备工艺、剂型及用途等各个方面，为该产品提供了体系化的专利保护。2005年9月，天士力集团更是就利用“养血清脑颗粒”专利，通过与东莞万成制药公司的“一元钱专利侵权诉讼”，在向广大医药企业成功宣示其维护专利技术垄断实施权的决心的同时，也对公司科技创新的形象起到了巨大的宣传作用。2006年12月18日，高级人民法院民事判决书（2006）高民终字第1221号终审判决东莞万成制药公司侵权成立，天士力集团“养血清脑颗粒”2008 年销售收入 1.8 亿元，2009 年销售收入即达 2.5 亿元。

以上两个案例，都向我们的企业揭示出企业产品市场化过程中的良好专利保护策略，对我们提供了有益的参考。**案例所体现出来的策略不仅在知识产权保护较好的国家有效，固然是在专利侵权诉讼的结果可预测性不高的国家，对核心产品进行体系化的专利保护，也是非常具有现实意义的。**对于附着了大量专利权的产品而言，竞争对手要将所涉及的专利权全部无效掉的概率是很低的，成本也是很大的；发生侵权行为后，一旦专利权人利用产品所附着的专利权发动专利侵权诉讼，由于可以发动的诉讼数量多，被诉侵权人要在这些诉讼中全部获胜的概率也是很低的，成本也是很大的。而对于专利权人来讲，通过多个专利诉讼，获得的侵权赔偿累计起来，也是可以相当可观的。

**3. 单项专利申请的申请策略**

**单项专利申请的申请策略是指企业为提出某项专利申请而具体确定的策略，包括是否申请专利，什么时间提交、以哪种专利类型提交、是否要求提前公开、是否利用优先权制度、是否利用主动修改制度、是否提交涉外申请、是否请求保密审查以及是否提交实质审查请求等诸多方面。单项专利申请的申请策略往往需要与企业整体专利申请策略以及针对单一技术的专利申请策略相适应。单项专利申请的申请策略的制定过程，需要充分考虑专利的特性，尤其是专利的公开性、地域性和时间性等方面。**

**（1）是否申请专利**

是否申请专利的问题，主要涉及对一项研发成果，是采用专利制度还是商业秘密制度进行保护的选择问题。这部分内容会在其他章节已有介绍，在此不再赘述。

**（2）专利申请的提交时间**

专利申请提交时间的确定问题，与专利的先申请制原则和公开换保护原则等方面的关系密切。**虽然根据专利的先申请制原则和公开换保护原则，专利申请应在满足专利法有关专利说明书应当对发明创造充分公开要求的基础上，尽早提交。但是，仍需要结合竞争对手获得该研发成果的难度系数、该研发成果对后续研发的影响以及技术的生命周期等因素综合考虑。**例如，对于竞争对手同时获得该研发成果的概率比较高的情况下，就需要尽早提交专利申请，甚至可能会需要结合优先权制度和主动修改制度，来进一步提前该专利申请的申请日，反之，如果竞争对手短期内获得该研发成果的概率较低，则需要考虑尽量延迟该专利申请的递交时间。在该研发成果提交专利申请可能会对后续研发及成果的专利化产生较大的不利影响的情况下，例如，一旦该专利申请资料公开，竞争对手很容易在此基础上进一步研发，甚至很可能会快于专利申请人的研发速度的情况，就需要考虑尽量延后专利申请的递交。在该研发成果的技术生命周期不足 10 年的情况下，就需要考虑尽早提交专利申请，反之，如果该研发成果的技术生命周期超过 20 年，则需要考虑尽量延迟该专利申请的递交时间。专利申请的提交时间的确定问题上，还需要注意申请专利与发表论文之间的关系。因为论文一旦公开发表，就构成了现有技术的一部分，不会因为论文作者与专利发明人相同而被例外性排除。所以，申请专利一定要在发表论文之前进行，否则将会导致专利申请因为丧失新颖性或创造性而无法获得专利授权。

**结合优先权制度和主动修改制度，来进一步提前该专利申请的申请日**主要是指：在确有必要进一步提前专利申请日的情况下，将尚未撰写完善的专利申请文件提交给专利局。根据所提交材料是否需要补充来决定主张优先权，重新递交专利申请，还是利用主动修改制度。如果需要进一步补充技术资料才能实现专利申请的目的，则可通过主张在先申请的优先权的方式，在优先权期限内，重新撰写一份完善的专利申请文件，通过主张部分优先权的方式，提交给专利局。这尤其适用于仅需要补充技术效果的申请文件完善行为。如果没有需要进一步补充的技术材料，而仅需要对权利要求主张进行重新规划，则可在主动修改期限内，在不超出原始说明书和权利要求书所公开范围的前提下，重新撰写权利要求书，甚至对说明书进行适当调整。

此处，还有一点是非常值得注意的，那就是，利用优先权制度，可以实现将专利的实际保护期限合法地延长 12 个月的目的。因为，《专利法》第 42 条规定，专利的保护期限是自实际申请日开始计算，而非自优先权日开始计算的。所以，以主张了在先申请的优先权的在后申请的实际申请日开始计算，相对于从在先申请的申请日开始计算，专利的实际保护期限最长可以多出 12 个月（对发明和实用新型专利而言）或 6 个月（对外观设计而言）的主张优先权期限的时间。

当然，**优先权制度还有一个非常现实的作用，就是可以有效防止每到年末都会出现的，由于专利申请量太大而不可避免撰写瑕疵的出现。**由于一般企业专利申请大多呈现出年初申请量很小，而年末申请量很大的特点，所以，专利申请文件撰稿人的工作也就呈现出年初工作量不饱和，年末工作拼命加班也干不完的特点。拼命加班也干不完的情况下，必然会导致撰写质量的下降。利用优先权制度，将年末的专利申请转移一部分到第二年的年初进行完善工作，无疑可以有效地平衡各个时间段的工作量，**通过“削峰平谷”，可以很好地避免由于案件扎堆儿导致的质量下降。**

**（3）专利申请类型的选择**

对于那些既符合发明专利的定义又符合实用新型专利的定义的发明创造，也就是那些对产品的形状、构造或其结合所作出的适于实用的新的技术方案，确定专利申请的类型时，应根据发明和实用新型专利的主要差别，结合技术本身的特点来综合考虑。

**发明和实用新型专利的差别主要体现在：**

**一是保护期限不同。**发明专利的保护期限是自申请日起 20 年，实用新型的保护期限是自申请日起 10 年。需要注意的是，这只是法律规定的保护期限，但具备可操作意义的实际保护期限基本是从专利授权日开始的。

**二是两者对创造性的要求不同。**发明专利要求跟现有技术相比具备突出的实质性特点和显著的进步，而实用新型只是要求与现有技术相比具有实质性特点和进步。也就是说，实用新型专利对创造性的要求比发明专利低。

**三是两者的审查授权程序不同。**发明专利申请需要经过公开后的实质审查程序，没有发现不符合专利法规的缺陷的，才能被授予专利权。而实用新型专利申请则仅进行初步审查，而不进行实质审查。

**四是两者获得专利授权的时间不同。**由审查程序我们可以看出，实用新型因为比发明专利少了实质审查程序，所以，实用新型专利的授权时间比发明专利要快得多。当前的情况是，实用新型专利申请一般在申请日起8个月以内就可以获得授权（如果最终被授权），而发明专利申请则往往需要2年左右，甚至更长的时间才能获得专利授权（如果最终被授权）。

**五是未授权情况下的公开情况不同。**如果发明专利申请因为实质审查不合格而最终未被授予专利权，其专利申请文件也是已经被公开的。而实用新型专利申请则是只有在授权之后才会被公开，如果实用新型专利申请未被授权，则不会被公开。如果技术被公开但未获得专利授权，就意味着该技术成为了公知公用的技术。当然，这是以该技术不存在其他专利权的保护为前提的。

**六是两者的维权程序不同。**主要差别在于，授权的实用新型专利在提起侵权诉讼之前，一般需要提交专利权评价报告，也就是请求专利局对该实用新型专利权的授予是否符合专利法规的规定进行审查并出具结论，部分地相当于发明专利申请的实质审查。而发明专利则不需要。

当前常见的，“实用新型专利授权容易，所以我肯定申请实用新型”和“发明专利级别高，我当然申请发明专利”的做法都是值得商榷。首先，**对同一技术而言，不管是采用发明还是实用新型专利进行保护，保护期限内的保护力度都是相同的，实用新型专利并不必然比发明专利的价值低，尤其是对于技术生命周期不足10年的技术而言。**在这个问题上，最典型的案例就是正泰公司与施耐德公司之间，涉及97248479.5号实用新型专利的专利侵权纠纷案。不但是目前中国大陆地区判决侵权赔偿额最高的专利侵权纠纷案，正泰公司还通过由此案与施耐德公司达成了全球性和解协议，大大化解了在全球范围内被施耐德起诉专利侵权的风险。97248479.5号实用新型专利对于正泰公司而言，可以说是价值巨大。其次，**根据矛盾论，利弊往往是并存的，只盯着有利的方面而忽视不利的方面的做法是不合适的。**例如，对于技术生命周期超过20年的技术，如果只是看到发明专利20年的保护期限就选择申请发明专利，则很容易因为实际保护期限的延后和/或因为发明高度不足而驳回等原因造成不必要的损失。如果只是因为实用新型专利对创造性要求低而申请了实用新型专利，则会因为保护期限只有10年而造成利益损失。

**（4）是否请求提前公开**

根据我国《专利法》第34条的规定，国务院专利行政部门收到发明专利申请后，经初步审查认为符合要求的，自申请日起满18个月，即行公布。国务院专利行政部门可以根据申请人的请求早日公布其申请。那么申请人是否需要提交专利提前公开的声明，提交这个声明会给专利申请人带来什么利弊呢？

首先，在某些情况下，提交专利提前公开的声明，在申请日起满18个月前即行公开，对申请人是有利的。

根据《专利法》第 42 条的规定，发明专利权的期限为 20 年，自申请日起计算。但根据《专利法》第 11 条的规定，专利权人只有在发明专利权被授予后才被赋予主张禁止他人实施其专利的权利。在此情况下，不管是为了有效延长可行使专利权的时间，还是为了与产品的生命周期相匹配（如电子产品等生命周期较短的产品），专利申请人都有必要争取尽早获得专利权。要想使专利申请获得授权的时间尽可能的提前，请求对申请文件提前公开是十分必要的。因为发明专利申请要获得授权，必须经过实质审查阶段，而实质审查又必须在专利申请文件被公开之后才能进行。因此，从理论上讲，提前公开可能会在一定程度上将其申请文件进行实质审查程序的时间提前。

根据《专利法》第 13 条的规定，发明专利申请公布后，专利申请人即可以要求实施其发明的单位或者个人支付适当的费用，也就是获得所谓“临时保护”。很多发明专利申请所涉及的产品和/或方法在申请日以后即由申请人通过产品上市或发表论文等方式进行了公开，在此情况下，将专利申请文件提前公开以获取“临时保护”就显得尤为重要，尤其是对于那些很容易通过反向工程获知其发明内容的产品。虽然由于专利法没有对“临时保护”涉及的费用进行明确的规定，导致所谓的“临时保护”实际操作起来并非那么容易。但是，在申请专利的技术已经出于事实的公开状态的情况下，提前公开至少可以对社会公众，尤其是相关行业的竞争对手以警示作用。

根据《专利法》第 22 条的规定，抵触申请只能用于评价专利申请的新颖性，但不能用于评价专利申请的创造性。在此情况下，将专利申请提前公开可能会对竞争对手的在后专利申请的创造性产生有效的负面影响。

本行业的竞争对手的发明专利申请的发明点经常是相同或者相近的。一项专利申请的申请人通过请求提前公开其专利申请的内容，可以使其专利申请所记载的发明信息尽早地进入公知领域，以属于可以评价在后申请是否具备创造性的现有技术，从而降低竞争对手就该专利申请相关技术获得专利权的几率。

其次，在某些情况下，发明专利申请的提前公开可能会损害申请人的利益。

根据《专利法》第 32 条的规定，申请人可以在被授予专利权之前随时撤回其专利申请。根据专利申请文件是否被公开，申请人撤回其专利申请分为两种情况，一种是在申请被公开前撤回，一种是在申请被公开后撤回。这两种情况会对专利申请人的利益产生截然不同的影响。

如果专利申请文件尚未公开，在该技术具备新颖性和创造性的情况下，申请人撤回专利申请后，申请人可以选择将其作为技术秘密保留，或者就该技术本身再次或就该技术进行进一步改进后重新提出专利申请。但如果专利申请文件已经公开，则意味着该技术已经进入了公知技术领域，申请被撤回后，申请人就丧失了就该技术内容获得专利保护的机会。因此，专利申请文件越晚公开，留给申请人决定是否将其公开，以使其进入公知领域的时间就越长。

根据《专利法》第 22 条的规定，抵触申请只能用于评价专利申请的新颖性，但不能用于评价专利申请的创造性。申请人利用专利申请的提前公开对竞争对手的在后专利申请的创造性产生负面影响的同时，也可能对自己的在后专利申请产生负面影响。这对于连续性的科研过程中产生的系列专利申请的影响尤其明显。

根据《专利法》第 19 条和第 21 条的规定，在专利申请公布或者公告前，代理人和国务院专利行政部门的工作人员及有关人员负有保密责任。也就是说，发明专利申请被公布前，专利申请人的竞争对手是无法获知该专利申请的内容的。企业在进行技术开发之前，往往需要通过专利检索获得相关技术的最新动态和最新的研究成果。然后，根据专利检索获得的相关信息制定相应的技术开发策略及其他相关策略。因此，专利申请文件公开越晚，竞争对手获知该技术信息的时间就越晚，获知其进行的研发为重复研发的时间就越晚，在此基础上进行进一步研发的时间也就越晚。也就是说，专利申请公开的时间越晚，就越有可能扰乱竞争对手的战略部署，并可能大大增加竞争对手的资金成本和时间成本。

专利申请人在决定是否提交提前公布声明的时候，应综合考虑以上各方面的利弊关系，从产品上市的时间与专利申请文件的公开时间的关系、产品上市后是否容易通过反向工程获知该专利申请文件记载的技术、竞争对手在相关技术的研发状态等因素综合考虑。

**（5）对同一技术方案同日提交发明与实用新型专利申请**

《专利法》第三次修正后，对于同一申请人对同一发明创造同日提交发明和实用新型的行为进行了特殊规定。

《专利法》第 9 条规定：同样的发明创造只能授予一项专利权。但是，同一申请人同日对同样的发明创造既申请实用新型专利又申请发明专利，先获得的实用新型专利权尚未终止，且申请人声明放弃该实用新型专利权的，可以授予发明专利权。两个以上的申请人分别就同样的发明创造申请专利的，专利权授予最先申请的人。

根据《专利审查指南》的规定，对于发明或实用新型，《专利法》第 9 条或《专利法实施细则》第 41 条中所述的“同样的发明创造”是指两件或两件以上申请（或专利）中存在的保护范围相同的权利要求。在判断是否为同样的发明创造时，应当将两件发明或者实用新型专利申请（或专利）的权利要求书的内容进行比较，而不是将权利要求书与专利申请（或专利）文件的全部内容进行比较。判断时，如果一件专利申请（或专利）的一项权利要求与另一件专利申请（或专利）的某一项权利要求保护范围相同，应当认为它们是同样的发明创造。**两件专利申请（或专利）说明书的内容相同，但其权利要求保护范围不同的，应当认为所要求保护的发明创造不同。这与判断抵触申请所采用的全文对比原则不同，应注意区别。**

在对一件专利申请进行审查的过程中，对于同一申请人同日（指申请日，有优先权的指优先权日）就同样的发明创造提出的另一件专利申请已经被授予专利权，并且尚未授权的专利申请符合授予专利权的其他条件的，应当通知申请人进行修改。

需要注意，此种情况，只能是修改正在审查中的申请，所谓的修改是指将在审的专利申请的权利要求修改到与已授权专利权利要求不相重叠的范围内。不能采取放弃在先权利的行为。例如，在先授权的产品专利权，在后申请删除产品保护请求，而只对方法请求保护。

例外的是，对于同一申请人同日（仅指申请日）对同样的发明创造既申请实用新型又申请发明专利的，在先获得的实用新型专利权尚未终止，并且申请人在申请时分别作出说明的，除通过修改发明专利申请外，还可以通过放弃实用新型专利权避免重复授权。

**同一申请人可以对同一技术方案同日提交发明与实用新型专利申请的规定为申请人对发明专利授权进行努力提供了制度保障。**因为发明专利的实际保护期限是从授权日开始的，所以，发明专利的尽早授权无疑是有积极意义的。为实现这一尽快授权的目标，有时候，在实质审查过程中，申请人往往会在是否争辩最大保护范围的时候犹豫，很多时候会直接选择一个退而求其次的范围。在发明与实用新型同日申请的情况下，因为权利范围已经有实用新型专利权在保护了，所以，发明专利申请的授权日已经不会影响到该发明创造的实际保护期限了，申请人也就可以放心地主张其权利范围了，虽然可能会导致授权周期延长。但这未必是坏事。

发明专利的授权周期的延长对于这一发明创造权利的维持费用也会产生影响。对于该技术保护来讲，年费会少支出一些，因为同样的年份，实用新型比发明的年费额度要略低一些。而且，**发明专利授权的周期延长，实用新型的存在期就长，权利就更稳定。**因为实用新型比发明的创造性要求低。一旦实用新型专利权被发明专利权所替代了，对其创造性的要求就马上提高了，在保护力度相同的情况下，增加被认定为不具备创造性的风险系数明显是不合算的。

**（6）是否提交保密审查请求**

《专利法》第20条规定，任何单位或者个人将在中国完成的发明或者实用新型向外国申请专利的，应当事先报经国务院专利行政部门进行保密审查；并对违反有关保密审查规定的行为规定了惩罚措施：对其在中国的相应专利申请不授予专利权。

因此，对在中国完成的发明创造，在申请发明或实用新型专利时，应优先考虑向中国专利局提交专利申请（包括PCT申请）。向中国专利局提交的专利申请，如果可能通过巴黎公约途径向国外提交专利申请，为保证不耽误优先权期限，建议在提交中国专利申请时一并提出保密审查请求。如果不想将中国专利局作为第一受理局，而需要单独提交保密审查请求时，在保密审查请求程序所附的技术方案说明书的撰写标准应该与正常的专利说明书标准相一致。

**（7）是否提交实质审查请求**

在专利实务中，对于实质审查请求的提交时机，并没有引起专利申请人足够的重视。笔者认为，作为专利申请人，对这一问题，还是应该适当予以考虑的。

从理论上讲，只要是在发明专利申请被公布前1个月及之前提交的实质审查请求，对专利申请进入实质审查程序的时间都是不会有太大影响的。但是，在专利申请公布后提交的实质审查请求，无疑是会对专利申请进入实质审查程序的时间产生影响的，实质审查请求提交的越晚，专利申请进入实质审查程序的时间也就越晚，得出最终的审查结果的时间也就越晚。

因为发明专利申请人只有提出实质审查请求时和收到进入实质审查程序通知书之日起3个月内可以对专利申请文件进行主动修改，而要对专利申请文件进行有针对性地修改，无疑是获知的现有技术及抵触申请的情况越多越好，也就意味着提出实质审查请求和收到进入实质审查程序通知书的时间越晚越好。另外，从费用的角度来看，如果基于对现有技术和抵触申请的进一步了解，发现专利申请不具备获得专利授权的可能性，在专利申请实质审查请求费的处置方面，在已经缴纳和尚未缴纳两种情况之间，无疑是会存在较大差别的。

专利申请人就需要根据具体案情，对以上各方面的利弊进行综合考虑，来确定提出实质审查请求的时机。

**（8）是否提交涉外申请**

**在考虑一项发明创造是否需要到其他国家提交专利申请时，可参考的因素主要有该发明创造的重要性、该发明创造所对应产品或技术的竞争对手所在国及其产品的主要市场国、该发明创造所对应产品或技术的竞争对手对待市场竞争的常用手段以及专利申请经费情况等。**

一般来讲，发明创造越重要，则越需要提交涉外申请。大多数的基础专利都比外围专利的地域保护范围要广的多。

一般来讲，从专利对抗、专利威胁角度以及排除市场竞争对手等目的出发，都需要考虑在竞争对手所在国以及竞争对手相应产品主要市场国提交专利申请。

一般来讲，对很少采用专利纠纷等激烈的市场竞争手段进行市场竞争的竞争对手，可适当减少对其有针对性的专利布局。

此外，从成本角度考虑，也可结合实行实用新型保护制度国家有关实用新型专利的规定，考虑在这些国家多申请实用新型专利。例如，在日本，对于符合实用新型保护客体的发明创造，可以先申请实用新型，然后在申请日起3年内决定是否将其变更为发明专利。

## 二、专利申请的委托代理

随着社会的飞速发展，社会分工越来越细，职业兴替的周期正在不断加速。据统计，我国目前已经有了近2000种职业，其中不少是新兴的职业，并且还有逐年增加的趋势。社会分工的细化，是与社会发展的要求相适应的。在各方面的竞争都日趋激烈的形势下，就必然要求有专门人才负责专门事务的处理，以求获得专业化的产出。闻道有先后，术业有专攻，博而不精的全才已经不能适应当今社会的发展要求。专利代理人是专门从事专利相关工作的人员，所以，其对相关法律法规的认识和理解也就会比较深入，而且其所处理案件的数量比较多，这一方面有利于经验的积累，另一方面也能够比较快速地获取审理标准变化的相关信息，及时调整作业行为。由于专利制度中涉及的细节性因素较多，只是专利申请的驳回理由就有数10条之多，其要求又与人们日常生活或者科研工作中的要求经常会存在差别，所以导致非专门从事专利工作的人很难撰写出满足专利法规要求的文件，更难以把握科研成果与所能取得的专利保护之间的对应关系。在此情况下，**为了更好地为发明创造提供专利保护，将专利事务委托给专门的人员去完成，就显得尤为重要了。**

我国的专利代理行业作为一个新兴行业，在发展过程中，难免会存在一些问题和不足，如所谓黑代理泛滥，以及由于长期低价竞争导致的整体服务质量低下等。这些问题和不足可能会对申请人的权益产生一定的影响，导致部分当事人因为这些问题和不足就干脆不委托代理，而是自己操刀，来处理专利获权和专利侵权纠纷等事务，这是不可取的。而是应当通过加强企业内部专利从业人员的能力和水平，提高对专利代理机构和专利代理人员的甄别能力，并设置良好的代理委托机制，尽量争取获得高质量的代理服务，以维护自己的权益。

虽然说，为了更好地为发明创造提供专利保护，将专利事务委托给专门的人员去完成，是很有必要的。但是，**专利战略的实施是一个涉及因素众多的系统工程，并非这个过程中的所有事务都有必要委托外部的专利代理机构去完成。**

**一般而言，对于专利无效与诉讼案件，是建议委托专利代理机构代理的。**因为专利无效与诉讼案件时对抗性很强的法律事件，期间，涉及大量规则与策略的运用。而要掌握并熟练运用这些规则策略，是需要大量实战经验积累的，而且，还需要案件承办人具备相当的法律素养和应变能力。一般而言，企业内部人员在经验积累方面，比相关专利代理人的机会要少得多。

**对于专利申请案件，是否要委托专利代理机构办理则需要根据实际情况来确定。**

首先，根据我国专利相关法规的规定，专利申请人是外国人的，必须委托专利代理机构代理其专利申请事务，但是，专利申请人是中国（大陆地区）人时，则不强制其委托专利代理机构代理其专利申请事务。其他国家，也大多规定专利申请人是外国人时，需要委托专利代理机构代理其专利申请事务。所以，本国专利申请，可以委托专利代理机构代理其专利申请事务，到其他国家/地区的专利申请，则需要委托专利代理机构代理其专利申请事务。

其次，需要根据专利申请的目的来确定是否委托专利代理机构代理专利申请事务。专利代理人和企业内部人员（in-house）都具备处理专利申请事务的一般性能力，但是，**一般而言，专利代理人比企业内部人员（in-house）对专利审查的细节会比较熟悉，对专利申请相关审查标准的变化的感知也会比较及时；而企业内部人员（in-house）比专利代理人对技术的理解则会更深入。**所以，对于技术保护为目的的专利申请，一般而言，建议委托专利代理机构代理，而其他目的的专利申请，尤其是宣传或单纯技术公开目的的专利申请而言，则可考虑由企业内部人员直接处理。在企业内部人员的配合下，专利代理机构可以将技术保护目的专利申请撰写到恰当的保护范围并且比较容易获得专利授权。由企业内部人员直接处理非技术保护目的的专利申请，则不但有助于企业内部人员积累专利申请事务的处理经验，而且有利于实现将有限的经费尽量多的用于技术保护目的的专利申请。

**对于有必要委托外部专利代理机构来完成的专利事务，在确定所委托的专利代理机构时，有必要对现有的专利代理机构进行考察，以选择适合所委托事务的代理机构来办理。**

**首先，社会分工的细化，不只是体现在行业之间，即使是在专利代理行业内部，也是有着明显的体现的。**现有的专利代理机构中的大多数，在专利事务的处理上也不是全能的，而是有其明显的作业优势领域。例如，有的专利代理机构擅长于专利相关文件的翻译工作，有的专利代理机构擅长于专利申请文件的撰写工作，有的专利代理机构则又擅长于专利无效与诉讼方面的业务等。即使是在擅长于专利申请文件撰写工作的专利代理机构中，又根据技术领域不同而又明显的不同，有的专利代理机构擅长于电学领域，有的专利代理机构擅长于化学领域，有的专利代理机构则擅长于机械领域。以上擅长领域的不同，具体到单个的专利代理人而言，体现得更为明显。根据专利事务的特点，委托擅长该专利事务处理的专利代理机构和专利代理人，是十分必要的。否则，即使是委托了专利代理机构，仍然很可能会导致利益的损失。

其次，当前，我国专利代理机构的地域分布非常的不均衡，北京、上海、广东、浙江等经济发达省份的专利代理机构占了全国专利代理机构总数的一大半，而其他省市的专利代理机构则明显偏少。在此情况下，由于不同专利代理机构所擅长领域不同的因素，**当事人要将其专利事务对外委托时，尽量减少对专利代理机构所在地域的要求，**就显得十分必要。这跟一个病人选择就诊医院时所要考虑的因素是相同的道理。病人选择就诊医院时，一般会在哪些具备相应治疗条件的医院中，选择那些距离其地理位置较近，比较容易到达的医院。对于一些比较特殊的疾病，患者还往往会优选去那些在治疗该疾病方面具备专长的医院就诊，而不管其距离远近。因为，如果医院选不好，可能不但花了钱治不好病，甚至可能会因为病情延误等原因而导致出现生命危险。在将专利事务委托专利代理机构的时候，如果过分考虑专利代理机构的地域因素，而忽略了其对专利事务处理能力方面的考虑，也会大大增加权益丧失的风险。

再次，对于存在较大量同类专利事务（如专利申请）的企业，建议至少委托两家专利代理机构处理其专利事务。这不仅有助于**通过有效竞争，促使专利代理机构不断提高其服务质量，且有助于分散风险。**在此过程中，对于相同的研发方向还应尽量委托相同的专利代理机构，这有助于代理公司针对该研发方向集中培养专门化的代理人，从而有助于服务质量的提升。从这个角度来说，同一当事人所委托专利代理机构的数量也不宜太多。

### 三、代理机构的监督与管理

选择与自己企业需求相适应的专利代理机构，并对其进行有效管理和评估，是企业专利管理工作的重要内容。在专利代理机构的选聘环节中，首先要做的工作应当是服务质量评估，主要包括撰写水平和流程管理两部分。其中，**通过试写，召开评审会，由专利代理机构对其试写的专利申请文件进行撰写说明，不失为一种有效的撰写水平甄别方式**。而如果只是由企业专利管理部门对专利代理机构试写的专利申请文件进行内部评审，容易由于对其撰写策略的不了解等原因而误判，也不容易引起专利代理机构对撰写质量的足够重视。在对专利代理机构的服务质量进行甄别之后，是不是就直接委托那些服务质量最好的专利代理机构呢？这也未必。而**应根据企业的实际需求，选择与企业需求相适应的专利代理机构，将专利代理机构设置不同的级别。这一过程中，重点应考虑专利质量的要求和专利代理机构的客户构成两个方面。**

在将专利申请案对外委托时，应根据技术评审过程中所确定的等级，确定相应的专利代理机构。

对于被确定为特别重要申请的案件，一般应交由企业专利管理部门中的资深人员负责，并委托最高级别专利代理机构处理，还应考虑是否到国外申请专利。

对于被确定为重要申请的案件，一般应委托具备相应水平的专利代理机构代理。

对于被确定为一般性申请的案件，除了委托具备相应水平的专利代理机构代理外，还可有选择性地交由企业专利管理部门的人员进行撰写。一般来讲，服务质量会与服务价格存在一定关联性，服务质量高，代理费一般也就会高，为非技术保护目的专利申请付出太高的成本明显是没必要的，而应将有限的经费更多地向重点专利申请集中。

从专利代理机构的客户构成角度讲，专利代理机构一般会对其客户构成中，委托业务量比较大的客户给予特别的重视，安排相对优秀的专利代理人，提供相对优质的服务，而对于其客户构成中委托业务量比较小的客户，分配的资源则会相对较少，尤其是在对专利代理公司的资源需求存在冲突时。因此，**一般来讲，对于规模型企业，委托那些在相同和相近技术领域的客户构成中，年度专利申请量超过本企业的申请人不超过三个的专利代理公司是比较合适的。**

对专利代理机构代理质量的监管，应当是动态的，而不应当是静态的，否则，极容易由于代理质量的不稳定而给企业带来无法挽回的损失。所以，在与专利代理机构签订聘用合同，确定聘用关系之后，还应对其服务质量进行实时监控和定期复查，以督促专利代理机构保持其服务质量，并对不合格的专利代理机构进行及时更换或调级。在聘用关系存续期间，定期（如每年一次）召开评审会，对专利代理机构所撰写专利申请文件随机抽查，通过让专利代理机构在评审会上进行撰写说明的方式，对其撰写水平进行确认。**对部分企业来说，从人力和能力等方面考虑，委托外部服务机构进行专利申请质量的审核，也是一个不错的选择**。通过在聘用关系存续期间的流程管理，包括时限控制、所提供文件类型以及交流沟通的情况等方面的考察，对专利代理机构进行评分。将撰写水平和流程管理的得分加权平均，并将该分值作为对专利代理机构进行级别调整或更换的依据。

**在对具体专利申请案件进行代理质量评估时，建议至少关注如下方面：**

（1）专利申请的发明点/创新点的确定是否恰当，并根据代理人与申请人的沟通情况，确定代理质量。一般来讲，发明点/创新点的确定需要在代理人的提示下，经申请人丰富并确认。

（2）专利申请的发明点/创新点的主次排列是否合理，并根据代理人与申请人的沟通情况，确定代理质量。一般来讲，发明点/创新点的主次关系需要在代理人的提示下，经申请人丰富并确认。

（3）专利申请说明书是否公开充分，并根据代理人与申请人的沟通情况，确定代理质量。尤其要注意技术术语前后一致、技术术语的简写是否存在歧义、原料说明是否清楚等方面。代理人有义务提示申请人注意对其发明进行专利法意义上的充分公开。

（4）权利要求是否得到说明书的支持，并根据代理人与申请人的沟通情况，确定代理质量。代理人有义务告知申请人此专利申请说明书所能支持的权利要求。

（5）权利要求书的撰写是否有利于后续的授权审查和无效审查程序的修改，并根据代理人与申请人的沟通情况，确定代理质量。

（6）专利申请的说明书是否有利于后续的授权审查和无效审查程序中对创造性的争辩，并根据代理人与申请人的沟通情况，确定代理质量。例如本发明取得了预料不到的技术效果的证据是否存在。

（7）权利要求书所请求保护的范围是否恰当，并根据代理人与申请人的沟通情况，确定代理质量。专利申请文件的权利要求书所请求保护范围过大或过小都是不合适的。所请求保护范围过大，容易浪费审查时间，使授权时间变长，更严重的，可能会导致创造性争辩变得困难。所请求保护范围过小，主动放弃部分应得利益，这也明显是不合适的。

（8）权利要求书的布局是否合理。权利要求书是否从产品、方法和用途等各个可能的角度对发明创造谋求了保护；权利要求书是否有合适的纵深，既包括是否对发明创造的上下游以及中间产品谋求了保护，又包括是否恰当地设置了从属权利要求。

（9）权利要求的文字描述是否有利于清晰地限定专利保护范围，是否有利于侵权举证。

（10）与专利申请驳回理由相关的其他条款的评估，如单一性因素等。

（11）专利申请说明书中是否存在可能会对权利范围产生不恰当限定，或者可能会使得对比文件不恰当地增多，进而导致对创造性的争辩困难的描述。

（12）是否属于专利法的保护客体，尤其是实用新型的保护客体方面的把握是否恰当。例如，在当前的审查标准下，在实用新型专利的权利要求中含有虚拟单元特征时，则明显是值得斟酌的。

（13）根据不同的申请目的，可能涉及的其他因素的评估。例如是否实现了恰当的技术诀窍保密等。

（14）专利授权审查程序中的意见陈述和申请文件修改是否恰当，并根据代理人与申请人的沟通情况，确定代理质量。

（15）专利流程管理质量。主要包括时限控制、交流形式等。一般来讲，口头交流之外，还附有逻辑清晰、内容详尽的书面材料是值得推荐的交流方式。

需要说明的是，以上所列评估项目在评估过程中可能会出现几个项目之间相互交叉而仅仅是侧重点不同的情况，这是正常现象。因为专利申请文件是一个整体，例如，权利要求需要得到说明书的支持，权利要求的创造性也需要通过说明书对其实现效果的记载来体现，说明书需要对权利要求所请求保护的方案充分公开，将一个密不可分的整体分割成小块去评估，由于无法实现对不同小块之间关系的评估，是无法得出对整体的质量评价结果的。

在对专利申请文件的评估，尤其是对权利要求的评估过程中，一个简单而有效的方法就是对其进行句型结构分析。例如，对于一个产品权利要求中的结构技术特征“在A层表面原位生成的氧化硅层B”，乍一看，是一个结构特征，好像没什么问题。但是，如果通过句型结构分析，我们就可以发现，其中的氧化硅层B是由“在A层表面原位生成”来限定的。而“在A层表面原位生成”是一种工艺描述，而且，很明显，在专利侵权诉讼中，对这一工艺描述是很难进行侵权举证的。所以，这个权利要求的撰写是否恰当就是非常值得继续思考的。

以上所述的评估项目的实现，所需要的评估材料应该包括：

（1）技术交底书；

（2）申请目的说明；

（3）交流过程说明，如交流信函；

（4）递交的专利申请文件；

（5）其他可能有用的材料。

企业在委托外部服务机构代理其专利申请、专利无效、专利侵权纠纷、专利预警分析等事务时，一般需要与外部服务机构签署相关的专利代理委托协议。这些协议中，代理质量相关条款是个难点。所以，当前，大多数的专利代理委托协议中都没有设置代理质量相关条款。这对委托人的权益保障无疑是十分不利的。已经有人在进行专利代理质量相关方面的研究。**企业应该考虑在代理委托协议中增设代理质量相关条款，即使相关考核指标还不完善，至少可以在形式上起到提醒被委托人重视代理质量的作用。**

专利代理行业是一个以提供技术服务为主的行业，其所提供的产品是无形的服务，其质量评价较难。再加上我国民众对专利制度的了解还不够深入，以及我国对专利代理行业的管理制度等方面的因素，导致当前的专利代理行业中出现了服务与价格严重不匹配的现象，对专利代理行业的整体发展产生了不利影响。影响这个问题解决的因素比较复杂，既需要委托人对代理费有个正确的认识，也需要在相关管理部门指导下的利益分配格局的调整。本书在此不作过多的论述。

## 四、企业专利申请内部流程示例

### 1. 技术交底书评审

专利管理部门相应人员对经技术审核确认采取专利方式保护的研发成果进行以下

处理：

（1）审核。专利管理部门对经技术审核确认采取专利方式保护的研发成果，按照其重要性不同，确定申请等级，并向技术研发部门提出技术交底书书写建议，包括所要提供的材料（背景技术、实施例、发明点主张，发明人信息等）以及建议的作业时间等。如果技术研发部门提供的技术交底书合格则进行下一步，如不合格则返回技术研发部门要求修改、补充技术交底书。

（2）分流。对是否属于共同申请的范围进行判断。专利管理部门根据技术研发部门所提供的信息和意见，对属于共同申请范围的，与共同申请人进行沟通。

对申请时机进行判断。适合尽快递交专利申请的，立即启动专利申请文件撰写工作或按照申请等级不同，委托对应的专利代理机构办理。

需要拖后申请的，通知技术研发部门，并说明理由。例如，需要拖后申请的理由可以是：需要等待相关技术研发成功后一起递交申请，以避免影响后续研发成果的创造性。

**2. 专利案卷的建立**

对于确定要申请专利的技术，设计案卷，一案一卷，包括纸质案卷和电子案卷各一份，以公司案件号命名。

如果有电子管理数据库，则以电子管理数据库中内容为电子案卷，如无电子管理数据库，则应在指定电脑中，将每个案件的相关电子文档单独保存为一个文件夹，以公司案件号命名。

案件号设置规则为：年份的后两位数字 + 两位月份数字 + 三位流水号 + 第一申请人简称（两位字母）。

案卷中设案件进度表（包括受理、初审合格、公开、进入实审、一通、二通、授权、驳回、第 n 年年费等）和重要事项记录页（包括是否付款、申请权转让/许可、分案、无效宣告相关信息等）。

案件相关备份文件放入相应案卷内。

**3. 准备专利申请文件并递交**

方式一：委托代理。

（1）发送文件。将专利申请指令信、交底书、代理委托合同一起发给专利代理机构。指令代理机构在该案件的处理过程中，往来文件和信件，统一使用指定的案号。

（2）填写数据库（如果有的话）。在专利管理数据库中创建在申请记录，填写申请案号、交底书名称、撰写人、发明人、所属部门及产品、代理所、代理人及处理时间等信息。

（3）监控代理机构与发明人沟通情况，提醒代理机构和发明人相关时限。

（4）审核申请文件。首先沟通。在专利代理过程中，有关技术问题由代理人和发明人（技术问题联系人）直接联系沟通，如果沟通有一定困难，或者双方意见不一致，或者有合案或分案等重大变化的，专利管理部门相应人员需参与。

其次审核。专利管理部门审核专利申请文件草稿，指出申请文件中所有问题，书面或电话通知代理人修改。

（5）递交申请。发明人和专利管理部门相应人员定稿后，由代理机构递交专利局，并在受理后邮寄一份完整的申请文件至专利管理部门保存。

方式二：企业自行处理。

专利管理部门确定案号并通知技术研发部门。案号一旦确定，对该案的所有操作均应标注案号。

技术研发部门指定技术联系人，专利管理部门指定撰稿人。

撰稿人在技术联系人的配合下，撰写专利申请文件。

专利管理部门审核确认撰稿人的专利申请文件终稿符合要求的，填写专利申请表格，发技术研发部门确认其中的发明人信息。

专利申请文件递交专利局。

**4. 文件整理汇总**

专利申请递交后，对受理通知书、申请文件副本和费用发票等资料进行汇总整理。

（1）文件检查。首先，检查文件是否齐备：受理通知书（标明申请案号），申请文件副本（请求书，申请文件，委托书，实审请求书），合同，发票。其他文件（如果有的话）：交底书、检索报告、评审报告等。

其次，发票、合同是否合格：合同上金额与发票要一致，若是分期付款，需填写项目分期付款管理表。

合同上签章的单位、发票上盖章的单位，与填写单据上的收款人名称三者应该一致。

（2）案件排序。同时收到的几份受理通知书及其文件，按申请日期、申请号排序。

（3）文件分组。第一组文件：受理通知书，申请文件副本（请求书，申请文件，委托书，实审请求书），合同复印件，发票复印件。第二组文件：发票原件、合同原件。在合同的第一页标上申请号。

（4）信息核对。根据申请案号查找到相应的在申请记录，核对发明人、申请人、代理人信息是否正确。如有数据库，进行数据库信息录入，包括申请号，申请日，发明人，申请人，代理人等信息。

（5）整理完毕。第一组文件归档；第二组文件填写报销单。

**5. 中间程序**

（1）发送文件。在专利申请递交之后，需要单独提交提前公开声明、实质审查请求或进行主动修改等行为时，适用本步骤。自行处理或指令代理机构处理，将处理结果记录在专利管理数据库中（如果有的话）。

（2）审查通知的答复。收到专利局发出的补正通知书或审查意见通知书后，首先，由流程人员归档。其次，由专利管理部门的案件负责人进行初步评估，或指示代理机构出具初步的应对建议。认为缺陷可以克服的，指令代理机构起草答复应对文稿；认为缺陷难以克服的，则需要报经部门主管同意后，方可指令代理机构放弃答复应对。必要的时候，应当与发明人进行沟通，尤其是在作出放弃答复应对的决定时。监控代理机构与发明人沟通情况，提醒代理机构和发明人注意相关时限。

再次，企业专利管理部门审核答复文稿，发现问题的，书面或电话通知代理人修改，确认没有问题的，指示代理机构递交。最后，将处理结果记录在专利管理数据库中（如果有的话）。

（3）授权通知、驳回决定或视为撤回通知书的处理。第一，收到授权通知、驳回决定或视为撤回通知书后，先有流程人员归档。第二，收到授权通知的，由专利管理部门案件负责人核实，认为确需授权的，指示代理机构缴费。如果认为可放弃授权，则需要报经部门主管同意后，方可指令代理机构放弃。第三，收到驳回决定的，对是否启动复审程序，由专利管理部门案件负责人进行初步评估，或指示代理机构出具初步建议后。确认要提出复审请求的，指令代理机构进行作业。对重要申请和特别重要申请，对是否提出复审请求，则应报经部门主管进行确认。第四，收到视为撤回通知书的，由专利管理部门案件负责人对视为撤回是否为工作失误导致进行确认。若为工作失误导致，则应报经部门主管确认是否启动权利恢复程序。第五，企业专利管理部门审核专利代理机构提供的答复文稿，发现问题的，书面或电话通知代理人修改，确认没有问题的，指示代理机构递交。第六，将处理结果记录在专利管理数据库中（如果有的话）。

**6. 付款**

每 2 周或每 10 天处理 1 次。填单：根据收到的发票，填写费用报销单；根据缴费通知书（如果有的话）填写费用支出单。复印：把填好的报销单/费用支出单复印，存入案卷。交财务。财务付款后通知专利管理部门，专利管理部门在重大事项页中记录。

## 第九节　专利运营

专利运营是指，在专利申请获得授权之后，通过一系列的操作，使得这些专利权能够为企业的生产经营活动服务，包括专利宣传、专利资产管理、专利交易等诸多方面。

### 一、专利宣传

专利是科技创新成果的产物，是新技术、新成果的体现，所以，通过在产品、协议书或者宣传资料上标注专利号，标明所提供的是专利技术或专利产品，甚至通过专利诉讼等途径，来实现对产品或企业的宣传，是一种比较容易被接受的宣传方式。通过专利宣传，可以将社会公众对专利技术的认可，转化为社会公众对企业及其相关产品的认可，增加在招投标项目中的中标率，形成对竞争对手的压力，增强企业在商务谈判中的分量等。

## 二、专利权的维护与管理

随着企业对专利工作的重视程度越来越高，专利申请量越来越大，企业拥有专利权的数量也越来越多。如何通过对这些专利（申请）分门别类，从而进行有效管理，也是一个值得研究的课题。要维持授权专利有效，就需要不断支付年费。如何将那些本已没有继续维持必要的专利筛选出来，不再对其缴纳年费，从而提高人力物力财力的利用效率，也是企业专利实务工作中，一个值得关注的问题。

一般来讲，企业专利管理部门可定期对所拥有的专利（申请）进行内部的价值评估，根据专利的保护范围大小、专利与技术标准的关系、专利是否已经转化、专利技术在市场中的应用情况、是否已经出现替代方案、专利申请的目的是否已经实现、专利申请的授权前景、专利（申请）与竞争对手的关系以及专利与其他专利（申请）的关系等各方面因素，得出初步的评估结果，并依此将所拥有的专利（申请）进行分组管理。

在利用专利的评估价值对所拥有的专利（申请）进行筛查过程中，被认为没有继续维持必要的专利（申请），一般是那些技术已经过期或被替代、没有授权前景的专利申请以及与随着企业技术转型而被放弃的技术相关的专利等。基于技术公开目的、宣传目的等非技术保护目的的专利（申请），在完成其历史使命后，一般也会被放弃。

在对一项专利（申请）是否需要继续维护进行判断时，一般需要由专利管理部门与技术研发部门以及市场部门协同作业来作出判断（一般以联席会议或评估委员会等形式存在），如果只是专利管理部门单独进行判断，很容易由于对技术发展态势的不了解，或者由于对该专利在当前的市场推广等市场经营活动中的应用情况不了解等，而作出错误的判断。作出放弃继续维护专利（申请）的决定，由于涉及企业资产变化等，一般需要由企业主管领导审批。

在利用专利的评估价值对所拥有的专利（申请）进行筛查过程中，应当注意的是，专利申请的目的是可以相互转化的，所以，基于技术保护目的的专利申请获得专利权后，虽然其技术已经过期或被替代，或者已经因为企业的技术转型而不再与企业当前的技术发展相关，但不等于就必然是一无是处了。还应充分考虑其是否有其他可用之处。例如，随着企业的技术转型，某些专利已经与企业当前的技术和产品相关度不大，甚至根本不相关。但是，如果企业新转入的技术领域中，某一竞争对手在这些专利相关的技术和产品方面有经营，就完全可以将这些专利用于与该竞争对手的专利对抗。

随着经济全球化程度的不断加深，在单一国家拥有专利权变得越来越没有意义，尤其是对于大型跨国公司而言。因此，通过同族化管理，对于同族专利，申请权利、运用权利和放弃权利均同步进行就成为一种重要的专利管理形式。在同族专利中，某一国的专利权丧失，即表明该专利权本身存在缺陷的概率很高，则应对是否放弃在其他国家的同族专利进行评估。

## 三、专利价值评估

专利权是一种无形财产权，通过对这些无形资产进行有效管理，可以为企业的生产经营活动提供帮助。除了通过专利侵权诉讼，可以实现对专利产品市场的垄断，以获取垄断利润之外，专利还可以通过专利质押、企业增资等形式为企业的生产经营活动提供帮助。在这些过程中，一般需要对专利权进行专利价值评估。而且，专利交易过程中，也经常会需要对专利权的价值进行评估。

专利权等无形资产是现代社会经济运行的重要资产，是社会资产的重要组成部分。无形资产评估也是资产评估的重要组成部分，合理发现无形资产的价值是实现评估目的不可或缺的重要环节。国际资产评估准则委员会（IVSC）制定的《国际评估准则》，以及从属于美国评估促进会（The Appraisal Foundation）的评估准则委员会（Appraisal Standard Board）制定的《美国专业评估执业统一准则》（USPAP），我国的《资产评估准则》都以专门的章节对无形资产评估进行了相应的规范。

随着专利权数量的不断增加和专利权人专利运营能力的不断提高，在商业活动中，对专利权的处置行为越来越多。在这些专利权处置行为中，对专利的价值进行准确评估的需求越来越多。常见的专利评估目的包括：

（1）专利权转让；

（2）专利权出资；

（3）专利权质押；

（4）专利实施许可；

（5）专利诉讼、拍卖；

（6）以财务报告为目的的无形资产评估；

（7）其他目的。

专利资产评估业务的评估对象是指专利资产权益，包括专利所有权和专利使用权。专利使用权的具体形式包括专利权独占许可、独家许可、普通许可和其他许可形式。注册资产评估师在进行无形资产评估时，一般会对以下事项给予特别关注：

（1）有关专利权的法律文件、权属有效性文件或其他证明资料。

对专利资产而言，基本状况通常包括：专利名称、专利类别、专利申请的国别或者地区、专利申请号或者专利号、专利的法律状态、专利申请日、专利授权日、专利权利要求书所记载的权利要求、专利使用权利。

专利的法律状态，通常包括专利申请人或者专利权人及其变更情况，专利所处的专利审批阶段、年费缴纳情况、专利权的终止、专利权的恢复、专利权的质押，以及是否涉及法律诉讼或者处于复审、宣告无效状态。

（2）专利是否具有显著、持续的可辨识经济利益。

（3）专利的性质和特点，目前和历史发展状况。

（4）专利的剩余经济寿命和法定寿命。

（5）专利实施的地域范围、领域范围、获利能力与获利方式。

（6）专利以往的评估及交易情况。

（7）专利实施过程中所受到国家法律、法规或其他资产的限制。

（8）专利转让、出资、质押等的可行性。

（9）类似专利权的市场价格信息。

（10）影响专利价值的宏观经济环境。

（11）影响专利价值的行业状况及发展前景。

（12）影响专利价值的企业状况及发展前景。

为了获取以上信息，注册资产评估师在调查过程中，一般会收集如下信息和资料：

（1）专利资产的权利人及实施企业基本情况；

（2）专利证书、最近一期的专利缴费凭证以及专利登记簿副本等；

（4）专利技术的研发过程、技术实验报告，专利资产所属技术领域的发展状况、技术水平、技术成熟度、同类技术竞争状况、技术更新速度等有关信息、资料；如果技术效果需检测，还应当收集相关产品检测报告；

（5）与分析专利产品的适用范围、市场需求、市场前景及市场寿命、相关行业政策发展状况、宏观经济、同类产品的竞争状况、专利产品的获利能力等相关的信息、资料；

（6）以往的评估和交易情况，包括专利权转让合同、实施许可合同及其他交易情况。

一般来说，专利的价值往往是与其有用性密切相关的，有用的专利则有价值，无用的专利则无价值，专利的有用性越大则价值越大。但是，专利的有用性又往往是难以预期的，尤其是对于那些没有得以实际实施的专利而言，如非技术保护目的的专利。所以，要对一项专利权的预期价值进行准确评估是一件很困难的事，一般需要由具备相关资质的机构来完成。当前，专利价值评估的方法通常沿用经济学上有形资产评估的方法，如“重置成本法”、“收益现值法”和“市场比较法”。郑成思先生还曾提出用“割差法”和“超额收入计算法”对专利权进行价值评估。

“重置成本法”是按照资产从全新到报废的一般演变规律，从测算资产全新状态时的最大可能值开始，顺序扣减实际产生的实体性、功能性与经济性陈旧贬值来确定其现时价值的一种方法。

“收益现值法”是通过预测评估对象剩余寿命期间的未来收益，选择适当的折现率，将未来收益一一折成评估基准日期的现值，用各期未来收益现值累加之和作为评估其价值的一种方法。

“市场比较法”是以与评估对象相一致的同类对象在同一市场上的价值作为参照来测算评估对象的价值。

“割差法”是利用“收益现值法”评估出的总额，减去以“重置成本法”评估出的有形资产额所得到的差，即为企业的无形资产价值，再进一步减去专利权之外的其他无形资产，则可得出该企业专利权的价值。

“超额收入计算法”是就同一企业内，在规定的时间段内，在同一种产品上将使用某专利与不使用某专利在实际收入上的差额，作为该专利权的实际价值。

专利价值评估过程中，首先需要对专利项目的技术先进性、经济可行性及市场前景等进行可行性论证，对专利项目的法律状态、保护能力、因独占市场而带来的最高经济效益和最低经济效益范围等因素进行核实和评估。

专利法律状态确认过程出现失误，可能会导致严重的后果。例如，北京四环生物制药有限公司与北京维达法姆科技有限公司的专利技术入股纠纷案，就与其所涉专利权是否存在有关。

专利价值评估过程中需要考虑的技术因素主要包括专利的创新程度、专利技术是否容易被规避或替代、侵权行为的隐蔽性以及是否容易举证、技术的发展阶段和技术竞争优势等方面。因为技术超额收益主要体现在其垄断的收益上，因此技术越具有竞争优势，其垄断程度也越高，技术产品的市场占有率也会相应较高，技术产品较难替代。

此外，专利价值评估过程中还应考虑产业因素的影响，尤其是对于一些设置有准入门槛的行业而言。准入资格的有无，会对专利价值的实现会产生重大影响。

不仅可以对授权专利进行价值评估，对尚未授权的专利申请也可以进行价值评估。只是，由于增加了专利授权前景这一不定因素，对专利申请进行价值评估结果的可参考性更差。

## 四、专利收购与专利出售

既然专利权是一种财产权，那就应当是可用于交易的。专利收购与专利出售（包括专利权转让和专利实施许可，尤其是专利独占实施许可）是最常见的专利交易形式。这个过程一般需要专利管理部门、法务部门、技术研发部门以及市场部门之间协同作业。

通过有选择地将部分专利权对外转让，不但可以从中获取专利转让费，还可以减轻企业专利维护工作的负担，降低成本支出。专利实施许可不仅是获取专利收益的最主要形式，也是推动专利技术标准化的重要手段之一。通过对专利侵权行为的暂时局部漠视（应注意防止被认为怠于行使权利）或者是广泛的专利实施许可（两者一般无法同时适用），增大专利技术在相关产品中的应用比例，造成专利技术的事实标准化无疑是会对实现专利技术标准化有所帮助的。俗语讲，舍不得孩子套不住狼，从占领市场的角度看，为了将本企业占据优势地位的技术标准化，而暂时放弃在该技术上的部分利益，是值得的。

从收购意图角度看，专利收购行为一般包括了从属性收购、经营性收购、对抗性收购、战略性收购以及其他目的的收购（如由中国的高新技术企业评定而引发的专利收购）等不同的策略。

所谓的从属性收购是指，不是以专利收购为最初和最主要目的而发起的商业行为，而在其他商业活动中，附带进行的专利收购。

所谓经营性收购是指，以专利资产经营为核心目标的收购，亦即透过专利许可和再出售为核心目标的专利收购，如 Patent Troll 的专利收购行为。

所谓对抗性收购是指，在彼此之间存在非常激烈的市场竞争关系的情况下，为构筑或者提升与竞争对手的专利对抗实力而进行的专利收购。著名的北电专利拍卖案和摩托罗拉的专利收购案，基本属于对抗性收购。

所谓战略性收购则涵盖了基于企业的专利战略而进行的各种收购行为，例如，对于企业的支柱产品，在对其拥有了大部分的专利之后，为了保证该专利产品的绝对垄断保护地位不被挑战，而对所有与其相关的专利进行收购。

这些专利收购策略通常并不是独立存在的，而是经常会并存于同一收购行为中。

在进行专利收购之前，一般会需要进行市场分析，确定进行专利收购的需求有多大及其收购的方向（如技术领域和地域等）。确定了专利收购的基本方向，接下来需要进行的就是标的锁定，亦即如何明确准备收购的专利目标。这是整个专利收购操作项目的一个难点，在专利申请急剧扩充的今天，专利数量已经浩如烟海，而且很多技术领域彼此之间不断地互相渗透和融合，使得专利目标的锁定变得极为困难。一般而言，专利锁定可以从以下几个方法尝试开展。

首先是同行分析。对于产业界企业而言，基于市场竞争的需要，对于行业内的各个参与者基本上都比较熟悉，虽然总体上呈现竞争的态势，但是仍然有诸多可以互相合作和资源互换的机会，对于专利资产流通而言，在同行企业中寻求可收购专利，也是一个非常便利的选择，容易找到自己所需要的专利群。

其次是中间商寻购。目前从事专利集中交易或者定向交易的中间商已经日趋增多，中国目前专业的技术交易市场已经有数百家之多，还有更多、规模更大且交易机制更为成熟的跨国专利交易商，在其手上有着非常丰富的可供转让的专利资源，并且这些交易商本身也都有一定的技术分析能力，可以提供初级的、可供锁定的专利目标，一定程度上降低了专利锁定的难度。

再次是考虑同研究机构和高校建立合作。在这些研究性的机构中寻求相对较为前瞻的技术和专利，或者同这些研究机构签署合约，对其即将产生的高价值专利进行预约性收购，甚至订购。

最后，受北电专利高价竞购的影响，很多专利经营公司都在考虑通过专利出售获取收益，也有很多专利池已经收集了数量较多的专利，这些专利本身已经完成了初级甚至较为深入的分析，其锁定难度也相对较低，并且出售意愿相对也较强。

在具体的收购过程中，由于收购方的身份不方便提前暴露等各种原因，很多情况下，并非由需求方直接收购，而是常见由第三方来实现间接收购。

在锁定收购目标并初步洽谈后，自然就需要对专利权的归属、转移限制、有效性以及价值评估等方面进行确认和评估。这个过程一般由中介机构在企业的配合下完成，称之为专利尽职调查。尽职调查的目的是使买方尽可能地发现有关他们要购买的股份或资产的全部情况。从买方的角度来说，尽职调查也就是风险管理。

在企业 IPO 申请、企业并购、融资、知识产权定向收购等领域，均需要完成专业的知识产权尽职调查。在跨国交易中，由于各国知识产权制度不尽相同，知识产权权利本身具有复杂性、专业性等特点，知识产权尽职调查更是不可或缺的步骤。四环生物专利诈骗案和苹果与唯冠的 iPad 商标争夺战的发生，都与知识产权尽职调查有关。虽然根据交易目的不同，知识产权尽职调查内容侧重各有不同，但其整体范围基本相同。

基于专利权的地域性特点，各国立法在专利权的申请、归属、有效期、转让、出口、交易等方面均有不同规定。因此，专利尽职调查，首先必须了解作为收购标的的专利权所在地的法律环境，否则无从入手。如果脱离本地的知识产权法律环境进行尽职调查，必然得出错误的调查结论。正因如此，知识产权尽职调查必须委托精通本地知识产权法律制度的律师进行，通常即为知识产权所在地的本国律师。

在专利尽职调查中，首先应确认专利权的有效性，明确专利权的归属，然后，根据专利权的期限和保护范围等信息，对其市场价值进行合理评估。

基于专利权的行政审批性特点，在专利权的有效性调查中，对于尚处于专利申请阶段的，应当评估该申请能否获得当地政府的批准授权。根据其风险大小、不确定性，评估该专利申请收购的必要性、价值大小和交易风险高低。对于已经获得授权的专利权，需要关注是否处于诉讼、无效程序中。还应对专利权的转让、实施许可以及质押和司法查封等，对权利人对其专利权的处分权存在限制的情况进行调查，例如交易双方所在国对技术进出口的管制情况等。

因为专利权的权利主体比较复杂，包括申请人、专有权人、被许可人、共有人、质押权利人等。识别清楚具体的权利主体类型，有助于识别该权利主体在权利行使内容、范围、期限等方面的具体界限。这些信息与专利权的市场价值和有效性等密切相关，甚至直接关系到交易价格和交易有效性。只有明确权利主体，才能确定交易相对方。如果与无权处分方签署知识产权转让协议或者许可协议，必然导致收购目的落空，导致协议无效或者不具有约束力。

世界各国对专利权的保护期限给予了不尽相同的规定。明确专利权的剩余年限、是否可以申请续展延长保护期限等，自然就成为尽职调查的基本内容之一。

对于专利权而言，每一项权利要求的内容，是否是收购方所期待获得的技术方案，是否是涵盖了出让方实际经营中的核心技术，是否符合专利三性从而具有稳定性等，都是尽职调查需要完成的事项。

由以上内容可以看出，专利尽职调查是一项复杂的系统工程，一般需要一个团队来完成。在该团队中，不仅需要有对权利所在地的知识产权法律精通的律师，还需要有对相关技术精通的技术人员，甚至还需要对相关市场十分熟悉的市场人员或管理人员的参与。

## 五、专利转让与实施许可相关协议

根据相关法规规定，作为最常见的专利交易形式的专利权转让与专利实施许可行为均应签订书面协议。

**专利转让协议中，需要特别注意的是：**

由于相关法规规定，转让专利申请权或者专利权的，当事人应当订立书面合同，并向国务院专利行政部门登记，由国务院专利行政部门予以公告。专利申请权或者专利权的转让自登记之日起生效。所以，签订专利权转让协议时，应注意核实办理登记手续的行为主体和时间约定等事项。此外，由于办理登记手续需要提交相关证明文件，还应注意合同的签订份数。

基于专利权不可分割性的特点，在签订专利权转让协议时，需要注意核实被转让专利权是否为共同共有专利权，转让人是否为全部专利权人。

基于专利权无效宣告程序，专利权存在权利丧失的风险，所以，在签订专利权转让协议时，需要注意核实权利维护以及权利丧失后果承担的相关条款。

基于专利权交叉性的特点，在签订专利权转让协议时，需要注意核实是否存在，由于实施该专利技术导致侵犯他人权利这一后果承担相关条款。

**专利实施许可协议中，需要特别注意的是：**

由于专利实施许可包括了独占许可、排他许可和普通许可三种不同许可类型，而且，三种不同的许可类型在赋予被许可人对相关市场的垄断性方面存在较大差别。在签订专利实施许可协议时，应注意确认许可的类型。由于针对专利侵权行为，三种不同许可类型赋予了许可人和被许可人不同的起诉权，在签订专利实施许可协议时，应注意核实对专利侵权行为的起诉权相关的约定。

基于专利权的地域性和时间性特点，在签订专利实施许可协议时，应注意核实许可的时间和地域范围信息。

合同中约定按比例收取许可费时，还应注意对缴费基数如何确定，使用营业额还是利润为准，汇率如何确定等方面进行审视。

在确定专利价值的过程中，考虑到专利保护范围的时候，要采用字面侵权（直接侵权），而不应考虑等同侵权的情况（因为等同侵权的判定风险太高）。

如果需要进行商务谈判，一般应由技术专家参加，而且需要进行充分沟通，甚至进行事先演练，使得技术专家能够适应在法律专家的指导下有针对性地发言。

如果涉及打包许可，作为许可方，应首先从专利权的数量上论述己方的优势，作为被许可方，则应努力从专利权的质量上寻找瑕疵，尤其是针对专利包中的核心专利。

根据相关法规规定，专利权人与他人订立的专利实施许可合同，应当自合同生效之日起 3 个月内向国务院专利行政部门备案，否则可能会导致产生无法用于对抗善意第三人等后果。所以，签订专利实施许可协议时，应注意核实办理备案手续的行为主体和时间约定等事项。此外，由于办理备案手续需要提交相关证明文件，还应注意合同的签订份数等信息。

基于专利权不可分割性的特点，在签订专利实施许可协议时，需要注意核实被许可专利权是否为共同共有专利权，许可人是否为全部专利权人。

基于专利权无效宣告程序，专利权存在权利丧失的风险，年费（维持费）的缴纳延误，也可能会导致权利的丧失，所以，在签订专利权转让协议时，需要注意核实权利维护以及权利丧失后果承担的相关条款。

由于产品制作过程中的分工可能涉及产品零部件由第三人供应等情况，可能会涉及分许可的情况，所以，在签订专利权转让协议时，需要注意核实与分许可相关的条款。

基于专利权交叉性的特点，在签订专利实施许可协议时，需要注意核实是否存在，由于实施该专利技术导致侵犯他人权利这一后果承担相关条款。

## 六、专利纠纷处置

虽然专利的价值从本质上讲，是从专利技术的实施过程中来实现的，但是，从形式上看，却更像是在专利纠纷处置过程中实现的，尤其是对于非技术保护目的的专利，例如防御型专利而言。

大多数情况下，专利纠纷的处置过程本质上就是一个专利权人与竞争对手为划分市场份额而进行商务谈判的过程，在这个过程中，双方当事人通过不断采取专利权无效宣告、专利侵权诉讼程序或者专利纠纷行政处理程序，来为增加谈判的筹码而努力。

为了获得尽可能多的谈判筹码，双方当事人不但采取增加专利无效、专利侵权诉讼程序或者专利纠纷行政处理程序案件数量的办法，而且在每一个专利无效、专利侵权诉讼程序或者专利纠纷行政处理程序案件中，还会想尽一切办法，采取各种策略来使得案件对己方更有利。

有关专利纠纷，前边章节中已经进行了比较详细的论述，在此不再赘述。需要进一步提及的有四点：

第一点是，企业应当以平常心来看待专利对抗事件；

第二点是，应合理利用专利纠纷的行政处理程序；

第三点是，平时注意对业内专利纠纷案件，尤其是与竞争对手相关案件的信息收集工作；

第四点是，在专利纠纷案件的处理过程中，应注意从法规条款、法理原则以及社会效益等不同层面考虑，而不应仅仅局限于法规条款层面去考虑问题。

虽然说“不战而屈人之兵”是上上策，但是，一个从来没有经历过专利诉讼案件洗礼的企业，却声称自己的专利运营如何成功，仍然是让人难以置信的。专利对抗是市场经济的有机组成部分，是市场竞争的手段之一。在与竞争对手的关系方面，中国企业应注意回避“非友即敌，非敌即友”的思维模式，牢固树立“亦敌亦友”的市场思维，对专利对抗事件，不应过分夸大其对抗性。

随着专利数量的不断增加，企业专利运营手法的日以娴熟，市场竞争越来越白热化，被竞争对手起诉专利侵权，也就成为越来越正常的事。在收到竞争对手的专利侵权起诉书后，不必惊慌。对绝大多数专利权人而言，起诉的目的并非是为了绝对禁止实施其专利技术，而只是为了获取侵权赔偿和专利实施许可费。也就是说，一般不至于会就此导致企业的经营困难。专利侵权诉讼从起诉到终审判决生效，一般需要经历数年之久，而专利权的有效期是有限的。因此，在被诉专利侵权之后，被诉侵权人在积极应诉的同时，如果感觉被判定侵权的概率比较大，积极通过专利权无效宣告、反诉专利侵权，进行回避设计，甚至是“抽薪撤火，另起炉灶”等方式，是可以将损失最小化的。

在国外发生专利纠纷时，应对当地的法律制度进行充分了解后再行决定处置策略。例如，为了防止权利滥用，有些国家（如日本），对于未经实质审查的专利权（如实用新型专利权），如果被宣告无效的话，专利权人可能会需要为无效宣告请求人的损失（包括为提出无效宣告请求而支付的费用等）提供赔偿。这就使得专利权人提出侵权诉讼时，需要特别谨慎。

我国对专利纠纷案件实行司法和行政两条线管理。相对于专利诉讼程序来讲，专利案件的行政处理程序在某些方面具有一定的优势。

首先，在对假冒专利行为进行处理时，由于管理专利工作的部门具有没收违法所得并对违法者处以罚款的权力，在民事范围内，比司法程序具有更强的威慑力。2011 年启动的专利法新一轮修订工作中，相关部门更是提出，要赋予管理专利工作的部门对专利侵权行为人没收、销毁侵权产品和用于实施侵权产品的专用设备，并处以罚款的权力。

其次，在对专利侵权纠纷进行处理时，行政处理程序具有及时、简单、快速的特点。在对展会等时限性较强情形下的侵权纠纷进行处理时，行政处理程序可以快速地消除影响，甚至可以在影响造成前将其扼杀。而司法程序，由于审理周期较长，等到司法判决生效时，在展会上进行的销售和许诺销售行为的影响已经造成且很难消除。

再次，根据《专利法》第 60 条和《专利法实施细则》第 85 条的规定，管理专利工作的部门除了可以对侵权专利权的行为进行处理外，还可以对其他的专利纠纷进行调解。中国人有“以和为贵”的传统，所以，相对于诉讼到法院而言，通过管理专利工作部门调解，可能会更容易被争议双方所接受。

当然，除了优势之外，行政处理途径也存在一些可能会导致不利后果的方面。例如，行政处理程序虽然可以对是否构成侵权行为进行认定，但是，对赔偿数额，却仅限于调解，而不能作出处理决定。还有，行政途径和司法途径不能同时进行，而且司法救济永远是最终的救济途径，对管理专利工作部门的处理结果不服的，当事人还可以向人民法院提起行政诉讼。这就意味着，如果启动了行政处理途径，就相当于增加了一级审理程序，反而可能会使得案件处理的时效性降低。再有，既然行政程序只是一个可选程序，那么，等到对管理专利工作部门的处理结果不服，又起诉到法院的时候，法官眼中是如何看待这类案件的，也是值得考虑的。

通过对所收集到的业内专利纠纷案件，尤其是与竞争对手相关案件的信息进行整理，不仅有助于及时了解相关审理标准的变化，而且还可以收集案件审理法院和代理人员的信息，作为相关事务处理时的参考依据。甚至可以通过相关纠纷案件的分析，为企业寻找合作伙伴提供重要参考。

一般而言，导致纠纷发生的原因是双方当事人在某些问题上存在分歧。对于这些分歧，如果仅仅在法规条款层面上进行辩论，往往会出现“公说公有理婆说婆有理”的局面，在此情况下，能否在法理原则和社会效益层面进行充分论述，对当事人而言，就显得尤为重要了。

# 参考文献


1. 吴观乐. 发明和实用新型专利申请文件撰写与案例剖析（第 2 版）［M］. 知识产权出版社，2004.

2. 尹新天. 中国专利法详解［M］. 知识产权出版社，2011.

3. 北京市第一中级人民法院知识产权庭. 侵犯专利权抗辩事由［M］. 知识产权出版社，2011.

4. 石必胜. 专利创造性判断研究［M］. 知识产权出版社，2012.

5. 北京市高级人民法院知识产权庭. 北京市高级人民法院 2009 年专利案件审判新进展［J］. 中国专利与商标，2010 年 03 期.

6. 张跃平. 发明、实用新型与外观设计专利申请之间可互为抵触申请［J］. 电子知识产权，2010 年 8 月.

7. 李中奎. 小议专利无效与诉讼中的举证问题［J］. 发明与专利，2007 年第 10 期.

8. 李中奎，易吉灵. 案析显著的进步在创造性认定中的作用［J］. 发明与专利，2011 年 03 期.

9. 李中奎. 由无效程序看不同权利要求书撰写方式的差别. 中国专利代理［J］，2008 年 04 期.

10. 李中奎、郭永红. 商业秘密与其他知识产权保护方式之对比及结合［J］. 电子知识产权，2010 年 02 期.

11. 李中奎、易吉灵. 解析“功能性限定技术特征”的范围［J］. 电子知识产权，2010 年 08 期.

12. 李中奎、郭永红. 保密审查制度解读及对专利申请策略的影响［J］. 专利法研究，2009.

13. 李中奎、李娟. 抵触申请相关规定浅析［J］. 专利法研究，2010.

14. 张晓都. 外观设计专利的侵权判断主体与授权条件判断主体［J］. 专利法研究，2010.

15. 李中奎. 中国药企如何应对当前的专利困境［J］. 中国医药技术经济与管理，2008 年 Z1 期.